Berufsbildung, Arbeit und Innovation
Forschung

Heike Arold
Lars Windelband

Qualifizierung für den Secondhandsektor in Europa

wbv

Bibliografische Information Der Deutschen Bibliothek
Die Deutsche Bibliothek verzeichnet diese Publikation in der Deutschen Nationalbibliografie; detaillierte bibliografische Daten sind im Internet über <http://dnb.ddb.de> abrufbar.

Reihe Berufsbildung, Arbeit und Innovation –
Forschung, Band 34

Die Verantwortung für den Inhalt dieser Veröffentlichung liegt bei den Autorinnen und Autoren.

W. Bertelsmann Verlag GmbH & Co. KG, Bielefeld, 2010
Gesamtherstellung: W. Bertelsmann Verlag, Bielefeld
Umschlaggestaltung: FaktorZwo, Günter Pawlak, Bielefeld

ISBN 978-3-7639-4316-6 (Print)
ISBN 978-3-7639-4317-3 (E-Book)

Bestell-Nr. 6004069

Inhalt

Vorwort

Der Gebrauchtwarenhandel ist in den letzten Jahren wieder stärker in das öffentliche Bewusstsein gerückt. Diese Entwicklung ist auf ökologische, ökonomische und soziale Ursachen zurückzuführen. Die Aufbereitung und der Handel mit Secondhandwaren ist grundsätzlich kein neues Phänomen, gewinnt aber in zunehmendem Maße auf nationaler sowie internationaler Ebene immer mehr an Bedeutung. Dennoch wird der Secondhandmarkt in der Gegenwart als eigenständiger Wirtschaftssektor bzw. Industriezweig in Europa kaum wahrgenommen. Dieses ist auf äußerst heterogene Strukturen des Sektors, wenig einheitliche Informationen und mangelnde Transparenz zurückzuführen. Vor dem Hintergrund der Schonung von Ressourcen und der Förderung des Umweltbewusstseins in der Bevölkerung soll der durch Wachstum geprägte Secondhandsektor in Europa noch stärker in den Fokus der Öffentlichkeit gerückt werden. Dabei gilt es vor allem, die Professionalisierung des Sektors durch eine verbesserte Qualität der Waren voranzutreiben.

Diesem Problem widmete sich das von der Europäischen Kommission geförderte und dem Schwerpunkt „Vergleichmaterial" zu zuordnende LEONARDO DA VINCI Projekt „QualiProSecondHand", in dem das Ziel verfolgt wurde, mittels neuer beruflicher Qualifikationen zur Professionalisierung des Secondhandsektors beizutragen. Als Grundlage für den Entwurf eines europaweit einheitlichen Qualifizierungsansatzes wurde der Sektor im Rahmen des Projektes mittels unterschiedlicher berufswissenschaftlicher Forschungsinstrumente in sieben europäischen Ländern umfassend untersucht. Die Ergebnisse wurden miteinander verglichen und analysiert.

Das Buch zeigt die Ergebnisse mit einem Überblick über die Struktur, die wirtschaftliche Entwicklung, die analysierten Geschäftsfelder in allen Ländern und deren Bedeutung, Ausbildungs- und Qualifikationsstrukturen sowie den aktuellen und zukünftigen Qualifikations- und Beschäftigungsbedarf. Des Weiteren wurden die vorhanden sektorspezifischen Arbeitsprozessen bzw. -aufgaben analysiert und die dafür benötigten Kompetenzen. Daraus konnte eine Notwendigkeit einer sektorspezifischen Qualifizierung abgleitet werden. Mit einem möglichen Entwurf für einen Qualifizierungsansatz für eine Professionalisierung des Sektors schließt das Buch ab.

Wir möchten den Akteuren des Secondhandsektors wie Unternehmen, Beschäftigten, vorhandenen Netzwerken und Verbänden erste Anregungen hinsichtlich einer sektorspezifischen Qualifizierung geben und diese für die Notwendigkeit einer entsprechenden Qualifizierung als Mittel zur Qualitätssteigerung und Professionalisierung im Secondhandsektor sensibilisieren. Darüber hinaus soll ein erster Beitrag hin zur Entwicklung einer neuen beruflichen Qualifizierung und somit zur Schaffung neuer qualifizierter Arbeitsplätze in Europa geleistet werden.

An dieser Stelle soll allen, die an den Erhebungen beteiligt waren oder durch ihre fachliche Unterstützung zu ersten Ideen für eine sektorspezifische Qualifizierung beigetragen haben, gedankt werden. Hervorzuheben sind dabei Claudia Koring vom Institut Technik und Bildung der Universität Bremen und Christian Salewski für das Korrektur lesen.

Bremen, August 2009 — Heike Arold und Dr. Lars Windelband

1 Hintergründe zum Secondhandsektor

1.1 Hintergrund

Als Folge der 1975 verabschiedeten EU-Abfallrahmenlinie, die eine Entwicklung weg von der „Beseitigung" und hin zur „Verwertung" von Abfall fordert, hat sich in den letzen 30 Jahren europaweit die „Recyclingbranche" und die „Secondhandbranche" zu eigenständigen Marktsegmenten entwickelt. Während die Richtlinie z. B. in Finnland gesetzlich relativ liberal umgesetzt wurde, wurde in zahlreichen EU-Staaten wie z. B. in Deutschland das Kreislaufwirtschafts- und Abfallgesetz (KRW-/ABFG) als striktes Gesetz verabschiedet. Diese gesetzlichen Regelungen und weitere Verordnungen wie die Elektroaltgeräterichtlinie der EU mit dem Namen „WEEE" (Waste Electrical and Electronic Equipment) sowie ein neues Umweltbewusstsein, wirtschaftliche Aspekte und eine vermehrte Ressourcenknappheit haben bewirkt, dass sich neben dem Recyclingbereich ein Markt für Gebrauchtwarengüter entwickeln konnte.

In zunehmendem Maß kann beobachtet werden, dass neben dem reinen Recycling von Gütern und der damit verbundenen Rohstoffgewinnung die Tendenz hin zur Rückführung von gebrauchten Waren in den Marktkreislauf immer stärker an Bedeutung zunimmt. Während neben der Sammlung und Beschaffung sowie der Entscheidung der Wiederverwertbarkeit gebrauchter Waren, der Handel mit gebrauchten Waren bis vor ein paar Jahren ausschließlich bei den Recyclingunternehmen angesiedelt war, konnte sich dieser Bereich aufgrund der immer größer werdenden Nachfrage nach gebrauchten Produkten zu einem eigenständigen Marktsegment entwickeln. Das veränderte Umweltbewusstsein in der Bevölkerung sowie ein verändertes Konsumverhalten der Bevölkerung haben dazu beigetragen, dass sich der Secondhandsektor in den vergangenen 10 Jahren zu einem eigenständigen Wirtschaftszweig entwickelt hat.

Unterstützt wird diese Entwicklung zusätzlich durch das Entstehen neuer Verbände und Netzwerke im Secondhandbereich, die sowohl auf nationaler, als auch internationaler Ebene agieren. Die Marktstrukturen in Europa mit zahlreichen unterschiedlichen Betriebsstrukturen, die vom spezialisierten Kleinunternehmen (z. B. für gebrauchte Elektrogeräte oder Bekleidung) über Secondhandwarenhäuser bis hin zu Kooperationen und Internetauktionshäusern wie eBay reichen, verdeutlichen das umfassende Marktsegment. Die wirtschaftlichen Prozesse und Abläufe der operierenden Unternehmen unterliegen dabei anderen wirtschaftlichen Gesetzmäßigkeiten als die des Neuwarenmarktes, obwohl dort ebenfalls nahezu alle Waren angeboten werden. Der Secondhandsektor unterscheidet sich zum Neuwarenmarkt sowohl in der Warenbeschaffung über die Kundschaft und die Absatzmärkte bis hin zum Warenfluss, -vertrieb und -marketing. Die zahlreichen Besonderheiten, die der Sektor in seiner Gesamtstruktur und die dort ansässigen Unternehmen in ihrer inneren Betriebsstruktur aufweisen, unterstreichen, dass eine Abgrenzung des Gebrauchtwarenmarktes zu anderen Märkten notwendig ist. Dieses wäre ein weiterer Schritt hin zur vollständigen Anerkennung des Secondhandsektors als eigenständigen Sektor.

1.2 Problemstellung

Die Erkenntnis, dass die Secondhandbetriebe sich in ihrer Gesamtheit aufgrund ihrer strukturellen Gemeinsamkeiten und ihres zu erwartenden zunehmenden Wachstums immer mehr zu einem etablierten Sektor entwickeln, bedeutet aber im Rückschluss nicht, dass der Sektor schon die gewünschte Akzeptanz am Markt erfährt. Der Sektor kämpft auch heute noch im Vergleich mit dem Neuwarenmarkt vor allem mit seinem schlechten Image. Dieses ist vor allem auf die in der Bevölkerung weitverbreitete Meinung zurückzuführen, dass mit dem Gebrauchtwarenmarkt oft eine schlechtere Qualität der Produkte verbunden ist. Für eine endgültige Professionalisierung des Sektors muss an dieser Stelle angesetzt werden, um mit gezielten Maßnahmen die Qualität der Produkte/Waren und damit der Arbeit zu steigern sowie Vernetzungsbestrebungen zu fördern.

Der Anspruch zur Steigerung der Qualität steht in einem unmittelbaren Zusammenhang mit der Forderung nach einer speziell auf die Branche abgestimmten Qualifizierung. Dabei erscheint es erforderlich, neue berufliche Wege und Qualifizierungen in Form von Qualifizierungsperspektiven und -konzepten sowohl in der Weiterbildung, als auch hinsichtlich einer Erstausbildung in dieser Branche zu entwickeln und zu etablieren. Eine EU-weite Professionalisierung des Sektors sowie eine nachhaltige Entwicklung hinsichtlich neuer beruflicher Wege in der Secondhandbranche und somit eine Ausweitung des europäischen Arbeitsmarktes ist nur möglich, mit der Entwicklung von branchenspezifischen Qualitätsstandards sowie sektorspezifischen und bedarfsorientierten Qualifizierungskonzepten. Während der Recyclingsektor in Europa in den letzten Jahren in Bezug auf die Beschäftigung und Qualifizierungsnotwendigkeiten mehrfach analysiert wurde und das europäische Kernberufsprofil des „ECO-Recyclers für die Kreislauf- und Abfallwirtschaft" (in Deutschland die Fachkraft für Kreislauf- und Abfallwirtschaft) entwickelt und umgesetzt wurde, gab es bisher keine vergleichbaren Untersuchungen zur „Arbeit, Beschäftigung und Qualifizierung" im Secondhandsektor in Europa. Bisher fehlen auch nationale und europäische Qualifizierungsansätze in diesem Sektor in Europa. Diesem Defizit sollte mit der Untersuchung des europäischen Secondhandsektors und der Entwicklung eines sektorspezifischen Qualifizierungsansatzes bzw. -konzeptes Rechnung getragen werden.

Die Entwicklung sektorspezifischer Qualifizierungskonzepte bzw. langfristig eines eigenen Berufsbildes innerhalb des Secondhandsektors kommt vor allem den in der Branche beschäftigten Arbeitnehmern zugute. Für diese existieren bis her nur vereinzelte Abschlüsse oder Zertifikate, sodass die im Rahmen ihrer Tätigkeiten erworbenen Kompetenzen nur eingeschränkt nachgewiesen werden können. Das hat zur Folge, dass die Akzeptanz der erbrachten Arbeitsleistung auf dem Arbeitsmarkt gering ist und den Beschäftigten der Zugang zu anderen Branchen auf dem Arbeitsmarkt erschwert wird. Dies reduziert gleichzeitig die Attraktivität des Sektors als Arbeitsplatz. Für potenzielle Arbeitnehmer stellt sich die Frage: Warum sollen wir dort tätig sein, wenn die Arbeit nicht ausreichend genug anerkannt ist und einem scheinbar keine beruflichen Perspektiven bietet? Betrachtet man die gegenwärtige und vor allem zukünftig zu erwartende Entwicklung des Gebrauchtwarenhandels, so zeichnet sich ein weiteres Wachstum sowie auch steigendes Beschäftigungspotenzial ab.

Aufgrund seiner sowohl privatwirtschaftlichen, als auch sozialwirtschaftlichen Ausrichtung bietet der Secondhandsektor nicht nur Arbeitnehmern der Facharbeitsebene Beschäftigungsfelder, sondern vor allem auch für die Zielgruppe der „Benachteiligten" bzw. „gering Qualifizierten", die bereits jetzt schon europaweit den größten Teil der Beschäftigten in den angrenzenden Sektoren, wie den Recyclingunternehmen, darstellen. Aufgrund der fehlenden sektorspezifischen Qualifizierung in Europa findet man im Sektor vor allem „fachfremde Berufe". Entsprechend bietet der Secondhandsektor nicht nur im Allgemeinen zahlreiche Beschäftigungsfelder, sondern trägt durch eine sektorspezifische Qualifizierung gleichzeitig zur Verbesserung der Integrationschancen von Benachteiligten in den Arbeitsmarkt bei.

Durch die Einführung von europaweit einheitlichen Qualifizierungen kann nicht nur das Know-how der Arbeitnehmer und deren Position am Arbeitsmarkt gestärkt, sondern vor allem auch besser vergleichbar gemacht werden. Die Entwicklung und Einführung einer auf arbeitsprozessbezogenen Qualitätsstandards basierten Qualifizierung wirkt sich vor dem Hintergrund der zunehmenden Vernetzung auf transnationaler Ebene sowie dem Aufbau von grenzüberschreitenden Kooperationen zwischen einzelnen Secondhandunternehmen bzw. ganzen

Netzwerken positiv auf die Arbeitsplatzmobilität der Beschäftigten in Europa aus.

Einen ersten Beitrag hierzu liefern die im Folgenden zusammengefassten Ergebnisse sowie Empfehlungen für ein mögliches sektorspezifisches Qualifizierungskonzept, die im Rahmen des von der Europäischen Kommission geförderten LEONARDO DA VINCI Forschungsprojektes unter Leitung des Instituts Technik und Bildung der Universität Bremen sowie weiteren sieben europäischen Partnern[1] erarbeitet wurden.

1.3 Sektordefinition

Bereits im Vorfeld zu der Überlegung, eine sektorspezifische Qualifizierung für den Secondhandsektor zu entwickeln, um diesen gegenüber dem Neuwarenmarkt durch neue berufliche Wege und Qualifizierungen weiter zu professionalisieren und zu stärken, wurde deutlich, dass dieser Bereich sehr heterogen ist.

Seine Uneinheitlichkeit zeigt sich vor allem in der Vielzahl unterschiedlicher betrieblicher Strukturen (sozial-, privatwirtschaftliche und Mixunternehmen) und der hohen Anzahl unterschiedlicher Geschäftsfelder (Hausrat, Textil, Elektrokleingeräte, Bücher & Tonträger, Spielwaren, Möbel usw.). Dabei agieren viele Unternehmen auch in mehreren Geschäftsfeldern. Eine Erfassung des Gebrauchtwarenmarktes in seiner Gesamtheit war vor dem Hintergrund des Projektrahmens nicht möglich und sinnvoll. Aus diesem Grund wurde der Sektor in seine Kernbereiche eingegrenzt und definiert. Diese Definition bildete die Grundlage für die weitere empirische Untersuchung.

Je nach Sektor und nationalen Hintergrund existieren unterschiedliche Definitionen für einen Sektor. Aus diesem Grund wurde zuerst eine allgemeingültige Definition festgelegt. Daher wurde im Hinblick auf die Zielsetzung und vor dem Hintergrund der Berufsbildungsforschung eine Eingrenzung im Sinne der berufswissenschaftlichen Untersuchungen angestrebt. Demnach zeichnet sich ein Sektor aus (vgl. Spöttl 2004)

---

1 An dem Projekt waren der BAG Arbeit e.V. und die Qualifizierungs- und Arbeitsförderungsgesellschaft Dresden mbH in Deutschland, RREUSE in Belgien, "die umweltberatung" Wien in Österreich,das Centre of the Republic of Slovenia for VET in Slowenien, Jordanka Andrevaa – Smoljan in Bulgarien, die Tervatulli Ltd. in Finnland sowie das Coleg Morgannwg in Wales, United Kingdom beteiligt.

- durch ein (Fach-) Gebiet, das mit ähnlichen Produktions-, Service- oder Dienstleistungsstrukturen vergleichbar ist,
- durch Daten, Statistiken und Studien, die – national oder auch international – das gleiche (Fach-) Gebiet abdecken und sich zur Erfassung sektorspezifischer Entwicklungen eignen und
- durch die Auseinandersetzung mit Produkten, Kunden, Know-how, Serviceanlagen und Aufgaben, die sich nicht wesentlich voneinander unterscheiden.

Neben den genannten Kriterien für eine Sektordefinition waren weitere Abgrenzungen hinsichtlich der Definition notwendig. Eine Abgrenzung und somit Definition des Sektors kann dabei auf unterschiedliche Weise erfolgen und hängt von den jeweils vom Betrachter in den Mittelpunkt gestellten Kriterien ab (z. B. Ausrichtung auf den Kundenstamm, die Produktpalette etc.) (vgl. Spöttl 2005).

Dabei ist der Begriff Secondhandwaren bzw. -güter bereits als fester Begriff definiert. Darunter werden Waren bzw. Güter verstanden, die zu ihrem ursprünglichen Zweck wieder verwendet werden. Damit würde der zu untersuchende Sektor jedoch zu weit gefasst werden. Aus diesem Grund wurde der Fokus bei der Abgrenzung auf die Produktpalette gelegt. Die gebrauchten Güter, d. h. Investitionsgüter, Immobilien, Kraftfahrzeuge und Antiquitäten, wurden dabei ausgeklammert, da der Handel (z. B. Immobilienmarkt) mit diesen Gütern teilweise einen eigenen Sektor darstellt oder durch andere Sektoren mit abgedeckt wird (z. B. Gebrauchtwagen im Kfz-Handel). Durch diese Abgrenzung sollen Überschneidungen mit anderen Sektoren vermieden werden. Weiterhin erfolgte eine Abgrenzung hinsichtlich möglicher Geschäfts- und Arbeitsprozesse sowie Vertriebsarten, da auch hier Überschneidungen zu anderen Sektoren auftreten können. Dies sind vor allem Reparaturbetriebe wie Restaurationsbetriebe und Auktionsportale und -unternehmen sowie Tauschbörsen.

Demzufolge kann der Secondhandsektor definiert werden als ein Feld wirtschaftlicher Aktivitäten, das den kommerziellen Handel und den gemeinnützigen Vertrieb von Gebrauchsgütern jeglicher Produktart und -palette sowie die damit verbundenen Hauptaufgaben wie die Warenbeschaffung, die Warenaufbereitung und die Zu- bzw. Rückführung dieser in den Warenkreislauf mit dem Ziel, die gebrauchten Waren wieder gemäß ihrem ursprünglichen Verwendungszweck einzusetzen, umfasst.

Die Betrachtung von Flohmärkten wurde in der Untersuchung nur begrenzt berücksichtigt. Zwar spielen Flohmärkte in vielen europäischen Ländern traditionell im Bereich des Gebrauchtwarenhandelns eine große Rolle, dennoch konnten diese im Rahmen der Untersuchung nur insoweit berücksichtigt werden, als dass sie auch eine Plattform für gewerbliche Händler[2] darstellen. Zu den angebotenen gebrauchten Waren zählen sowohl solche, die ohne irgendwelche Veränderungen verkauft werden, als auch solche, die aufgearbeitet oder repariert wurden.

2 Es sei darauf verwiesen, dass um die Lesbarkeit der Texte zu vereinfachen lediglich die männliche Form verwendet wurde. Die weibliche Form ist in den Formulierungen mit eingeschlossen.

2 Forschungsdesign

2.1 Berufswissenschaftliche Forschung als Grundlage

Zur Analyse der Arbeits- und Beschäftigungsstrukturen innerhalb des Secondhandsektors wurde ein berufswissenschaftliches Forschungsdesign eingesetzt. Ziel der berufswissenschaftlichen Forschung ist es, die Arbeitswelt in einem Sektor inhaltlich so zu erschließen, dass sich daraus Vorschläge für die Gestaltung von Bildungsprozessen ableiten lassen. Die Arbeitswelt und ihre Veränderungen stehen also im Mittelpunkt der Betrachtungen. Der Betrieb oder das Geschäft mit seiner Organisation und Aufgaben, seinen Technologien, Beschäftigungsstrukturen, Innovationen etc. ist dabei zentraler Bezugspunkt (vgl. Spöttl 2001).

Gegenstände der berufswissenschaftlichen Forschung sind

- die Entwicklung der Facharbeit in ihren Inhalten und Formen sowie der Qualifikationsanforderungen und der sich darauf beziehenden Berufe und Berufsfelder,
- die Inhalte beruflicher Bildung als Teil der Analyse, Gestaltung und Evaluation fachspezifischer Bildungs-, Qualifizierungs- und Sozialisationsprozesse,
- die Analyse, Gestaltung und Evaluation lernfördernder Facharbeit (Methoden, Werkzeuge und Organisation sowie die damit verbundenen Anforderungen) und die
- die berufsspezifische Technik, die es in gestaltungsorientierter Perspektive zu begreifen, zu handhaben, zu warten und instand zu setzen gilt (vgl. Rauner 1998, S. 15).

Sind alle wesentlichen Aspekte der (Fach-)Arbeit analysiert, lassen sich folgende Themenkomplexe leichter beantworten (vgl. Becker 2003, S. 52):

- die Entdeckung und Sicherung „tatsächlich" verwendeten Wissens und Könnens im Arbeitsprozess,
- die Ermittlung des Qualifikationsbedarfes,
- den Inhalt der (Fach-)Arbeit,

- die Veränderungen der (Fach-)Arbeit und die bestimmenden Parameter,
- die Feststellung typischer Aufgaben für einen Beruf,
- die Entwicklung von Lern- und Arbeitsschritten (Inhalte und Methoden),
- die Curriculumentwicklung und -revision,
- die Lernortgestaltung (Ausstattung von Lernräumen, integrierte Fachräume etc.) und
- die Entwicklung problemorientierter Lernumgebungen.

Für die Gestaltung beruflicher Bildungsprozesse ist es dabei von hoher Relevanz, „Arbeit und Technik nicht nur auf der Ebene allgemeiner Strukturen zu erschließen, sondern auch das in der praktischen Tätigkeit verkörperte Wissen" (Spöttl 2000, S. 207). Die zur Ausübung des Berufes oder einer Tätigkeit erforderlichen Kenntnisse, Fähigkeiten und Fertigkeiten sind nicht abstrakt, sondern im Zusammenhang mit dem wirklichen Geschäfts- und Arbeitsprozess zu untersuchen. Solches Vorgehen bevorzugt die beteiligungsorientierte Analyse der (Fach-)Arbeit und setzt grundlegende Kenntnisse über den Untersuchungsgegenstand voraus.

Zur Analyse des Sektors in Europa wurde ein berufswissenschaftliches Instrumentarium, bestehend aus drei Instrumenten, Sektoranalyse, Fallstudien und Experten-Workshops, eingesetzt.

2.2 Sektoranalysen

Sektoranalysen dienen (Becker/Spöttl 2008, S. 75)

- der Ein- und Abgrenzung von Untersuchungsfeldern (Sektordefinition, Fallauswahl),
- der Sammlung von relevanten Informationen über einen Sektor zur Interpretation der im Forschungsprozess gesammelten Daten,
- der Gewinnung von Informationen über die Struktur von Branchen, Unternehmen, Ausbildungs- und Beschäftigungsfeldern, Berufen usw.,

- der Erfassung von Kennzahlen über die genauer zu untersuchenden Forschungsgegenstände,
- der Analyse des Zusammenwirkens der in den Sektoren agierenden Personen, Betriebe, Verbände und Institutionen und
- der Identifizierung von berufsbildungsrelevanten Innovationsfeldern und diesbezüglichen Entwicklungen.

Je nach Erkenntnisinteresse führt die Sektoranalyse zu Sektorabgrenzungen, zur Auswahl von Fallstudien und Arbeitsprozessanalysen oder zu Dokumentenanalysen.

Zur Durchführung der Sektoranalyse ist zunächst einmal eine Eingrenzung und damit eine Definition des zu betrachtenden Sektors, wie in Kapitel 1.3 erfolgt, notwendig. Anschließend erfolgt eine detaillierte und nach bestimmten Kriterien festgelegte Untersuchung bzw. Betrachtung des Sektors.

Zur Charakterisierung des Secondhandsektors wurden folgende Kriterien festgelegt:

- Strukturen und Merkmale (Beschäftigungszahlen, Art der Unternehmen: Wohlfahrtseinrichtungen, Privatunternehmen oder gemeinnützige Einrichtungen sowie deren Größe);
- wirtschaftliche Entwicklung (Handel, Gewinne und Verluste usw.);
- institutionelle und wirtschaftliche Gegebenheiten sowie die Beziehungen zwischen Unternehmen- bzw. einzelner Unternehmensbereiche (Kooperationen, Tauschbörsen, Internet, Kaufhäuser usw.);
- Netzwerkstrukturen;
- Geschäftsfelder (Hausrat, Textil, Elektrokleingeräte, Bücher & Tonträger, Spielwaren, Möbel usw.);
- Beschäftigungsebenen (Geschäftsleitung, Vorarbeiter, Festangestellte und zeitlich befristete Mitarbeiter, Benachteiligte usw.);
- Personalentwicklung sowie das Einstellungsverhalten und -verfahren;
- Aufgabenwandel und deren Parameter (Veränderungen auf der Shopfloorebene);
- Qualifizierungsstrategien, Aus- und Weiterbildungskonzepte (Qualifikationsmodelle);
- Rolle der Sozialpartner und Verbände im Sektor;

- Innovationen (neue Technologien, Gesetze, Verkaufsstrategien, Internet usw.) und künftige Entwicklungen (z. B. neue Geschäftsfelder).

Auf dieser Basis lassen sich Aussagen zu den Stärken und Schwächen des Sektors, den Beschäftigungsstrukturen und Entwicklungstendenzen, der Relevanz einzelner Geschäftsfelder sowie zu technischen und arbeitsorganisatorischen Innovationen und anderen wichtigen Aspekten machen.

Um die entsprechenden Informationen zu erhalten, wurden verschiedene Methoden in den europäischen Ländern eingesetzt:

- Befragungen von Schlüsselpersonen und Experten des Secondhandsektors (wie Vorstandsmitglieder möglicher Verbände, Betriebsleitungen bereits lang existierender Secondhandunternehmen);
- Interviews mit Unternehmensvertretern aus innovativen Unternehmen des Sektors;
- Analysen von Veröffentlichungen im Sektorbereich (Artikel, Berichte und Newsletter);
- Analysen von innovativen Entwicklungen (neue Technologien, Geschäftsfelder oder Verkaufsstrategien);
- Auswertungen von Erhebungen wissenschaftlicher Institute, Verbände, Gewerkschaften (Literatur-, Quellen- und Internetrecherchen).

Insgesamt standen drei Ziele bei der Analyse des Sektors im Vordergrund

1. den Sektor im Überblick zu erschließen,
2. den Stellenwert des Sektors in der Wirtschaft und deren Bedeutung für den Arbeitsmarkt identifizieren und
3. herauszufinden, zu welchen Wirkungen und Veränderungen Innovationen, betriebliche Reorganisationsmaßnahmen, neue Verkaufsstrategien usw. führen.

Neben der Auswertung von sektorspezifischen Statistiken und markanten Sektorabgrenzungen stehen die Sammlung von sektorrelevanten Daten und Informationen im Vordergrund. Dazu wurden verschiedene Dokumente und Statistiken ausgewertet sowie Interviews mit Schlüsselpersonen des Sektors durchgeführt. Die Sektoranalyse diente gleichzeitig als Vorbereitung für die Fallstudien, um Kriterien für deren Auswahl aufzustellen. An die Auswahl wurde vor allem der Anspruch der Repräsentativität gestellt. Dies bedeutet, dass für die

Fallstudien Unternehmen ausgewählt wurden, die im Querschnitt die im Sektor vertretenen Unternehmen repräsentieren. Somit sollte sicher gestellt werden, dass alle sektorrelevanten Spezifika erfasst werden. Weiterhin wurden die Fallstudien dahin gehend ausgewählt, dass vergleichbare Geschäftsfelder, Unternehmen und Arbeitsprozesse untersucht wurden.

2.3 Fallstudien

Fallstudien sollen die für einen Sektor relevanten Arbeitszusammenhänge, -aufgaben und -prozesse sowie Organisationsstrukturen auf der Shopfloorebene erschließen helfen. Um ein genaues Bild davon zu zeichnen, wurden Unternehmen in allen beteiligten Ländern und deren Umfeld (regionales wirtschaftliches Umfeld, Partner- und Netzwerkstrukturen usw.) untersucht. Dabei sollten unter anderem Konsequenzen für die (Fach-) Arbeit, die sich aus der Implementierung neuer Technologien im Unternehmen (Internet, Sortierverfahren usw.), Veränderungen durch neue Unternehmenskulturen und -philosophien, der Arbeitsorganisationsformen, neuer Arbeitszeitmodelle oder Entlohnungssysteme sowie der Folgen neuer Werkzeuge und Anforderungen durch den Gesetzgeber ergeben, erschlossen werden.

Kriterien zur Auswahl der Fälle wurden mittels der Sektoranalyse gewonnen. Dabei zeigte sich sehr deutlich, dass der Secondhandsektor in Europa ein breites Spektrum an Geschäftsfeldern sowie Produktarten aufweist. Deren Relevanz für den gesamten Sektor ist jedoch recht unterschiedlich. Zu den Geschäftsfeldern mit der höchsten Relevanz zählen: elektronische und elektrische Geräte (einschließlich Computer und Büroausrüstungen), Textilien, Möbel sowie Haushaltsartikel, Bücher und Tonträger[3]. In diesen Geschäftsfeldern wurden 35 Fallstudien durchgeführt, wie Tabelle 2.1 zeigt. Da in manchen europäischen Ländern einige Geschäftsfelder keine Relevanz hatten (z. B. Bücher/CDs in Bulgarien), wurden nicht in allen Ländern zu jedem Geschäftsfeld Fallstudien durchgeführt. Des Weiteren wurde nach der Art des Unternehmens (Non-profit Unternehmen oder Profit Unternehmen) unterschieden.

3 Eine detaillierte Beschreibung der Geschäftsfelder folgt im Kapitel 3.

Geschäftsfeld	Fallstudien	Länder	Non-profit Unternehmen	Profit Unternehmen
Bücher/ CD	6	5	1	5
Elektronische und elektrische Geräte	8	5	2	6
Möbel	9	7	4	5
Textilien	12	7	6	6

Tab. 2.1: Übersicht über die durchgeführten Fallstudien in Europa

In diesem Zusammenhang wurde ein Betrieb oder ein Teil eines Betriebs, der eindeutig dem Secondhandsektor zuzuordnen ist, gebrauchte Waren bzw. Produkte beschafft, aufbereitet und dem Warenkreislauf wieder dem ursprünglichen Verwendungszweck zuführt, als ein Fall angesehen. Weiterhin beteiligt sich der Betrieb an der Qualifizierung (Aus- und Weiterbildung oder anderen Qualifizierungsmaßnahmen) von Mitarbeitern und gestaltet die betrieblichen Entwicklungsprozesse durch die Beteiligung von Mitarbeitern und Betriebsleitung.

Bedeutsam für die Aussagekraft der Fallstudien war der „Spagat" zwischen innovativen Unternehmen, die für den künftigen Weg im Sektor stehen, und solchen, die charakteristisch für diesen und damit verallgemeinerbar sind. Dabei entscheidet die Auswahl der Unternehmen über den Erfolg der Untersuchung.

Im Rahmen der Fallstudien wurden unterschiedliche Arbeitsbereiche und Niveauebenen (Firmenleitung/Fachvorgesetzte/Mitarbeiter) analysiert. Neben der Erhebung der Grunddaten (Beschreibung des Firmenprofils, betriebliche Entwicklung, Struktur, Arbeitskräfte, Arbeitsbedingungen usw.) lag der Schwerpunkt auf der Beschreibung der Bereiche Beschäftigung, vorhandene Qualifikationen, Aufgabenbereiche und -bewältigung sowie vor allem einem möglichen Aufgabenwandel. Weitere Untersuchungsschwerpunkte waren die Konsequenzen, die sich aus neuen Technologien, Unternehmensphilosophien, Arbeitsorganisationsformen, Arbeitszeitmodellen oder Entlohnungssystemen ergeben. Ebenso wurde analysiert, welche Veränderungen neue Werkzeuge oder neue gesetzliche Bestimmungen nach sich ziehen. Dafür wurden die Methoden der Arbeitsbeobachtung, des halb strukturierten Fachinterviews (als Expertengespräche auf allen Ebenen) und Betriebsbesichtigungen eingesetzt.

Auswahl der Unternehmen

Die Fallstudien konzentrierten sich auf die beste und normale Praxis in kleinen und mittleren Unternehmen. Angesichts einer großen Anzahl von klein- und mittelständigen Betrieben innerhalb des Sektors wurde nicht beabsichtigt, eine repräsentative Auswahl auf rein statistischer Basis zu treffen. Hauptziel war es, einen qualitativen Überblick über den Sektor zu erhalten sowie individuelle und Zufallsentscheidungen jenseits aller rationalen Argumentationen zu vermeiden.

Die Auswahl der Unternehmen erfolgte unter Zugrundelegung bestimmter Kriterien sowie basierend auf den Ergebnissen der Sektoranalyse in Absprache mit Experten des Sektors, um eine Vergleichbarkeit der Untersuchungen zwischen den einzelnen Ländern sicher zu stellen. Es wurden vor allem Unternehmen ausgewählt, die für die Untersuchung tatsächlich relevant waren und den beschriebenen, innovativen Charakter aufwiesen. Zu den Auswahlkriterien zählten:

- die Sektorzugehörigkeit,
- die Größe des Betriebes,
- die Geschäftsfelder (tätig in einem der ausgewählten Geschäftsfelder),
- die Beteiligung an Qualifizierungsmaßnahmen,
- der innovative Charakter des Betriebes (Veränderungen / Veränderungsdruck in Betriebs- und Arbeitsorganisation, Vertriebsstrategien,
- die künftige Dynamik (Zunahme der Wirtschaftskraft: Marktanteile, Umsätze, Personal),
- die Betriebe, die sich verändern oder einem Veränderungsprozess unterliegen,
- die Form des Unternehmens (privatwirtschaftliche oder sozialwirtschaftliche Unternehmen) und
- das Aufgabenspektrum („Dienstleistungsangebot", Produkte, Vertriebsart, Warenbeschaffung, Warenfluss, Marketing, Warenhandel).

Mittels der Fallstudien konnte ein adäquates „Bild" über die Situation im Secondhandsektor gezeichnet werden. Diese Aufgabe stellt zunächst hohe Anforderungen an die deskriptive Qualität der Untersuchung und die Dokumentation der betrieblichen Situation in ihrer Komplexität und Dynamik. Die Herangehensweise unterscheidet sich deutlich von der wissenschaftlichen Tradition einer Hypothesen geleiteten Forschung. Weil kaum zuverlässige Hypothesen mit Bezug zur Qualifizierung im Secondhandsektor existieren, empfiehlt es sich von dieser Herangehensweise Abstand zu nehmen.

Um die Unternehmen zu finden, die diesen Anspruch erfüllen, wurde auf eine Reihe von Hilfsmitteln zurückgegriffen. Dies waren

- Empfehlungen von Schlüsselpersonen des Secondhandsektors,
- persönliche Kontakte zu Unternehmen des Sektors,
- Auswertungen verschiedener Fachartikel und Zeitungsartikel (z. B. von Verbänden) sowie der Sektoranalyse im Allgemeinen,
- Empfehlungen von Sektor- und Umweltverbänden sowie von Netzwerken und
- Recherchen im Internet.

Durchführung der Fallstudien

Der Rückgriff auf halb strukturierte Fachinterviews bot die Möglichkeit, die Fragen offen zu gestalten und auf die Aussagen des Gesprächspartners flexibel zu reagieren. Die Interviews mit dem Fachpersonal wurden vorwiegend am Arbeitsplatz durchgeführt und gegebenenfalls zu Expertengesprächen ausgebaut. Des Weiteren wurden eine Arbeitsbeobachtung sowie eine Betriebsbesichtigung durchgeführt. Der Gesamtüberblick diente dazu, die Arbeitsprozesse und Arbeitsaufgaben besser einordnen zu können und mögliche Zusammenhänge deutlicher herauszuarbeiten. Die Expertengespräche waren als Fachinterviews zu verstehen, die halb strukturiert gestaltet wurden. Der eingesetzte Leitfaden gab dabei ein strukturiertes Schema des Gespräches vor. Dabei gab es für drei verschiedene Zielgruppen zwei Leitfragebögen. Die Schwerpunkte waren unterschiedlich. So richteten sich die Fragen an die Zielgruppe „Management" verstärkt auf das gesamte Unternehmen und dessen Entwicklung, während sich die Fragen an die Zielgruppe „Fachvorgesetzte/Mitarbeiter" auf die realen Arbeitsaufgaben im Unternehmen bezogen.

Die ergänzende Arbeitsbeobachtung ermöglichte, die Informationen aus dem halb strukturierten Fachinterview zu überprüfen und zu ergänzen sowie die darin enthaltenen, stark subjektiv gefärbten Meinungsäußerungen zu relativieren. Die Ergebnisse der Fallstudien wurden dokumentiert, miteinander verglichen und ausgewertet. Eine Darstellung der Ergebnisse erfolgt in den Kapiteln 5 und 6.

2.4 Experten-Workshop

Um aus den Ergebnissen der Sektoranalysen und Fallstudien Konsequenzen für sektorspezifische Qualifizierungskonzepte und -module ableiten zu können, war es erforderlich, ein weiteres berufswissenschaftliches Instrument anzuwenden. Mittels des Instrumentes des Experten-Workshops sollte sicher gestellt werden, dass die Entwicklung zukünftiger Qualifizierungen in Kooperation mit den entsprechenden Experten des Sektors erfolgt und dadurch eine nachhaltige Reform dieses Bereiches vorangetrieben wird.

In den Experten-Workshops wurden – aufbauend auf den empirischen Ergebnissen – zusammen mit Experten und Schlüsselpersonen sowie Entscheidungsträger aus Verbänden, Unternehmen und der Berufsbildung Konzepte und Ideen für einen Qualifizierungsansatz entwickelt.

Bei den Experten-Workshops handelte es sich um halb- oder ganztägige Veranstaltungen, deren Verlauf in sechs Phasen untergliedert war:

1. Einführung in den Workshop,
2. Vorstellung der Teilnehmer,
3. Präsentation der sektorspezifischen Ergebnisse sowie der daraus resultierenden Schlussfolgerungen für Arbeit und Beschäftigung im Secondhandsektor in Europa,
4. Diskussionsrunde zu den Ergebnissen,
5. Entwicklung von Qualifizierungsansätzen und
6. Bewertung der Konzepte und Lösungen.

Die Auswahl der Experten erfolgte auf der Grundlage der Ergebnisse der vorab durchgeführten Untersuchungen. Eine Darstellung der aus den Experten-Workshops resultierenden Ergebnisse hinsichtlich der Konsequenzen für eine sektorspezifische Qualifizierung sowie den Entwurf eines Qualifizierungsansatzes erfolgt in den Kapiteln 7 und 8.

3 Struktur und Charakteristik des Sektors in Europa

Die Sektoranalysen in den unterschiedlichen europäischen Ländern zeigen, dass der Sektor bisher weder auf nationaler, noch auf europäischer Ebene klar definiert ist. Daher wird der Sektor auch in den offiziellen Statistiken nicht eindeutig aufgeführt. Aufgrund dessen erweist sich eine länderspezifische Charakterisierung mit einer konkreten Ein- und Abgrenzung als relativ schwierig.

Insgesamt betrachtet ist der Secondhandsektor[4] in Europa sehr heterogen strukturiert. Er unterliegt größtenteils weder konkreten Beschränkungen, noch irgendwelchen festgelegten Normen. Lediglich der Umweltbereich und hier insbesondere im Bereich der Abfallvermeidung und Wiederverwendung auferlegte Richtlinien und gesetzliche Bestimmungen tangieren den Secondhandsektor. Diesbezüglich gibt es in allen Ländern klare gesetzliche Bestimmungen. Weiterhin variieren die Größe und die Struktur der Unternehmen, die im Sektor operieren, in den einzelnen Partnerländern. Es konnten nicht nur zahlreiche unterschiedliche Geschäftsfelder, sondern auch unterschiedliche Geschäftsformen identifiziert werden. Häufig werden dem Sektor auch alle Arten von Recyclinggeschäften zugeordnet, sodass man nicht von einem eigenständigen Sektor sprechen kann.

Um eine Vergleichbarkeit der Ergebnisse zu ermöglichen, wurde der Sektor in unterschiedliche Kategorien aufgeschlüsselt bzw. nach Geschäftsarten unterteilt. Basierend auf den Ergebnissen der Sektoranalyse wurde eine grundlegende Unterscheidung der Unternehmen zwischen profitorientierten (im Folgenden als Profit-Unternehmen bezeichnet) und nicht profitorientierten Unternehmen (im Folgenden als Not-for-profit-Unternehmen bezeichnet) vorgenommen. Dieses erfolgte vor dem Hintergrund, dass beide Unternehmensformen sehr stark im Sektor vertreten sind, allerdings eine grundlegend unterschiedliche geschäftliche Zielsetzung bzw. Ausrichtung haben und dementsprechend unterschiedliche Strukturen. Eine genaue Darstellung erfolgt den Kapiteln 3.1.4 und 3.1.5.

Neben dem gewerblichen Handel mit Gebrauchtwaren spielen in vielen europäischen Ländern im Secondhandmarkt Transaktionen von Privatpersonen eine

4 Der Secondhandsektor bezieht sich generell immer auf die in Kapitel 1.3 zugrunde gelegte Definition.

wichtige Rolle. Die Transaktionen erfolgen zumeist über spezielle Gebrauchtwarenbörsen, die als Printmedien oder im Internet (z. B. bei eBay) vielfältig vertreten sind. Eine weitere Möglichkeit ist der Verkauf auf Flohmärkten. Im Rahmen der Untersuchung des europäischen Secondhandsektors wurden private Aktivitäten jedoch nicht weiter untersucht, weil sie keinen direkten Ansatz für mögliche Qualifizierungen bieten und die Notwendigkeit einer Professionalisierung nicht erforderlich ist.

3.1 Anzahl, Größe und Verteilung von Secondhandunternehmen in Europa

3.1.1 Unternehmensanzahl und Sektorstruktur in Europa

Da eine quantitative Gesamteinschätzung zur Anzahl der Unternehmen in Europa aufgrund zum Teil fehlender Statistiken in den Ländern nicht möglich ist, können teilweise nur diesbezügliche Schätzungen und/oder Mindestannahmen vorgenommen werden. Außerdem sei darauf verwiesen, dass es auf europäischer Ebene keine Statistiken zur Anzahl verkaufter Waren oder zu Umsätzen hinsichtlich des Handels mit Gebrauchtwaren gibt. Häufig wird dieser derzeit noch dem Einzelhandel zugeschrieben und daher nicht gesondert betrachtet[5].

Basierend auf den Ergebnissen der länderspezifischen Analysen kann die Aussage getroffen werden, dass der Secondhandsektor aufgrund der Anzahl an Unternehmen, dem erwirtschafteten Umsatz sowie der zahlreichen unterschiedlichen Unternehmensformen, vergleicht man ihn mit anderen wirtschaftlichen Sektoren, durchaus als eigenständiger Sektor angesehen werden kann. Allein die identifizierten Daten, die bei Weitem nur einen Teil des Sektors widerspiegeln, verdeutlichen wie groß und vor allem heterogen der Sektor in Europa ist.

In Deutschland stiegen z. B. laut statistischem Bundesamt die Anzahl und der Umsatz steuerpflichtig erfasster Unternehmen, die mit Gebrauchtwaren handeln, von 4.519 (1,84 Mrd. DM) im Jahr 1998 auf 4.632 (1,1 Mrd. EURO) im

5 Da die länderspezifischen Daten aus unterschiedlichen und nicht miteinander vergleichbaren Quellen stammen und da diese nur schwer überprüfbar sind, kann kein Anspruch auf Vollständigkeit der Daten erhoben werden. Es handelt sich lediglich um Auszüge aus den einzelnen länderspezifischen Analysen, die sich teilweise nur auf einzelne Bereiche in den Partnerländern beziehen. Daher können die Ergebnisse nur einen vagen Überblick über die Anzahl an Unternehmen in Europa liefern.

Jahr 2000. Laut dem deutschen Verband *Second-Hand vernetzt e. V.*, dem selbst mehr als 6000 Adressen von Secondhandunternehmen bekannt sind, gibt es nach vorsichtiger Schätzung bundesweit mindestens die doppelte Anzahl (also ca.12.000) professionell geführte Unternehmen. Die tatsächliche Anzahl dürfte allerdings noch weit höher liegen. Insgesamt betrachtet setzt sich der deutsche Secondhandsektor sowohl aus privatwirtschaftlich geführten Unternehmen (Profit-Unternehmen), als auch aus Unternehmen, die der Sozialwirtschaft (größtenteils Not-for-profit-Unternehmen) zuzuordnen sind, zusammen. Wobei der Secondhandhandel in dem sozialwirtschaftlichen Bereich häufig nur ein Teilgeschäftszweig des gesamten Unternehmens darstellt.

Ähnlich wie in Deutschland verhält es sich auch in Großbritannien, wo es kaum statische Daten zum Secondhandsektor gibt. Hier ist der Sektor neben einer unbekannten Anzahl an privatwirtschaftlich geführten Secondhandunternehmen vor allem durch zahlreiche Not-for-profit-Unternehmen, sogenannte „Charity Shops" geprägt. Diese sind in unterschiedlichen Wohlfahrtsverbänden organisiert und machen den signifikantesten Teil des Sektors aus. Dabei umfasst z. B. der 1999 gegründete Verband der Charity Shops, der einer der Hauptakteure im britischen Secondhandsektor ist, eine Auswahl der größten nationalen Wohltätigkeitsgesellschaften Großbritanniens, regionale Hospize sowie rund 6700 Geschäfte in denen mit Gebrauchtwaren gehandelt wird. Das Beispiel der Daten zur Sammlung gebrauchter Textilien, verdeutlicht ein weiteres Mal, wie umfangreich der Sektor in Großbritannien ist: Mehr als 250.000 Tonnen Textilien werden jedes Jahr an die Charity Shops übergeben und von dort weiterverteilt bzw. wieder verkauft. Zusätzlich erhalten die Charity Shops durch öffentliche Spenden und Sammlungen in privaten Haushalten jährlich rund 15 Mio. Säcke Textilien und andere Waren.

Ein relativ großer, vielschichtiger und vor allem im Vergleich zu Deutschland und Großbritannien gut statistisch erhobener Secondhandsektor findet sich in Österreich. Hier wird vor allem zwischen Privatunternehmen und gemeinnützigen Einrichtungen unterschieden. Allerdings hat es sich vor dem Hintergrund der Definition des Secondhandsektors hinsichtlich der Produktpalette in der Privatwirtschaft als äußerst schwierig erwiesen, eine Abgrenzung vorzunehmen. Das hängt damit zusammen, dass entsprechende Händler oftmals sowohl mit Antiquitäten als auch mit Altwaren und Secondhandwaren handeln. Weiterhin hat die Untersuchung in Österreich ergeben, dass in der dort geführten Statistik Händler, die zusätzlich zu Neuwaren auch gebrauchte Güter anbieten, nicht erfasst sind. Einen Überblick über die Verteilung der privatwirtschaftlichen Secondhandunternehmen in Österreich liefert Tabelle 3.1.

Bundesland	Einwohner (EW)	Fläche (km^2)	Altwaren-geschäfte	Second Hand Shops	Anti-quitäten Händler	Summe	EW/ Geschäft
Burgenland	278.655	3.965	5	4	6	15	18.577
Kärnten	560.089	9.536	3	8	17	28	20.003
Nieder-österreich	1.575.291	19.178	39	29	61	129	12.212
Ober-österreich	1.399.226	11.982	19	30	61	110	12.720
Salzburg	526.875	7.154	4	20	48	72	7.318
Steiermark	1.199.489	16.392	20	28	52	100	11.995
Tirol	693.651	12.648	7	12	23	42	16.516
Vorarlberg	362.258	2.601	4	12	12	28	12.938
Wien	1.637.772	415	56	72	143	271	6.043

Tab. 3.1: Daten zum privatwirtschaftlichen Secondhandmarkt in Österreich (Quelle: www.HEROLD.at-Business Branchen Verzeichnis)

Im Vergleich zum privatwirtschaftlichen Secondhandmarkt konnte für den sozialwirtschaftlich organisierten Markt festgestellt werden, dass die Anzahl der Unternehmen dort wesentlich geringer ist. Es gibt nur wenige Organisationen, die in Österreich tätig sind. Stattdessen gibt es in diesem Bereich vor allem kleinere Projekte, die jeweils nur in einem Bundesland umgesetzt werden. Wie die Übersicht in Tabelle 3.2 zeigt, gibt es rund 85 Secondhandgeschäfte, die mit Altwaren handeln und dadurch befristete Arbeitsplätze in den Bereichen Transport, Sortierung, Aufbereitung und Reparatur sowie Verkauf schaffen.

Bundesland	SH-Shops
Niederösterreich	4
Oberösterreich	19
Salzburg	10
Tirol	10
Vorarlberg	5
Burgenland	2
Steiermark	8
Kärnten	5
Wien	22
Summe	**85**

Tab. 3.2: Übersicht über sozialwirtschaftliche Secondhandshops nach Bundesländern (Quelle: http://www.sozialprojekte.com)

Neben den privat- sowie den sozialwirtschaftlich geführten Unternehmen in Österreich konnten außerdem noch in Wien ein von der öffentlichen Verwaltung betriebenes Secondhandunternehmen sowie Kooperationen zwischen sozialwirtschaftlichen Unternehmen und der öffentlichen Verwaltung identifiziert werden. Die Ergebnisse der Sektoranalyse zeigten, dass Flohmärkte in Österreich eine sehr bedeutende Rolle im Secondhandsektor spielen, da diese von vielen gewerblichen Händlern dazu genutzt werden, um ihre Waren zu verkaufen.

Mit der Analyse des finnischen Sektors konnte nur begrenzt den Secondhandmarkt in Finnland erfasst werden. Dennoch vermitteln die Ergebnisse einen Eindruck über die Größe des Sektors. Laut „Finland Statistics" wurden im Jahr 2005 rund 1258 Beschäftigte und 753 Verkaufsstellen inklusive Indoor-Flohmärkte, die mit gebrauchten Waren handeln, ermittelt[6]. Der Jahresumsatz betrug rund 77.417.000 Euro. Die sozialen Unternehmen (Not-for-profit-Unternehmen) machen im Vergleich zum privatwirtschaftlichen Handel mit gebrauchten Waren

6 Die Statistik schließt Antiquitäten sowie Flohmärkte im Freien aus. Außerdem sind Flohmärkte, die von Sportvereinen oder anderen Hobby-Organisationen gelegentlich durchgeführt werden, darin nicht berücksichtigt worden, da sie nicht zu deren Kerngeschäft gehören.

nur einen geringen Anteil im finnischen Secondhandsektor aus. So gibt es nur ca. 10 sozialwirtschaftlich geführte Unternehmen im Sektor. Diese sind vornehmlich auf den Handel mit elektronischen und elektrischen Geräten spezialisiert. Nur wenige von ihnen verkaufen auch Textilien, Spielzeug, Bücher und Tonträger (Sosiaalisten yritysten rekisteri 2007). In Finnland existieren außerdem einige wenige große Nichtregierungsorganisationen die sich im Secondhandsektor agieren, wie z. B. das Rote Kreuz, das eine Kaufhauskette mit mehreren Verkaufsstellen für gebrauchte Waren betreibt.

Hinsichtlich des belgischen Secondhandsektors hat die nationale Sektoranalyse ergeben, dass dort im Vergleich zu den anderen Ländern der Sektor eine lange Geschichte hat und sehr professionell organisiert ist. Er wird von sozialwirtschaftlich geführten Unternehmen (Not-for-profit-Unternehmen), deren Hauptaufgabe die Integration von benachteiligten Gruppen in den Arbeitsmarkt ist, dominiert. Insgesamt gibt es in Belgien etwa 650 Geschäfte, die im Sektor als profitorientiertes Unternehmen operieren. Neben verschiedenen kleinen Geschäften spielen in Belgien außerdem ein paar Franchisingunternehmen mit einer unterschiedlichen Anzahl an Geschäften eine große Rolle. So konnten im Rahmen der Analyse fünf Franchisingnetzwerke mit 2 bis 27 Einzelgeschäften identifiziert werden. Im Bereich der Not-for-profit-Unternehmen existieren zwei große Netzwerke: KVK (Koepel van Vlaamse Kringloopcentra) und RESSOURCES, die in unterschiedlichen Regionen operieren und in ihren angeschlossenen Geschäften mit gebrauchten Waren handeln. KVK mit rund 100 Unternehmen und RESSOURCES mit 52 Unternehmen sind in ganz Belgien vertreten.

Wie die hier dargestellte Sektorstruktur der nord- und westeuropäischen Länder verdeutlicht, ist der Secondhandsektor dort sehr gut organisiert und sehr heterogen ist. Im Vergleich dazu ist der Sektor in Osteuropa, insbesondere in den Ländern Slowenien und Bulgarien, noch nicht richtig etabliert. Entsprechend schwieriger war die Analyse in den beiden Ländern. In Bulgarien existieren bisher vornehmlich privatwirtschaftliche Unternehmen. Not-for-profit- oder sozialwirtschaftlich geführte Unternehmen, die mit Secondhandwaren handeln, sind nur vereinzelt vorhanden. Im privatwirtschaftlichen Bereich gibt es laut dem bulgarischen Wirtschaftskatalog seit 1998 rund 539 Secondhandbekleidungsgeschäfte, 611 Secondhandcomputergeschäfte, 109 Secondhandmöbelgeschäfte and 477 Secondhandheschäfte für elektronische und elektrische Geräte in Bulgarien. Im Vergleich dazu operieren in dem sozialwirtschaftlichen Bereich kaum Not-for-profit-Unternehmen – lediglich Agenturen für Sozialhilfe sowie das bulgarische Rote Kreuz engagieren sich in diesem Sektor.

Von allen untersuchten Ländern ist der Secondhandsektor in Slowenien am wenigsten etabliert. In Slowenien existieren nur vereinzelt Geschäfte, die allein als Secondhandunternehmen registriert sind (schließt man den Antiquitäten- und Automobilmarkt aus). Insgesamt konnten nur fünf profitorientierte und registrierte Unternehmen identifiziert werden. Neben den reinen Secondhandunternehmen gibt es allerdings eine Vielzahl an Fachgeschäften, die neben ihrem Hauptgeschäft auch mit gebrauchten Waren handeln. Diese Geschäfte sind unterteilt in Fachgeschäfte, die sich auf bestimmte Waren spezialisiert haben und in Geschäfte, die die gesamte Bandbreite an Waren anbieten. Von dieser Art Geschäften existieren in Slowenien insgesamt 35. Eine wichtige Rolle in dem privatwirtschaftlich betriebenen Gebrauchtwarenmarkt spielen Flohmärkte. Es gibt zwei große, ganzjährige Flohmärkte sowie Jahreszeiten bedingte Flohmärkte. Hinsichtlich der sozialwirtschaftlichen bzw. der Not-for-profit-Unternehmen hat die Analyse ergeben, dass sich dieser Bereich noch in der Entwicklung befindet. Diesbezüglich existiert nur eine Organisation, die gebrauchte Waren (vornehmlich Bekleidung) sammelt und verkauft. Außerdem gibt es einige wenige NGO wie das Slowenische Rote Kreuz, die Caritas, UNICEF usw., die ebenfalls Secondhandwaren sammeln, mit diesen allerdings nicht handeln, sondern sie kostenlos an bedürftige Menschen verteilen.

Zusammenfassend lässt sich festhalten, dass bezüglich der quantitativen Aufstellung von Secondhandunternehmen deutliche Unterschiede zwischen den europäischen Ländern bestehen. Auffällig ist, dass vor allem in den osteuropäischen Ländern der Sektor noch nicht sehr stark ausgeprägt ist und sich erst in den Anfängen bzw. noch im Wachstum befindet. Weiterhin wird bereits anhand der Anzahl an unterschiedlichen Unternehmen in den einzelnen Partnerländern deutlich, dass der Sektor insgesamt sehr multidimensional und heterogen ist. Die Anzahl der Unternehmen sowohl im profitorientierten als auch im nicht profitorientierten Bereich unterscheidet sich sehr stark von Land zu Land. Weiterhin ist aufgrund fehlender Statistiken und der teilweise nur vagen Angaben zur Anzahl an Unternehmen in den einzelnen Ländern keine konkrete Aussage zum Verhältnis dieser zur relativen Bevölkerungsanzahl möglich.

3.1.2 Regionale Verteilung der Unternehmen innerhalb der europäischen Länder

Innerhalb der europäischen Länder spielen geografische Aspekte hinsichtlich der Verteilung der Secondhandunternehmen eine wichtige Rolle. Deutlich wird, dass es in allen Ländern in den Städten und Ballungszentren mehr Secondhandunternehmen gibt als in ländlichen Regionen. Die Ursache hierfür ist einerseits auf eine höhere Einwohnerzahl und somit auf eine höhere Kundenzahl in den Städten und andererseits auf eine möglicherweise höhere Akzeptanz von Gebrauchtwaren in Ballungszentren zurückzuführen. In städtischen Ballungsräumen sind vor allem zwei parallel laufende Trends zu beobachten. Einerseits nimmt der Trend hin zum Kauf gebrauchter Waren aufgrund einer schlechter werdenden wirtschaftlichen Lage vieler privater Haushalte zu. Anderseits gibt es eine große Kundengemeinde (vor allem jüngere Leute), die Secondhandwaren „trendy" und modern finden. Weiterhin ist zu beobachten, dass im Vergleich zu den städtischen Räumen die Bevölkerung auf dem Land vielfach eine eher zurückhaltende und teilweise auch ablehnende Einstellung gegenüber gebrauchten Waren hat. Daher stoßen Secondhandunternehmen dort nicht auf die erforderliche Akzeptanz, um wirtschaftlich überleben zu können.

Die Entwicklung hin zu einer wesentlich höheren Konzentration von Unternehmen in den Städten spiegeln vor allem die Daten der Länder Finnland und Österreich anschaulich wider. So kommt z. B. bezogen auf ganz Österreich auf 9.356 Einwohner ein Secondhandunternehmen (profitorientierte und nicht profitorientierte Unternehmen zusammengerechnet), wobei die Dichte in den einzelnen Bundesländern mit Zahlen zwischen 10.978 Einwohner in Vorarlberg bis 16.972 Einwohner in Kärnten pro Secondhandgeschäft deutlich niedriger ist, als in den großen Städten bzw. Ballungszentren wie Salzburg mit 6.425 Einwohnern und Wien mit 5.590 Einwohnern pro Secondhandgeschäft. Die Dichte in den Ballungszentren ist demnach nahezu doppelt so hoch wie in den Bundesländern, deren Einwohnerzahl pro Fläche wesentlich geringer ist im Vergleich zu den hier genannten zwei Großstädten.

Auch in Finnland gibt es eine klare geografische Trennung im Sektor zwischen dem städtischen und ländlichen Raum sowie dem nördlichen und südlichen Teil des Landes. Die Mehrheit der Unternehmen ist im städtischen Raum angesiedelt. Dabei ist eine Ansiedlung von Seconhandunternehmen im nördlichen Teil Finnlands im Vergleich zu dem südlichen Teil aufgrund der großen Transportdistanzen, der großen regionalen Unterschiede und der geringeren Bevölkerungsdichte oft nicht rentabel. Im Süden und Westen des Landes hingegen liegen die großen Städte Finnlands mit einer wesentlich höheren Bevölkerungsdichte. Daher finden sich die meisten Secondhandunternehmen im südlichen und im westlichen Teil Finnlands. Laut „Finland Statistics" aus dem Jahr 2006 waren von 895 registrierten Secondhandgeschäften 399 in der Region Südfinnland und 337 in der Region Westfinnland angesiedelt. In der Region Ostfinnland wiederum gab es nur 89 und im Raum Oulu und Lappland (Nordfinnland) nur 78 Secondhandgeschäfte.

3.1.3 Größe der Unternehmen und Unternehmensformen

Der Secondhandsektor in Europa ist ein besonders facettenreicher Sektor, der eine breite Produktpalette und Dienstleistungen sowie unterschiedliche Unternehmensformen wie u. a. einzelne Anbieter/Händler, Wohlfahrtsverbände, größere Unternehmen (z. B. Warenhäuser) und Netzwerke (z. B. Franchisingnetzwerke) umfasst. Im Grunde genommen zählt der Secondhandmarkt jedoch zum Einzelhandel mit der speziellen Warenausrichtung, dem Handel mit gebrauchten Waren.

Auf europäischer Ebene konnte in der Privatwirtschaft[7] die kleinste und einfachste Organisationsform im Secondhandsektor, das vom Inhaber geführte Einzelhandelsgeschäft, identifiziert werden. Diese Unternehmensform ist in allen Partnerländern am stärksten vertreten und ist durch größtenteils nur geringe Beschäftigtenzahlen – von einem bis zehn Beschäftigte – charakterisiert. Beispielsweise beschäftigen in Österreich die meisten privatwirtschaftlichen agierenden Einzelunternehmen nicht mehr als 10 Angestellte. In Deutschland wiederum findet man laut dem Statistischen Bundesamt von 2006 in rund 60 % der privatwirtschaftlich geführten und profitorientierten Unternehmen bis zu 6 Beschäftigte (die allein z. B. im Jahr 2005 rund 1 Mio. Euro umgesetzt haben). Im Vergleich zu der großen Anzahl an Unternehmen mit einer sehr geringen Beschäftigtenzahl haben in Deutschland nur 4 % der insgesamt am Secondhandmarkt agierenden Unternehmen über 60 Beschäftigte, die im Vergleich zu den kleinen Unternehmen im Jahr 2005 rund 5 Mio. Euro umgesetzt haben. Dies zeigt sich auch in Finnland mit durchschnittlich ein bis zwei Beschäftigten je Unternehmen. In Slowenien bzw. Bulgarien sind bis auf wenige Ausnahmen, die privatwirtschaftlich geführten Unternehmen Inhaber- bzw. Familien geführt, was darauf hindeutet, dass die Beschäftigtenzahl ebenfalls sehr niedrig ist.

Diese aufgeführten Daten sind vornehmlich Einschätzungen von Experten, da keine konkreten Statistiken zu unterschiedlichen Betriebsformen existieren. Dennoch wird deutlich, dass die Mehrheit der Unternehmen in der Regel sehr kleine Unternehmen sind. Neben den kleinen Beschäftigungszahlen ist für diese Unternehmensform ein überwiegend umfangreiches sowie unstabiles Warenangebot charakteristisch. Dieses ist zumeist zufällig und relativ unspezifisch, da die Händler vom Angebot der zum Ankauf zur Verfügung stehenden Waren abhängig sind. Weiterhin weisen diese Unternehmen häufig keine geregelte Sortimentsorientierung und nur eine sehr eingeschränkte Warenwirtschaftssystematik auf.

7 Dieser Wirtschaftsbereich ist generell gewinnorientiert ausgerichtet.

Neben der Vielzahl kleiner Unternehmen sind im europäischen Secondhandsektor auch größere Unternehmen mit weit mehr als 10 Beschäftigten präsent. Diese sind teilweise konzernartig organisiert und/oder haben den Handel mit Gebrauchtwaren auf mehrere Verkaufsfilialen verteilt. Im Vergleich zu den kleinen Secondhandgeschäften verfolgen diese zumeist eine erklärte Sortimentspolitik und/oder eine Beschaffungs- und Vertriebsstrategie. Damit sind dann häufig ein Qualitätsmanagementsystem (QMS), ein Warenwirtschaftssystem (WWS) und bestimmte Unternehmensentwicklungskonzeptionen verbunden. Neben diesen beiden Unternehmensklassifizierungen (Kleinst- sowie Großunternehmen) findet sich in Europa eine Vielfalt an unterschiedlichen Unternehmensgrößen, Geschäftsfeldausrichtungen und Organisationsformen. Die insgesamt identifizierte Vielfalt an Unternehmensformen ist allerdings nicht in allen europäischen Ländern erkennbar.

In Deutschland konnten neben den reinen Einzelunternehmen (bzw. teilweise Fachgeschäfte für spezielle Secondhandwaren) im privatwirtschaftlich geführten Markt u. a. Gesellschaften mit beschränkter Haftung (GmbH), Kommissionshändler und Franchisingunternehmen identifiziert werden. In Österreich weist der Sektor u. a. auch Unternehmensformen wie GmbHs und Kommanditgesellschaften (KG) auf, in Belgien Franchisingunternehmen und große Netzwerke, in Großbritannien große Wohlfahrtsverbände mit zahlreichen vernetzten Unternehmen und in Slowenien häufig Kommissionshändler. In Finnland hingegen gibt es ausschließlich kleine und einige wenige mittelgroße Secondhandunternehmen. In den osteuropäischen Ländern wie Slowenien und Bulgarien sucht man vergeblich größere Unternehmen, die konzernartig agieren oder mehrere Filialen haben.

Eine strukturelle Besonderheit im europäischen Secondhandsektor weist im Vergleich zu den anderen Ländern die belgische Struktur auf. Der Sektor ist hier vergleichsweise sehr gut organisiert und strukturiert. So ist der Sektor neben verschiedenen kleinen Geschäften vornehmlich in großen Netzwerken bzw. in Form von Franchisingunternehmen organisiert. Somit ist eine flächendeckende Verteilung an Secondhandunternehmen über ganz Belgien vorhanden.

Neben der Vielzahl an unterschiedlichen Betriebsformen, die auf Profit ausgerichtet und vornehmlich im privatwirtschaftlichen Bereich vertreten sind, gibt es in allen Ländern außer in Bulgarien nicht auf Profit ausgerichtete Unternehmen, die in dem Secondhandsektor neben anderen Geschäftsfeldern agieren. Zahlreiche dieser Unternehmen sind dem sozialwirtschaftlichen Bereich zuzuordnen. Entsprechende Unternehmen sind größtenteils in Netzwerken organisiert bzw. gehören großen, teilweise internationalen Organisationen, sogenannten Nichtregierungsorganisationen (NGO), an. Es gibt aber auch einzeln agierende Unternehmen (wie z. B. Sozialkaufhäuser), die nicht profitorientiert orientiert sind. Hierbei handelt es sich vornehmlich um gemeinnützige Unternehmen bzw. Vereine, die aus wohltätigen Zwecken heraus mit Secondhandwaren operieren.

Einen Überblick über die hier dargestellten unterschiedlichen Betriebsformen im europäischen Sektor sowie deren betriebliche Ausrichtung und Besonderheiten soll die Tabelle 3.3 geben. Eine detaillierte Differenzierung zwischen den zwei unterschiedlichen betrieblichen Ausrichtungen „profitorientiert" und „nicht profitorientiert" wird im folgenden Kapitel vorgenommen.

Betriebsform		Verkaufs- und Lagerfläche	Art der Beschaffung	Geschäftsfeld bzw. Produktspektrum	Einsatz von Instrumenten zur Steuerung betrieblicher Prozesse (z. B. WWS)	Instrumente strategischer Unternehmensentwicklung	Anzahl Mitarbeiter
inhabergeführtes Einzelhandelsgeschäft (mit z.B. Ladenlokal)	gewinnorientiert	relativ klein, bis etwa 100 m^2	vorwiegend Ankauf von Privat; teilweise von Händlern, Entrümpelung	a) Unspezifisch, umfangreich, unstabil b) Spezialisiert (Kinderartiel, Bücher, Antik etc.)	gar nicht bis sehr eingeschränkt	ausschließlich kaufmännische Erfahrung	inhabergeführt (meist ein bis zwei Personen)
Gebrauchtwaren-Kaufhaus	gewinnorientiert oder gemeinnützig	mehrere hundert m^2-Fläche	Ware aus Spenden oder Ankauf bzw. Kommissionsware, abhängig ob profit oder non-profit	vielseitiges Sortiment, das relativ stabil ist, meist ist die ganze Palette gemäß Sektordefinition vorhanden	geordnete Strategie, meist professionell, nicht immer komplett EDV-gestützt	Geschäftsplan, z. T. QMS, Marketing und Stadtteilpräsenz	2 - 50
Kommissionshandel	gewinnorientiert	große Flächen, Hallen	ausschließlich Kommissionsware von privat	nach Standort unterschiedlich, je nach angenommener Ware variabel	professionell organisiert	Geschäftsplan, QMS, Marketing	3 - 5 pro Standort, auf Gruppen und Filialisten insgesamt bezogen wesentlich mehr
Franchising Unternehmen und Filialhändler	gewinnorientiert	vorwiegend große Flächen	Spende, Ankauf, Entrümpelung, Kommissionsware	nach Standort unterschiedlich	sehr professionell organisiert	Geschäftsplan mit Expansionsstrategie; Controlling und QMS	3 - 5 pro Standort + ggf. geförderte AN
Sammelstellen und Abgabelager	gemeinnützig (städtisch oder karitativ)	variiert sehr stark	ausschließlich Spenden	nach Standort (improvisiert)	gar nicht bis eingeschränkt	keine; äußerst geringe Effizienz	z. T. relativ viele geförderte AN
Groß- bzw. Zwischenhändler	gewinnorientiert	variiert sehr stark	Ankauf bzw. Sammlung	hauptsächlich Textilsortierer, Exporteure	professionelle Logistikplanung	Geschäftsplan	Abhängig ob profit oder not profit

Tab. 3.3: Übersicht über Unternehmensformen im europäischen Secondhandsektor

3.1.4 Struktur nicht profitorientierter Unternehmen

Die Definition von Profit- und Not-for-profit-Unternehmen ist in den einzelnen europäischen Ländern oft recht unterschiedlich, deshalb soll in diesem und im folgenden Abschnitt gesondert auf beide Unternehmensformen eingegangen werden.

Bevor eine Charakterisierung der länderspezifischen Strukturen im Hinblick auf Not-for-profit-Unternehmen erfolgen kann, soll zunächst einmal die zugrunde gelegte Definition von Not-for-profit-Unternehmen erläutert werden. Die Festlegung einer einheitlichen Definition erfolgte vor dem Hintergrund einer gemeinsamen Arbeitsgrundlage und einem einheitlichen Verständnis, um einerseits Vergleiche zwischen den beteiligten Ländern ziehen und andererseits einheitliche Arbeitsprozesse im Rahmen der Analyse identifizieren zu können.

Als Unternehmen im engeren Sinne wird jede Einheit, unabhängig von ihrer Rechtsform, die eine wirtschaftliche oder gemeinnützige Tätigkeit ausübt, verstanden. Als Not-for-profit-Unternehmen werden im Folgenden jene Organisationen bzw. Unternehmen bezeichnet, die in frei-gemeinnütziger oder privatgewerblicher Trägerschaft, welche ergänzend zu Staat und Markt spezifische Zwecke der Bedarfsdeckung, Förderung und/oder Interessenvertretung/Beeinflussung (Sachzieldominanz) für ihre Mitglieder (Selbsthilfe) oder Dritte wahrnehmen. Sie verfolgen keine kommerziellen (Rendite-)Interessen, sondern dienen gemeinnützigen, sozialen, kulturellen oder wissenschaftlichen Zielsetzungen. Dieses ist in einem Statut festgelegt und wird in der Regel im Rahmen eines Anerkennungsverfahrens bei Beantragung eines Gemeinnützigkeitsstatus überprüft. Im Weiteren wird die Bezeichnung Not-for-profit-Unternehmen für jene Unternehmen gewählt, die in dem jeweiligen europäischen Land als gemeinnützige Unternehmen anerkannt sind. Die so bezeichnete Gruppe von Wirtschaftssubjekten umfasst somit Unternehmen, die gemeinnützige, mildtätige oder kirchliche Zwecke verfolgen, d. h., die Tätigkeit muss darauf ausgerichtet sein, die Allgemeinheit auf materiellem, geistigem oder sittlichem Gebiet selbstlos, ausschließlich und unmittelbar zu fördern.

Weiterhin werden in den gemeinnützigen Organisationen und Unternehmen, die u. a. Vereine, Verbände, Selbstverwaltungskörperschaften, gemeinnützigen Gesellschaften (gGmbH oder gAG), Genossenschaften oder Stiftungen sein können, die Leitungsorgane gewählt oder – so zum Beispiel bei Stiftungen – durch bestimmte Personen oder Institutionen berufen. Die Not-for-profit-Unternehmen finanzieren ihre Leistungen über Mitgliederbeiträge, Spenden, Zuschüsse und/oder Preise/Gebühren. Erzielte Überschüsse dürfen nicht als Kapitalrendite direkt an Mitglieder/Träger ausgeschüttet werden. Außerdem sind gewisse Rückvergütungen im Verhältnis zur Leistungsbeanspruchung möglich[8].

Historisch gesehen wurde das Sammeln von gebrauchten Waren häufig von Not-for-profit-Unternehmen organisiert. In vielen europäischen Ländern haben diese Unternehmen diesbezüglich Pionierarbeit geleistet. Zu ihren wichtigsten Aktivitäten zählt das Sammeln, Recyceln und Wiederverwenden von „Abfall". Aufgrund einer niedrigen Kapitalrendite und der Arbeitskräftestrukturen, die für Secondhandaktivitäten erforderlich sind, wird der Sektor in vielen europäischen Ländern von Not-for-profit-Unternehmen dominiert.

Bei den im europäischen Sektor agierenden Not-for-profit-Unternehmen handelt es sich vornehmlich um Unternehmen mit einer gleichen bzw. ähnlichen Zielausrichtung. Größtenteils sind dies Betriebe und Beschäftigungsträger für soziale Integration, die Arbeit, Beschäftigung und Qualifikation für Behinderte, Benachteiligte und andere Zielgruppen der Arbeitsmarktpolitik schaffen. Es handelt sich zum einen um Beschäftigungsträger, die Qualifizierung und befristete Beschäftigung anbieten, zum anderen um Integrationsunternehmen, die vom Gesetzgeber bereits dem allgemeinen Arbeitsmarkt zugeordnet werden. Der Secondhandbereich stellt häufig innerhalb dieser Unternehmen ein Geschäftsfeld zur Beschäftigung entsprechend genannter Personengruppen dar. Es gibt aber auch Unternehmen, die ausschließlich in diesem Bereich Arbeitnehmer beschäftigen, um diese nach einem zeitlich befristeten Arbeitsverhältnis in den Arbeitsmarkt zu integrieren.

Da es dennoch in den beteiligten Ländern nationale Besonderheiten hinsichtlich der Struktur von Not-for-profit-Unternehmen gibt, sollen diese im Folgenden exemplarisch dargestellt werden.

Anfang Mai 2007 trat in Finnland ein modifiziertes Gesetz für Sozialunternehmen in Kraft (Työministeriö 2007), in dessen Rahmen unterschiedliche Eckpunkte zu Sozialunternehmen festgelegt wurden. Im Vergleich zu anderen europäischen Ländern unterscheiden sich Not-for-profit-Unternehmen in Finnland durch die Besonderheit, dass sie wirtschaften wie normale Privatunternehmen. Sie sind profitorientiert ausgerichtet und zahlen normale Löhne an ihre Beschäftigten. Der einzige Unterschied besteht darin, dass 30 % der Beschäftigten Benachteiligte oder Langzeitarbeitslose sein müssen. Die Unternehmen haben die Möglichkeit von der Regierung Lohnkostenzuschüsse oder Zuschüsse für die Regelung der Arbeitsbedingungen zu erhalten, um entsprechend Benachteiligte oder Langzeitarbeitslose einzustellen (Sosiaalinen yritys 2007). Es wird daher zwi-

8 Vgl. http://de.wikipedia.org/wiki/Non-Profit-Organisation.

schen „Sozialunternehmen", die nicht der klassischen Definition von Not-for-profit-Unternehmen unterliegen und Not-for-profit-Unternehmen differenziert. Wobei beide Formen im Secondhandsektor operieren. Insgesamt gibt es dort wenige große Not-for-profit-Organisationen wie UFF (U-landshjälp från Folk till Folk i Finland rf), eine Kaufhauskette des Roten Kreuzes, Flohmärkte der Heilsarmee und Recyclingzentren. Diese weisen nicht nur einen großen Umsatz auf, sondern sind für die beiden genannten Zielgruppen wichtige Arbeitgeber im finnischen Secondhandsektor. Dennoch wurden diese zu den Not-for-profit-Unternehmen zugerechnet, da sie insgesamt viele Parallelen z. B. in der Beschäftigungsstruktur, in der Organisation oder in den betrieblichen Strukturen zu Not-for-profit-Unternehmen aufweisen. Die Sozialunternehmen hingegen decken nur einen kleinen Teil des Secondhandsektors ab. Hier gibt es etwa zehn Sozialunternehmen im finnischen Secondhandsektor. Einige von diesen sind auf das Geschäft mit elektronischen und elektrischen Altgeräten spezialisiert und andere wiederum verkaufen auch Textilien, Spielsachen, Bücher und Tonträger (Sosiaalisten yritysten rekisteri 2007). Diese Sozialunternehmen sind in der Regel sehr klein, vor allem die, die in den letzten Jahren entstanden sind.

Eine weitere Besonderheit hinsichtlich der Not-for-profit-Unternehmen konnte in dem osteuropäischen Secondhandsektor identifiziert werden. In Bulgarien gibt es demnach keine registrierten Not-for-profit-Unternehmen, die im Secondhandbereich operieren. Dies führen die bulgarischen Experten auf fehlende staatliche Finanzmittel zur Förderung von Aktivitäten von Not-for-profit-Unternehmen zurück. Als einzige Not-for-profit-Organisation kann das bulgarische Rote Kreuz genannt werden. Eine untergeordnete Rolle spielen auch die Sozial- oder Not-for-profit-Unternehmen in Slowenien. Hier gibt es zwar einige wenige Wohltätigkeitsorganisationen wie das Slowenische Rote Kreuz, die Caritas oder UNICEF. Diese unterscheiden sich von der Art der Not-for-profit-Unternehmen, wie sie in West- und Nordeuropa existieren insofern, als dass es sich bei diesen um keine Organisationen handelt, die u. a. Arbeitsgelegenheiten anbieten und den Secondhandbereich als ein Betätigungsfeld für diese nutzen.

Beim Vergleich der Ländererergebnisse wird deutlich, dass Großbritannien eine Sonderstellung einnimmt, was die Bedeutung sowie die Anzahl und Organisation der Not-for-profit-Unternehmen betrifft. Die „Charity Shops" von Wohltätigkeitsorganisationen machen einen signifikanten Teil des Sektors aus. Das „Charity-Shop-Prinzip" basiert auf der Wiederverwendung von Waren. Es wird geschätzt, dass jährlich mehr als 250.000 Tonnen Textilien (Bekleidung und andere Textilwaren) die Charity Shops durchlaufen und entweder recycelt oder wiederverwendet werden. Neuen Entwicklungen zufolge handeln einige Geschäfte dieser Wohltätigkeitsorganisationen auch mit speziellen Waren wie CDs, Videos, Spielsachen, Möbeln, Brautbekleidung und elektrischen Geräten. Einen

Überblick über die Größe und Strukturen dieser Unternehmen, die im Vergleich zu den anderen Ländern eine große Anzahl an ehrenamtlichen Mitarbeitern beschäftigen, werden im Folgenden beispielhaft an den vier bedeutendsten Unternehmen dargestellt:

1. Oxfam

Das Wohlfahrtsunternehmen Oxfam ist einer der größten Secondhandhändler in Großbritannien. Es verfügt über 750 Geschäfte in ganz Großbritannien mit rund 20.000 ehrenamtlichen Mitarbeitern. Dies beinhaltet auch 100 Fachgeschäfte, die speziell Bücher, Musik, Brautbekleidung und Möbel verkaufen. Das Unternehmen ist europaweit mit rund 11 Mio. verkauften Büchern im Jahr der größte Einzelhandel in Bezug auf gebrauchte Bücher.

2. Remploy

Remploy ist der führende Anbieter von Arbeitsplätzen für benachteiligte Personen in Großbritannien. Das Unternehmen unterstützt Benachteiligte bei der Sicherung einer Beschäftigung und beschäftigt auch selbst Benachteiligte in einer Vielzahl von Arbeitsstellen. Es handelt sich um eine nicht-öffentliche Stelle, die jährlich 111 Mio. Pfund Zuschüsse von der Regierung erhält. Weiterhin deckt das Unternehmen unterschiedliche Geschäftsfelder ab: Recycling, Möbel, Gesundheitswesen, Haushalts- und Toilettenartikel und Dienstleistungen. Der Recyclingbereich tangiert vor allem den Secondhandsektor, da dort neben der Zerlegung nicht mehr verwendbarer Geräte vor allem auch gebrauchte Haushaltsgeräte für die Wiederverwendung aufbereitet werden. Dieses wird als „One-Stop Shop" für Recycling und Aufbereitung von elektronischen und elektrischen Waren bezeichnet und orientiert sich an der europäischen WEEE-Richtlinie (Waste Electrical and Electronic Equipment).

3. Local Cancer Charity

Diese Organisation vereint mehrere kleine regionale Wohltätigkeitsorganisationen, die maximal 15 Kilometer voneinander entfernt sind. Es handelt sich um rein ehrenamtlich organisierte Organisationen, die sich auf Bürgschaften beschränken. Sie haben jeweils weniger als zehn Beschäftigte, wobei die Belegschaft durch unbezahlte Ehrenamtliche ergänzt wird. Das Hauptziel der Organisationen ist die Betreuung von Menschen, bei denen Krebs diagnostiziert wurde. Diese Aufgaben finanzieren die Organisationen durch die Sammlung und den Verkauf gebrauchter Waren wie Bekleidung, Bücher, Musikartikeln und DVDs und Spielzeug. Elektrische Geräte werden dort nicht verkauft. Alle unverkäuflichen Waren werden gegen einen kleinen Betrag recycelt. Weiterhin sei erwähnt, dass die Organisationen in den letzten Jahren beim Verkauf von Secondhandwaren ein signifikantes Wachstum zu verzeichnen haben.

4. Hay-on-Wye Bookstores

Hay-on-Wye ist eine kleine Stadt in ländlicher Umgebung an der Grenze von Wales zu England, die bekannt ist für eine große Anhäufung von Secondhandbuchhandlungen. Insgesamt sind dort 39 unabhängige Buchhandlungen angesiedelt, die sowohl allgemeine, als auch Fachbücher verkaufen. Die Stadt ist vor allem auch berühmt für ihr jährliches Buchfestival. Mit Ausnahme der Buchhandlungen, die Teil einer Geschäftskette sind, sind in den Geschäften, die dem Einzelhandel angehören, generell weniger als zehn Beschäftigte (oftmals sogar weniger als fünf Beschäftigte) tätig. Nur eine Minderheit dieser Unternehmen ist Verbänden oder Berufsverbänden angeschlossen.

Die Aufstellung der Not-for-profit-Unternehmen in Großbritannien ist auf eine landesspezifische Entwicklung zurückzuführen und traditionell verankert, deshalb können die für Großbritannien typischen Strukturen und Ziele von Not-for-profit-Unternehmen nur bedingt auf Europa übertragen werden.

Insgesamt zeigt sich bei der Analyse aller Ergebnisse, dass sobald in den einzelnen Ländern eine ausgeprägte Struktur von Not-for-profit-Unternehmen vorhanden ist, diese oftmals professioneller organisiert und vernetzt sind, als es bei den profitorientierten Unternehmen der Fall ist. Ein gutes Beispiel für die Vernetzung und die Organisation von Not-for-profit-Unternehmen findet man in Belgien.

Die Sozial- bzw. Not-for-profit-Unternehmen können in zwei große Netzwerke zusammengefasst werden. Exemplarisch wird das Netzwerk „KVK" vorgestellt, um die Struktur dieser Art Netzwerke genauer zu verdeutlichen. Bei „KVK" handelt es sich um ein Wiederverwendungsnetzwerk in der Region Flandern, das einerseits ausrangierte Waren sammelt, sortiert und weiterverkauft und andererseits Arbeitsgelegenheiten für Menschen in Not schafft. Das Netzwerk vereint 33 Wiederverwendungszentren, die einen eigenen rechtlichen Status haben. Diese umfassen 100 Geschäfte plus 8 spezielle Wiederverwendungszentren für elektronische und elektrische Geräte (mit dem Schwerpunkt Aufbereitung). Das Ziel des Netzwerkes besteht darin, einen aktiven Beitrag zur Realisierung der sektoralen Ziele zu leisten. Hierzu zählen neben der Wiederverwendung von Waren zur Verlängerung ihrer Lebenszeit sowie zur Reduzierung der Abfallbelastung, auch die Bereitstellung von Arbeitsplätzen für gering Qualifizierte und Langzeitarbeitslose. Sämtliche Waren erhält das Netzwerk kostenlos, wobei diese von den KVK-Mitgliedern, basierend auf Telefonaten, gesammelt werden.

Abb. 3.1: Umsatz der KVK-Geschäfte in Belgien (Quelle: Arold/Koring 2008, S. 27)

Die Geschäfte handeln mit jeglicher Art an Waren, einschließlich Textilien. Welche Bedeutung das Netzwerk in Belgien hat, verdeutlicht der in Abbildung 3.1 dargestellte Geschäftsumsatz. So belief sich in 2005 der Umsatz der Geschäfte auf 19,9 Mio. Euro. Etwa 2,6 Mio. Kunden besuchten 2005 die KVK-Geschäfte, um hauptsächlich Möbel, Haushaltswerkzeuge, Bücher, CDs und Spielzeug sowie elektronische und elektrische Haushaltsgeräte usw. zu kaufen.

Im Vergleich zu den stark vernetzten Strukturen in Großbritannien und Belgien gibt es in Österreich ca. 85 Secondhandshops, die durch den Handel mit Altwaren Eigenerwirtschaftungsquoten finanzieren und dadurch befristet Arbeitsplätze in den Bereichen Transport, Sortierung, Aufbereitung und Reparatur sowie Verkauf schaffen. Neben diesen Not-for-profit-Unternehmen operiert, wenn auch sehr eingeschränkt, die öffentliche Verwaltung Österreichs in diesem Bereich. So betreibt die Magistratsabteilung 48 der Stadt Wien, die für die kommunale Abfallwirtschaft, Straßenreinigung und den Fuhrpark zuständig ist, seit 1989 insgesamt 19 sogenannte Wiener Mistplätze (Recyclinghöfe bzw. Altstoffsammelzentren) sowie einen Flohmarkt („48er Basar"). Dort können gut erhaltene Waren von der Bevölkerung abgegeben werden, die dann wieder verkauft werden. Neben dieser landespezifischen Besonderheit konnten bezüglich der Not-for-profit-Unternehmen außerdem Kooperationen von sozialwirtschaftlichen Betrieben mit der öffentlichen Verwaltung identifiziert werden.

Im sozialwirtschaftlichen Bereich in Deutschland sind sowohl profitorientierte, als auch nicht profitorientierte Unternehmen zu finden. Die jeweilige Ausrichtung hängt stark von den Zielen und den Aufgaben der Unternehmen oder Träger ab. Der größte Teil sind Unternehmen, die neben einer Vielzahl sozialer Aufgaben auch Handel mit Secondhandwaren betreiben. Wie auch für die anderen Länder dargestellt, liegt deren Hauptaufgabe in der Reintegration von am Arbeitsmarkt Benachteiligten und Langzeitarbeitslosen und das Geschäftsfeld Secondhandhandel wird maßgeblich dazu genutzt, um die zeitlich befristet Angestellten zu beschäftigen. Neben einzelnen Unternehmen agieren sich im Sektor auch noch große Organisationen wie das Rote Kreuz oder die Caritas.

Die Ergebnisse zeigen, dass in Finnland und in Großbritannien die Not-for-profit-Unternehmen stärker vertreten sind als die Profit-Unternehmen. In Österreich, Belgien und Deutschland wiederum verhält es umgekehrt. Im Verhältnis zu der Gesamtzahl an Unternehmen sind die Not-for-profit-Unternehmen weniger vertreten als die Profit-Unternehmen. Allerdings sind die Beschäftigtenzahlen in den Not-for-profit-Unternehmen aufgrund staatlicher (direkter oder indirekter) Förderung häufig wesentlich größer als in den Profit-Unternehmen.

3.1.5 Struktur profitorientierter Unternehmen – Profit-Unternehmen

Unter Profit-Unternehmen werden Unternehmen verstanden, die in einer freien Wirtschaft (Marktwirtschaft) agieren und deren Zielausrichtung das Erwirtschaften von Gewinnen und die Gewinnmaximierung sind.

Insgesamt betrachtet dominieren in den meisten europäischen Ländern die Profit-Unternehmen gemessen an der Gesamtzahl an Unternehmen im Sektor, wie in Österreich, Bulgarien, Deutschland, Slowenien und Belgien. Die Beschäftigtenzahlen liegen jedoch unter denen der Not-for-profit-Unternehmen. Aufgrund der anderen Zielsetzung (Gewinnmaximierung) gegenüber den Not-for-profit-Unternehmen haben die Unternehmen oft eine andere Struktur und Organisation. In den europäischen Ländern gibt es dabei (mit Ausnahme von Belgien) viele Inhaber geführte Einzelunternehmen, für die eine geringe Größe (nur wenige Beschäftigte) sowie ein geringerer Grad an Professionalisierung und Vernetzung im Vergleich zu den Not-for-profit-Unternehmen als charakteristisch gelten kann. Während die Profit-Unternehmen in Österreich durch kleine und mittelständige Unternehmen geprägt sind, gibt es z. B. in Deutschland neben den zahlreichen kleineren Geschäften auch einige wenige größere Secondhandwarenhäuser, die profitorientiert operieren. Diese haben zumeist bis zu zehn Beschäftigte und handeln mit der gesamten Produktpalette, die der Secondhandmarkt aufzuwarten hat.

In Finnland wiederum zeichnen sich typische Secondhandgeschäfte dadurch aus, dass es generell kleine bis mittelgroße privat geführte Unternehmen sind, die Bücher, CDs/LPs, Textilien oder andere Waren wie elektronische Geräte verkaufen. Insgesamt haben die Unternehmen im Vergleich zu anderen Ländern keinen signifikanten Anteil an der finnischen Wirtschaft. Ähnlich wie in Finnland verhält es sich auch in Großbritannien. Hier sind die Profit-Unternehmen sehr klein und beschäftigen nur wenig Personal. Sie stellen im Vergleich zu den Not-for-profit-Unternehmen einen relativ kleinen Anteil an den im Secondhandsektor agierenden Unternehmen dar. Dass der Sektor im privatwirtschaftlichen Bereich in Großbritannien nicht so sehr stark ausgeprägt ist, hängt damit zusammen, dass es dort zahlreiche große Organisationen (siehe Kapitel 3.1.4) gibt, die mit zahlreichen Geschäften den Markt dominieren.

In den anderen Ländern wiederum ist die Tendenz hin zu kleinen bzw. mittelgroßen Unternehmen zu beobachten. Diese Tendenz ist in den einzelnen Ländern unterschiedlich stark ausgeprägt und variiert zudem in Abhängigkeit von der nationalen (Gesamt-) Aufstellung des Sektors. Zudem konnten in einigen Ländern auch im Bereich der Profit-Unternehmen hoch professionalisierte Unternehmensverbünde oder Organisationen identifiziert werden. Diese Unternehmen, obwohl in der Minderzahl vertreten, machen vor allem bezüglich der Umsatzzahlen einen signifikanten Teil des Sektors aus. Besonders ausgeprägte professionalisierte Strukturen bezüglich größerer Profit-Unternehmen und der Vernetzung von Unternehmen finden sich in Belgien.

In Belgien konnten neben verschiedenen kleinen Geschäften vor allem Secondhandgeschäfte identifiziert werden, die in einigen wenigen großen Franchisingunternehmen gebündelt und sehr stark auf Gewinn ausgerichtet sind. Folgende Netzwerke konnten identifiziert werden: Eco-shop (mit 16 Geschäften), Troc-international (mit 27 Geschäften), Troc (mit 22 Geschäften), Cash Converter (mit 15 Geschäften) und Deporama (mit 2 Geschäften). Zur Verdeutlichung der speziellen Strukturen der Unternehmen sollen im Folgenden exemplarisch drei Netzwerke vorgestellt werden.

1. Eco-Shop

Das ECO-Shop-Netzwerk umfasst einige Städte in der Region Flandern. Es besteht aus 16 relativ großen Geschäften, die sich aus einem Franchisingsystem heraus entwickelt haben. Die Geschäfte sind sowohl Verkäufer als auch Käufer eines breiten Spektrums verschiedener Secondhandwaren (ausgenommen Textilien). Sämtliche Geschäfte müssen Mitglied des Netzwerkes sein, während für Käufer diese Bedingung wiederum nicht gilt. Geprägt ist das Netzwerk vor allem durch eine starke Markenidentifikation.

2. Troc International

Troc International wurde 1996 in Belgien gegründet. Das Unternehmen basiert wie Eco-Shops auf dem Franchisingprinzip und weist daher die gleichen Eigenschaften auf. Die 27 Geschäfte, die im Durchschnitt fünf bis sechs Beschäftigte haben, erwirtschaften einen jährlichen Umsatz von ca. 24 Mio. Euro. Der Verkaufsschwerpunkt liegt dabei auf gebrauchten Möbeln und macht 80 % des Gesamtverkaufes aus.

3. Cash Converter

Cash Converter ist im Vergleich zu Troc International ein relativ kleines Unternehmensnetzwerk mit 15 Geschäften, was darauf zurückzuführen ist, dass es seit Kurzem auf dem Markt aktiv ist. Die Geschäfte sind ausschließlich in der Region Brüssel und Wallonia ansässig und beschäftigen insgesamt rund 90 Mitarbeiter. Die Geschäftsstrategie ist darauf ausgerichtet, dass Waren von Leuten angekauft werden, die sich von Dingen trennen wollen und damit schnell Geld erwerben wollen. Die Geschäfte kaufen die Waren zu einem bestimmten Preis auf und verkaufen sie für einen neu festgesetzten Preis. Dabei sind sie spezialisiert auf Elektronikartikel, Werkzeuge für Endverbraucher sowie Sportausrüstungen. Im Jahr 2004 hatte das Netzwerk ca. 1,7 Mio. Kunden, verkaufte rund 700.000 Artikel und machte einen Umsatz von 13,5 Mio. Euro (die Zahlen sind seit 2004 stetig gewachsen).

Im Gegensatz zu den gut organisierten Netzwerken in Belgien gibt es in vielen osteuropäischen Ländern wie Bulgarien und Slowenien keine entsprechenden Netzwerkstrukturen. In Bulgarien dominieren im privatwirtschaftlichen Bereich die Organisationsform des kleinen Familienunternehmens. Nur sehr wenige davon sind als Geschäftseinheiten registriert – die Zahl beschränkt sich auf ca. 13 %. Die Familienunternehmen beschäftigen oft nur eine kleine Anzahl von Personen. Im Schnitt umfasst die Anzahl der Beschäftigten in 87 % der Unternehmen ca. drei bis fünf Mitarbeiter. Dies ist auch der Grund für die geringe Anzahl an Beschäftigten in Bulgarien.

In Slowenien ist im Vergleich zu den anderen untersuchten Ländern der Secondhandsektor am wenigsten entwickelt. Nur wenn man die Bereiche Antiquitäten und Automobile mit einschließt, gibt es viele registrierte Secondhandgeschäfte. Registrierte Secondhandgeschäfte, die ausschließlich mit Waren wie Bekleidung,

Möbeln, Bücher/CDs, elektrische und elektronische Geräte usw. handeln, konnten nur wenige identifiziert werden. In der größten Stadt Sloweniens, in Ljubljana, konnten z. B. nur drei Geschäfte identifiziert werden, die Secondhandbekleidung als Gegenstand ihrer wirtschaftlichen Betätigungen gewählt haben.

Zusammenfassend lässt sich festhalten, dass sich mit zunehmender Größe der Unternehmen – unabhängig von ihrer profit- oder nicht profitorientierten Ausrichtung – eine Tendenz zu höherer Professionalisierung und Vernetzung abzeichnet. Die europäischen Unterschiede zeigen sich besonders in der Entwicklung zwischen west-/mittel- und osteuropäischen Ländern. Während es in West- und Mitteleuropa unterschiedliche Betriebsgrößen und -strukturen gibt und vor allem auch wie in Belgien große Unternehmen, sind in Bulgarien und Slowenien kaum große Unternehmen oder Unternehmensverbünde bzw. Netzwerke zu finden. Die Struktur des Sektors bzw. der Unternehmen in Osteuropa zeigt recht deutlich den geringeren Professionalisierungsgrad im Vergleich zu Ländern wie Belgien.

3.1.6 Internationale, nationale und regionale Secondhandmärkte

Der Secondhandmarkt in Europa ist vorwiegend lokal und regional, teilweise jedoch vor allem bei größeren Organisationen, auch national und international ausgerichtet. Die lokalen und regionalen Märkte bilden den überwiegenden Anteil und umfassen die beschriebenen kleinen und mittelgroßen Geschäfte mit ihrem vielfältigen Angebot an Gebrauchsgütern, Recyclingzentren sowie regionale Projekte. Hinsichtlich des Handels mit gebrauchten Möbeln und Computerhardware wiederum sind Märkte, was vor allem die Vertriebsorganisation betrifft, zum Teil überregional und national erschlossen.

Daneben gibt es Bereiche, in denen im europäischen Rahmen ein Waren- und Ersatzteilaustausch stattfindet (z. B. Ersatzteilnetzwerke für Elektro- und Elektronikgeräte, Kleidung). Im Bereich der Elektroaltgeräte besteht besonders in mittel- und osteuropäischen Ländern eine große Nachfrage. So werden z. B. in Bulgarien rund 97 % der Waren, die auf dem Secondhandmarkt gehandelt werden, importiert. Allerdings scheint dieser Markt zurzeit (noch) nicht gut strukturiert zu sein.

Neben den unterschiedlichen regional und national agierenden Unternehmen gibt es in den meisten europäischen Ländern einige große Organisationen (z. B. Volkshilfe, Caritas, Humana, die länderspezifischen Rot Kreuz Organisationen, Sims, UNICEF), die auch international tätig sind. Dabei handelt es sich vornehmlich um Organisationen, deren Hauptaugenmerk auf der humanitären Hilfe liegt.

Einerseits sollen über diese Organisationen Secondhandwaren an Bedürftige abgeben und anderseits vor dem Hintergrund verkauft werden, um die erzielten Gewinne in ihre gemeinnützigen bzw. humanitären Projekte fließen zu lassen. Einen besonderen und zum Teil umstrittenen Platz nehmen die Sammlung von Textilien sowie der Export dieser durch private und gemeinnützige Institutionen oder Großhändler in afrikanische und asiatische Länder ein. Dieser Markt ist relativ gut organisiert. Hier werden oft zentral organisierte Spendenaktionen, die jeweils in einem ganzen Land oder in einer Region stattfinden, durchgeführt.

3.2 Beschäftigtenzahlen und -strukturen

3.2.1 Beschäftigungszahlen und -strukturen in profitorientierten Unternehmen

Es gibt für den Secondhandsektor – so wie er in dieser Studie verstanden wird – keine statistisch ermittelten Beschäftigtenzahlen weder für ganz Europa noch jeweils für die beteiligten europäischen Länder. Ein für Europa durchschnittliches, privatwirtschaftlich organisiertes Secondhandunternehmen (inhabergeführtes Einzelunternehmen) weist größtenteils einem sehr kleinen Personalstamm auf (zumeist ein bis drei Beschäftigte auch bei großen Verkaufsflächen). Oft wird im Sektor mit Hilfskräften gearbeitet. Diese sind nur in seltenen Fällen fest angestellt, da die erwirtschafteten Erlöse dieser Kleinstunternehmen oft nur gering sind. Diesbezüglich sind zukünftig keine Veränderungen zu erwarten, da der Sektor in diesem Feld zu stagnieren scheint. Generell erzielen die kleinen Secondhandgeschäfte insgesamt oft zu wenig Erlös im Verhältnis zum Warendurchsatz und der benötigten Lager-, Aufbereitungs- und Verkaufsfläche. Das Verhältnis von Personal zu Waren- bzw. zu finanziellem Umsatz in Profit-Unternehmen ist grundsätzlich ein anderes als in den Not-for-profit-Unternehmen. In den Profit-Unternehmen – in Abhängigkeit von dem Sortiment bzw. der Produktpalette sowie von Lage und der Größe der Verkaufsfläche – sind oftmals nur sehr wenige Vollzeitkräfte angestellt. Nur vereinzelt gibt es im Profitbereich größere Geschäfte, wie Secondhandwarenhäuser mit mehreren Mitarbeitern. Die einzelnen Geschäftseinheiten der Profit-Unternehmen in den beteiligten europäischen Ländern haben in der Regel weniger als zehn Mitarbeiter.

Diese Tendenz wird durch die Ergebnisse aus Finnland bestätigt. Laut einer Erhebung der Finland Statistics aus dem Jahr 2005 waren zum Zeitpunkt der Erhebung 1258 Beschäftigte in 753 Secondhandgeschäften tätig (ausgenommen

Geschäfte für Antiquitäten und Fahrzeuge sowie Outdoorflohmärkte). Im Durchschnitt waren 0,8 Beschäftigte pro Secondhandfachgeschäft für Bücher und Tonträger sowie 1,9 Beschäftigte in den anderen Arten von Secondhandgeschäften tätig (Finland Statistics 2005). Die Statistik erfasst dabei nicht alle Secondhandgeschäfte, da es sich hier um einen sehr kleinen Bereich in diesem Sektor handelt. Bei der Frage nach den typischen Altersstrukturen im Sektor konnten unabhängig von den unterschiedlichen Unternehmen und Organisationen alle Altersgruppen identifiziert werden.

Ein weiteres Beispiel für die geringe Anzahl an Beschäftigten im Profitbereich liefert das Statistische Bundesamt für Deutschland. Demnach gab es im Einzelhandel mit gebrauchten Waren (einschließlich Antiquitäten) im Jahr 2003 bei den registrierten Unternehmen rund 13.000 fest angestellte Beschäftigte, was bezogen auf die Anzahl an Unternehmen im Durchschnitt drei Beschäftigte pro Unternehmen ausmacht. 25 % der dort Beschäftigten sind in Teilzeit angestellt, der Anteil an Frauen insgesamt beläuft sich auf 50 %. Weiterhin wird in einer entsprechenden Statistik angegeben, dass ca. 42 % der Beschäftigten Familienmitglieder der Geschäftsinhaber sind (vgl. Statistisches Bundesamt 2006).

Die Beschäftigtenzahlen haben sich in den vergangenen Jahren trotz einer wirtschaftlich positiven Entwicklung der meisten Unternehmen in Europa insgesamt kaum erhöht. Dies ist darauf zurückzuführen, dass mit dem gestiegenen Konkurrenzdruck, der Einführung von Warenwirtschaftssystemen und dem Ziel der Effizienzsteigerung nicht unbedingt zusätzlicher Personalbedarf entstanden ist.

3.2.2 Beschäftigung von Benachteiligten und Langzeitarbeitslosen in nicht profitorientierten Unternehmen

Die Not-for-profit-Unternehmen (bzw. Sozialunternehmen) haben das Ziel möglichst vielen Menschen, die aus unterschiedlichen Gründen auf dem ersten Arbeitsmarkt keinen Arbeitsplatz finden, eine temporär begrenzte Arbeitsstelle zu geben und sie sozial und gegebenenfalls auch fachlich so weit zu qualifizieren, dass sie wieder in den ersten Arbeitsmarkt integriert werden können. Aus diesem Grund können diese Unternehmen auf staatliche Subventionen in Form von Lohnkostenzuschüssen oder auch auf andere Fördermöglichkeiten zurückgreifen, die es ihnen ermöglichen teilweise eine sehr hohe Anzahl von temporär Beschäftigten für jeweils einen bestimmten und zumeist vorgeschriebenen Zeitraum einzustellen. Die Aufbereitung sowie der Handel mit Secondhandwaren stellt für diese Beschäftigten oft ein Arbeitsfeld neben Weiteren im Unternehmen dar.

Neben den wechselnden und temporär Beschäftigten haben diese Unternehmen einen kleineren Kreis an festangestellten Beschäftigten – vor allem auf der Leitungsebene und in einigen Schlüsselpositionen wie etwa der Sozialarbeit. Der Großteil der Angestellten sind allerdings sogenannte Transitarbeitskräfte[9], die zwischen sechs Monaten und maximal zwei Jahren beschäftigt werden, um anschließend wieder in den ersten Arbeitsmarkt integriert zu werden. Diese Unternehmen haben zumeist zwischen 10 und 19 bzw. zwischen 20 und 50 fest angestellte Beschäftigte. Das finnische Modell der Sozialunternehmen wiederum ist durch eine Besonderheit geprägt. Es sieht die Beschäftigung von behinderten oder benachteiligten Personengruppen in diesen Unternehmen vor (der Anteil beträgt 30 % der Gesamtbeschäftigtenanzahl). Nach finnischen Schätzungen gibt es insgesamt über 430 Beschäftigte in den Sozialunternehmen. Im Jahr 2004, als die ersten Sozialunternehmen gegründet wurden, betrug die durchschnittliche Anzahl an Beschäftigten pro Unternehmen (pro Geschäftseinheit) 18. Die Anzahl ist in den Folgejahren jedoch rapide gesunken. Der Durchschnittswert der Beschäftigtenzahl pro Geschäftseinheit im Jahr 2005 betrug nur noch 3,7 und im Jahr 2006 nur noch 2,4 (vgl. Saikkonen 2007). Weiterhin beschäftigen die Sozialunternehmen laut Aussage des finnischen Sektorexperten Markku Kainulainen zumindest für jedes Geschäftsfeld des Unternehmens für gewöhnlich einige wenige Meister (vgl. Arold/Koring 2008). Neben den regulären Beschäftigten werden oft zusätzlich Projektmitarbeiter beschäftigt, die über Fördergelder der Europäischen Kommission oder der nationalen Regierung finanziert werden.

Insgesamt betrachtet gibt es in den europäischen Ländern unterschiedliche Beschäftigungsmodelle für Benachteiligte und Langzeitarbeitslose. Betrachtet man die Zielgruppe der Benachteiligten und Langzeitarbeitslosen, so kann angenommen werden, dass es auch zukünftig ein großes Potenzial an Beschäftigungsmodellen geben wird, die von den nationalen Regierungen oder der Europäischen Kommission unterstützen werden. Die Reintegration von Benachteiligten und Langzeitarbeitslosen in den Arbeitsmarkt ist oftmals ein sehr schwieriger Weg für die Unternehmen. Speziell für diese Zielgruppe, die teilweise über keine oder nur über schlechte berufliche Qualifikationen verfügen sowie für ältere Arbeitnehmer stellt die subventionierte Arbeit u. a. im Bereich der Secondhandbranche eine gute Möglichkeit dar, um in die Gesellschaft zurückzufinden.

9 Unter dem Begriff der Transitarbeitskräfte werden Beschäftigte verstanden, die nur vorübergehend in einer Beschäftigungsgesellschaft angestellt sind, bis sie wieder in den ersten Arbeitsmarkt integriert werden können.

3.3 Kunden und Kundenstruktur

Der Kundenkreis, der Secondhandgeschäfte frequentiert, ist analog zu den Unternehmen, dem Warenangebot und den Geschäftsfeldern äußerst heterogen. Der Gebrauchtwarenhandel zeichnet sich im Vergleich zum Neuwarenhandel durch eine Besonderheit aus, da „private" Kunden sowohl als Käufer, als auch als Verkäufer von Waren auftreten können. Weiterhin ist in einigen Geschäftsfeldern eine Kundentendenz hin zu einkommensschwächeren Personen festzustellen. Besonders stark tritt diese Gruppe als Kunden in Not-for-profit-Unternehmen auf, da teilweise gebrauchte Waren kostenfrei an Bedürftige abgeben werden.

Generell gibt es keine wesentlichen Unterschiede zwischen dem Kundenstamm von Profit- und Not-for-profit-Unternehmen. Neben den Kunden, die finanziell nicht in der Lage sind, Neuwaren zu erwerben, existieren auch Kunden, die auf der Suche nach Kuriositäten sind und so gezielt Secondhandgeschäfte frequentieren. In einigen Ländern (z. B. Finnland) kann eine Tendenz hin zu einer neuen Kundenklientel festgestellt werden. Diese bevorzugen den Erwerb von Secondhandwaren aus Gründen der Nachhaltigkeit oder teilweise aus Modegründen. Generell lassen sich zwei parallele Tendenzen in Europa feststellen

einerseits gibt es aufgrund der schlechten wirtschaftlichen Lage vieler Privathaushalte immer mehr Menschen, die sich im Vergleich zu der teureren Neuware, nur gebrauchte Waren leisten können und anderseits nimmt die Anzahl derer zu, die Secondhandwaren bevorzugen, weil sie ökologisch denken.

Bei den Kundenstrukturen in Europa lassen sich keine Unterscheidung im Bezug zum Alter, Geschlecht, Herkunft und Ausbildung treffen. Lediglich im Hinblick auf spezielle Geschäftsfelder oder Vertriebsformen gestaltet sich die Kundenklientel teilweise homogen. Ein Beispiel dafür stellt der in Österreich von der Stadt Wien ausgerichtete Basar dar, auf dem ausschließlich gebrauchte Elektro- und Elektronikgeräte verkauft werden. Dabei ist festzustellen, dass die Kunden vor allem aus mittel- und osteuropäischen Ländern stammen. Die erworbenen Geräte werden teilweise später repariert und in Osteuropa weiterverkauft. Zum Zeitpunkt der Analyse des Sektors im Jahre 2007 waren dies vor allem Kunden aus der Slowakei und Rumänien. Hinsichtlich einiger spezifischer Produktgruppen ergibt sich resultierend aus dem Verwendungszweck der angebotenen Waren als logische Konsequenz ein spezieller Kundenstamm. Beispielsweise wird Kinderbedarf z. B. zum Großteil von Müttern aller Einkommensklassen gekauft.

Die Kaufmotivation resultiert häufig aus der Summe von verschiedenen Bedürfnissen, nämlich,

- dem Wunsch, einen Beitrag zu einer Wohltätigkeitsorganisation zu leisten,
- der Hoffnung, „ein Schnäppchen machen zu können",
- dem Interesse, einen Gewinn zu erzielen,
- dem Willen, die Umwelt zu schützen,
- dem Wunsch sich Bekleidung im Retrolook zu beschaffen, oder
- der Hoffnung, Waren zu erwerben, die nicht länger im regulären Handel erhältlich sind.

Für große Warenmengen wie z. B. Chargen fehlerhafter Neuwaren oder Waren aus Versicherungsschäden, die nicht von einzelnen Personen gekauft werden, gibt es wiederum andere Abnehmer (Kunden). Oftmals werden diese von großen Organisationen und Unternehmen wie der Krebshilfe, dem Roten Kreuz oder anderen karitative Organisationen aufgekauft, um für einen geringen Erlös, der den karitativen Tätigkeiten dieser Organisationen zugeführt wird, wieder verkauft zu werden. Kunden bzw. Abnehmer für größere Mengen Textilien sind auch Recyclingunternehmen, die z. B. auf das Herstellen von Lumpen oder Putzlappen spezialisiert sind.

Neben einer unterschiedlichen Kaufmotivation konnte festgestellt werden, dass die Kunden beim Kauf der Waren auf unterschiedliche Kriterien besonderen Wert legen. Dabei spielen neben Kriterien wie günstiger Preis, Markenzughörigkeit, Qualität und Garantien auch eine gute Beratung und ein guter Service eine immer bedeutendere Rolle. Einen Überblick über die Gewichtung unterschiedlicher Kaufkriterien von Kunden, die im Secondhandsektor kaufen, gibt eine im Jahr 2006 in Österreich durchgeführte Marktanalyse zum Handel mit Elektroaltgeräten, deren Ergebnisse die in Tabelle 3.4 dargestellt werden (Spitzbart u. a. 2007). Im Rahmen der Studie wurde u. a. erhoben, auf welche Kriterien Kunden beim Kauf von Elektroaltgeräten besonderen Wert legen.

Insgesamt gaben von den 49 Befragten 33 % an, bereits Secondhandgeräte zu einem anderen Zeitpunkt erworben zu haben. Dabei handelte es sich z. B. um Fernseher, Drucker oder HiFi-Geräte, welche vom Flohmarkt stammten oder privat übernommen bzw. durch Tausch erworben worden waren. Das wichtigste Kriterium für den Kauf eines gebrauchten Elektrogerätes stellte zum einen die Qualität des Gerätes und zum anderen der Preis dar. Ca. 2/3 der Befragten gaben diese Kriterien als entscheidend für den Kauf von gebrauchten Elektrogeräten an. An dritter Stelle folgte die Garantie, die auf die Geräte gegeben worden war. Dieses Kriterium erachteten rund die Hälfte der Befragten als wichtig. Weiterhin lagen gut 1/3 der Befragten Wert auf eine Beratung. Die Markenzugehörigkeit der gebrauchten Waren sowie zusätzliche Serviceleistungen spielten im Vergleich zu den anderen Kriterien nur eine untergeordnete Rolle. Unter dem Punkt „Sonstiges" wurden am häufigsten die Funktionalität bzw. Leistung der Geräte angeführt.

Aspekt	Anzahl der Befragten, denen der jeweilige Aspekt wichtig war	Anteil der Befragten in Prozent
Qualität des Gerätes	33	67
Preis	33	67
Garantie	24	49
Information, Beratung	16	33
Marke	12	24
Reparaturannahme im gleichen Geschäft	12	24
Hilfe beim Aufstellen / Inbetriebnahme	12	24
sonstiges	12	24
fabrikneu	9	18
Transportservice	7	14
Auswahl im Geschäft	5	10
Design	3	6

Tab. 3.4: Kaufkriterien von Kunden beim Kauf von Secondhandelektrogeräten[10] (Quelle: Spitzbart u.a. 2007)

10 Mehrfachantworten waren bei der Befragung der insgesamt 49 Befragten möglich.

Im Rahmen der Befragung wurde genauso untersucht, ob es einen Zusammenhang zwischen dem Kauf von gebrauchten Geräten und soziodemographischen Merkmalen existiert. Hier zeigte sich, dass es keinen statistischen Zusammenhang zwischen dem Alter, dem Geschlecht, dem Einkommen, der Bildung sowie der Beschäftigung der Befragten gibt. Bei der Frage, ob sie schon einmal Secondhandgeräte gekauft haben, zeigten sich signifikante Unterschiede bei den Geschlechtern. Von allen Befragten bejahten 50 % der Männer und nur 5 % der Frauen die Frage. Dieses ist möglicherweise an dem generell höheren Interesse von Männern an technischen Dingen und somit elektrischen und elektronischen Geräten zurückzuführen.

Die Ergebnisse der hier dargestellten Befragung können aufgrund der geringen Sichprobe jedoch nur ein Stimmungsbild unter den Befragten widerspiegeln. Es ist jedoch möglich, aus der Studie Tendenzen im Kaufverhalten von Kunden von Secondhandelektrogeräten abzuleiten. Insgesamt lässt sich anhand der vorhandenen Datengrundlagen keine Gruppe identifizieren, die dem Kauf von Secondhandgeräten gegenüber aufgeschlossener ist als jeweils eine andere. Man kann jedoch davon ausgehen, dass ähnlich wie beim Verkauf von Neuwaren es auch geschlechtsspezifische Verteilungen für einzelne Produktgruppen im Secondhandsektor gibt.

3.4 Betriebliche Rechtsformen und Unternehmensorganisationen

3.4.1 Rechtsformen

Die einzelnen Rechtsformen unterliegen den länderspezifischen Regelungen, deshalb sollen an dieser Stelle stellvertretend nur einige Rechtsformen genannt werden, die ihrem Charakter nach typisch für europäische Secondhandunternehmen sind. Der Großteil der in Europa ansässigen Unternehmen dieses Sektors sind inhabergeführte Unternehmen (vornehmlich Geschäfte). Diese Unternehmen firmieren dabei als Gesellschaft des bürgerlichen Rechts (GbR) bzw. sind als Gesellschaft mit beschränkter Haftung (GmbH) eingetragen. Die Erläuterungen unterschiedlicher Rechtsformen erfolgen am Beispiel Deutschlands.

Die Einzelunternehmen sind klar definiert und weisen folgende Merkmale auf (vgl. Graupner et al 2000, S.187 f.):

1. Die Gründung des Unternehmens kann durch geschäftsfähige Einzelpersonen erfolgen (im Gegensatz zu einer Gesellschaft).
2. Sie sind für die Aufbringung des Kapitals alleine zuständig.
3. Sie tragen das volle Risiko für etwaige Verluste.
4. Sie haften persönlich mit dem Geschäfts- und Privatvermögen.

Die Gesellschaft mit beschränkter Haftung (GmbH) bietet dagegen den Vorteil, dass nicht ihre Gesellschafter mit seinem Privatvermögen, sondern die Gesellschaft selbst für ihre Verbindlichkeiten mit dem Gesellschaftskapital haftet. .Die Gesellschafter müssen nur die übernommenen Stammeinlagen an die Gesellschaft leisten und haften anders als in einer Einzelunternehmung nicht mit ihrem Privatvermögen (vgl. Metzler, Steyer 1997, S. 233).

Die Kommanditgesellschaft (KG) ist eine weitere Rechtsform für privatwirtschaftliche Unternehmen. Es handelt sich hierbei um eine Personenhandelsgesellschaft, in der zwei Arten von Gesellschaftern/Teilhabern vertreten sind. Zum einen der sogenannte Komplementär, der mit seinem ganzen Privatvermögen haftet und zum anderen der Kommanditist, der lediglich nur für einen bei Firmenbeitritt festgelegten Geldbetrag haftet (vgl. Graupner et al 2000, S.190 ff.).

Unternehmen, die sich aus sozialen Projekten wie z. B. Sammelstellen bzw. Ausgabestellen entwickelt haben, können im Rahmen von eingetragenen Vereinen bzw. gemeinnützigen GmbH auftreten. Zur Gründung eines gemeinnützigen Vereins müssen sich mindestens sieben natürliche oder juristische Personen zu einer auf Dauer angelegten Organisation zusammenschließen, die einen gemeinsamen Namen trägt und ein gemeinsames Ziel verfolgt. Der Verein darf nicht auf Gewinn ausgerichtet sein und muss „gemeinnützig" ausgerichtet sein. Ideelle Vereine wiederum dürfen wirtschaftlich tätig sein (Nebenzweckprivileg) und Gewinne erzielen, wenn diese wieder zur Erreichung seiner ideellen Zwecke dem Idealverein zugeführt werden und der wirtschaftliche Aspekt nachrangig bleibt. Die Haftung aus einer erwerbswirtschaftlichen Tätigkeit eines Vereines gegenüber seinen Gläubigern trifft grundsätzlich nur das Vereinsvermögen, nicht die Vereinsorgane mit ihrem Privatvermögen. Durch die erwerbswirtschaftliche Tätigkeit unterliegt der Verein aber auch dem Gewerberecht.
Des Weiteren tritt die gemeinnützige GmbH (gGmbH) in Erscheinung. Sie unterliegt grundsätzlich den gesetzlichen Vorschriften der Gesellschaften mit beschränkter Haftung. Die zusätzliche Bezeichnung bzw. Kennzeichnung „g" weist lediglich eine die firmenrechtliche Besonderheit hin. So steht der Buchstabe für eine gemeinnützige Betätigung des Unternehmens, im Gegensatz zur üblichen

unternehmerischen Betätigung. Die Gewinne der gGmbH sind weitgehend gebunden und dürfen nur unter eng begrenzten Umständen an die Gesellschafter ausgeschüttet werden. Entsprechen Satzung und tatsächliche Geschäftsführung den Anforderungen des Gemeinnützigkeitsrechts, wird die gGmbH in einigen Ländern von bestimmten Steuern ganz oder zum Teil befreit.

Die aufgeführten Rechtsformen beschreiben grundsätzliche Rechtsformen von Secondhandunternehmen in Europa, die Titulierung variiert in den einzelnen Ländern. Zu den meisten Ländern liegen keine detaillierten, quantitativen Informationen zur Anzahl und Verteilung der vorhandenen Unternehmen nach Rechtsform vor. Um dennoch einen Eindruck hinsichtlich der Verteilung der Geschäftsformen zu bekommen, werden im Folgenden in Tabelle 3.5 die Zahlen für Österreich dargestellt, die laut Expertenaussagen von der verhältnismäßigen Verteilung auch auf andere Länder projiziert werden können.

Österreich	
Rechtsformen	**Anzahl Secondhandunternehmen**
Einzelunternehmen	508
GmbH	20 (davon 29 % 1 Gesellschafter, 64 % 2-4, 6 % 5-10 und 1 % mehr als 10 Gesellschafter)
KG	14
Gemeinnütziger Verein	59
gGmbH	10

Tab. 3.5: Verteilung der Secondhandunternehmen nach Rechtsform in Österreich (Quelle: Arold/Koring 2008, S. 33)

3.4.2 Innerbetriebliche Unternehmensorganisation

Die Analyse des Sektors zeigte deutlich, dass die verschiedenen Unternehmensformen in Europa unterschiedliche innerbetriebliche Unternehmensorganisationen und einen unterschiedlichen Einsatz von betrieblichen Steuerungselementen bedingen. Eine Mehrheit der Unternehmen weist aufgrund der geringen Beschäftigtenzahlen nur geringe innerbetriebliche Organisationsstrukturen auf. Sie verfügen über kein Management und setzen einen Geschäftsplan, ein Warenwirtschaftssystem zur Warenerfassung sowie Instrumente zur Qualitätssicherung zumeist gar nicht oder nur eingeschränkt ein. Ähnlich verhält es sich mit Sammelstellen und Abgabelagern. Das Gebrauchtwarenkaufhaus und der Kommissionshandel hingegen zeichnen sich neben dem Einsatz eines Geschäftsplans und eines Warenwirtschaftssystems durch vielfältige Marketingaktivitäten und Qualitätsmanagementsysteme aus. Bei diesen Unternehmen ist eindeutig eine Professionalisierung zu beobachten, die bei Franchisingunternehmen wie bei Troc International in Belgien einen noch höheren Professionalisierungsgrad erfährt. Diese sind in allen Geschäftsbereichen sowie Geschäftsfeld übergreifend innerbetrieblich sehr professionell strukturiert und organisiert. Sie werden durch ein Management geführt und nutzen sämtliche oben genannten Instrumente sowie zusätzlich z. B. Expansionspläne und Controllinginstrumente, um am Markt professionell in Erscheinung zu treten. Groß- und Zwischenhändler wiederum zeichnen sich durch eine professionelle Logistik- und Geschäftsplanung aus.

Feste Strukturen sowie gute innerbetriebliche Organisationen findet man auch im Not-for-profit-Bereich wie dem Roten Kreuz, das in allen Partnerländern im Secondhandsektor tätig ist. Dies kann man auch den länderspezifischen gemeinnützigen, humanitären Organisationen wie in Finnland UFF und die Heilsarmee sagen. Entsprechende landesweit bzw. teilweise auch international agierende Organisationen haben zumeist ein großes Management sowie ausgeprägte Organisationsformen. Weiterhin hat sich gezeigt, dass vor allem hinsichtlich der Not-for-profit-Organisationen bzw. -Unternehmen die betrieblichen Strukturen teilweise recht unterschiedlich sind. Daher soll im Folgenden anhand eines belgischen und eines britischen Beispiels exemplarisch dargestellt werden, wie unterschiedlich sich mögliche innerbetriebliche Organisationsformen gestalten können:

- Charakteristisch für Belgien ist sowohl für Profit-, als auch für Not-for-profit-Unternehmen der Zusammenschluss mehrerer Unternehmen in einzelnen Netzwerken. Dies wurde im Kapitel 3.1.4 näher ausgeführt. Dabei genießt jedes der 33 Zentren des KVK Netzes einen eigenen rechtlichen Status, was u. a. Personalentwicklung einschließt. Die wieder verwendbaren Waren werden dann jeweils in einem der zu den einzelnen Zentren gehörigen Geschäfte verkauft (meistens unterhält ein Zentrum ca. 7 Geschäfte). Die dem Netzwerk zugehörigen Unternehmen verfolgen eine gemeinsame Geschäftsphilosophie. Ein zentrales Netzwerkmanagement unterstützt die Unternehmen bei der gemeinsamen Zielrealisierung und der Entwicklung von Projekten sowie vertritt deren Interessen gegenüber lokalen Behörden und der Politik. Die privatwirtschaftlichen Unternehmen[11] sind in Belgien zu einigen wenigen Netzwerken in Form von Franchisingunternehmen zusammengefasst (bspw. Eco-Shop-Netzwerk). In diesen Netzwerken fungieren die einzelnen Geschäfte als Käufer und Verkäufer von Secondhandwaren. Daher spricht man bei diesen Netzwerken auch nicht von Wiederverwendungsnetzwerken, sondern von Secondhandhandelsnetzwerken. Jedes Unternehmen innerhalb dieser Netzwerke agiert einerseits rechtlich selbstständig. So werden die Gewinne eigenständig erwirtschaftet und angelegt sowie Personalentscheidungen selbst getroffen. Andererseits unterliegt es aber dem vom Franchisegeber vorgegebenen betrieblichen Konzept. Die Unternehmen haben eine einheitliche Ausstattung, ein einheitlichen Namen und nutzen eine Marke sowie ein einheitliches Vertriebssystem. Die Einhaltung des gemeinsamen betrieblichen Konzeptes sowie die Unterstützung der Realisierung Betriebsziele erfolgt unter Aufsicht des Franchisegebers.

- Die innerbetrieblichen Strukturen von Secondhandunternehmen in Großbritannien, und hier insbesondere größere Not-for-profit-Organisationen, sehen ganz anders aus. Diese arbeiten vornehmlich mit ehrenamtlichen Beschäftigten. Dabei beschäftigt z. B. die Organisation Oxfam ca. 20.000 ehrenamtliche Beschäftigte in ganz Großbritannien. In den meisten Fällen handelt es sich bei den ehrenamtlichen Beschäftigten um Personen im Ruhestand oder ältere Frauen. Diese Organisationen sind oftmals so konzipiert, dass sie neben den ehrenamtlichen Beschäftigten einen Gesamtmanager haben, der für den Vertrieb zuständig ist. Meist hat jedes Geschäft bzw. Zentrum einen festangestellten Beschäftigten, der für den Verkauf bzw. Einzelhandel verantwortlich ist.

3.4.3 Staatliche Subventionen für Secondhandunternehmen

Im Unterschied zu den Not-for-profit-Unternehmen erhalten in der Regel privatwirtschaftliche Unternehmen keine unmittelbaren staatlichen Subventionen. Allerdings findet in der Privatwirtschaft insofern eine Förderung statt, als dass z. B. in Deutschland Existenzgründer generell ein Existenzgründungsdarlehen beantragen können. Die meisten Not-for-profit-Unternehmen haben die Mög-

11 Sie werden in Kapitel 3.1.5 ausführlich beschrieben.

lichkeit, staatliche Förderungen direkt oder indirekt in Anspruch zu nehmen. Der größte Teil der Leistungen der Not-for-profit-Unternehmen wird allerdings vornehmlich über Mitgliederbeiträge, Spenden, Zuschüsse und/oder Preise/Gebühren finanziert[12]. Durch diese Zuwendungen/finanziellen Mittel können die Produkte dahingehend subventioniert werden, dass sie zu günstigeren Preisen angeboten werden können. Somit erhält der wirtschaftliche Konkurrenzkampf dieser Unternehmen eine grundsätzlich andere Qualität als in Profit-Unternehmen.

Die Subventionierung von Not-for-profit-Unternehmen ist an definierten Bedingungen geknüpft, die in den einzelnen Ländern variieren. Ein Kriterium für eine Subventionierung ist z. B. die Einstellung von Beschäftigten, die zu der Gruppe der Benachteiligten – wie etwa Langzeitarbeitslose – zählen, wobei der Anteil dieser gemessen an der Gesamtzahl der Beschäftigten eines Unternehmens in den einzelnen Ländern wechselt. In Finnland erhalten Unternehmen nur Lohnzuschüsse, wenn sie mindestens 30 % Benachteiligte oder Langzeitarbeitslose einstellen. Sozialunternehmen oder andere Not-for-profit-Organisationen können für die Einstellung von Langzeitarbeitslosen maximal für zwei Jahre und für die Einstellung von benachteiligten Personen z. B. Behinderte maximal für drei Jahre einen Lohnkostenzuschuss erhalten. Weiterhin können die Organisationen bzw. Unternehmen in Finnland staatliche Subventionen für das Einrichten von Arbeitsgelegenheiten für Benachteiligte oder Langzeitarbeitslose erhalten (vgl. Sosiaalinen yritys 2007).

Neben der Zahlung von direkten Subventionsmitteln kommt einigen Unternehmen zu Gute, dass sie komplett oder teilweise von den Steuern befreit sind. Diese Möglichkeit steht in der Regel den Organisationen zur Verfügung, die als gemeinnützig anerkannt sind. In Finnland muss z. B. die Heilsarmee keine Mehrwertsteuer für einen Flohmarkt entrichten, da es sich um eine öffentliche Hilfsorganisation handelt.

Im Vergleich zu Profit-Unternehmen können die Not-for-profit-Unternehmen sehr viele temporär Beschäftigte einsetzen. Dementsprechend machen die temporär Beschäftigten den größeren Anteil der insgesamt Beschäftigten aus. Das festangestellte Stammpersonal setzt sich zumeist nur aus wenigen Personen zusammen, die leitende oder führende Positionen bekleiden. Das Missverhältnis zwischen Festangestellten und temporär Beschäftigten soll noch einmal ein Beispiel aus Finnland verdeutlichen.

12 International finanzieren sich Not-for-profit-Unternehmen zu 53 % über Entschädigungen für Dienstleistungen, zu 35 % über Staatsbeiträge und zu 12 % über Spendeneinnahmen (vgl. http://de.wikipedia.org/wiki/Non-Profit-Organisation#cite_ref-NZZ_0-0).

In einem untersuchten Secondhandunternehmen wurden über 100 Beschäftigte mittels staatlicher Subventionen, nur 27 Beschäftigte von der Organisation selbst und drei Mitarbeiter durch eine Projektförderung bezahlt. Oft sind Not-for-profit-Unternehmen auf unterschiedliche finanzielle Einnahmequellen angewiesen und beteiligen sich dementsprechend häufig an nationalen und europäischen Projekten.

Neben Finnland findet man aber auch Deutschland, Österreich und Belgien zahlreiche subventionierte Not-for-profit-Unternehmen. Zum größten Teil handelt es sich um sogenannte Beschäftigungsgesellschaften oder Unternehmen mit einer ähnlichen Zielausrichtung. Diese beschäftigen zeitlich befristet z. B. Langzeitarbeitslose oder Benachteiligte, führen sie an die Arbeitswelt heran und zielen darauf ab, diese in den ersten Arbeitsmarkt zu reintegrieren. Die Subventionierungen werden häufig in Form von Lohnkostenzuschüssen erteilt. Beispielsweise wurde in Finnland z. B. wurde deshalb eigens im Mai 2007 ein neues Gesetz für Sozialunternehmen verabschiedet, in dem die Lohnkostenunterstützungen auf einen bestimmten Anteil festgelegt wurden. Demnach können 50 % der Lohnkosten oder maximal 1.300 Euro pro Monat und Person bezuschusst werden. Des Weiteren gibt es die Möglichkeit der Projektbezuschussung, die sich auf 50 % bis 70 % beläuft (Työministeriö 2007). In den anderen europäischen Ländern existieren ähnliche Ansätze.

Welche Tendenz- bzw. Subventionsform sich bei der öffentlichen Förderung von Not-for-profit-Unternehmen in Europa durchsetzen wird, ist derzeit noch nicht absehbar. Allerdings ist zu erwarten, dass die Regierungen auch zukünftig vielfältige Beschäftigungsförderungsmodelle finanziell unterstützen werden, da diese vor allem Langzeitarbeitslosen und Benachteiligten zugutekommen und man sich durch entsprechende Maßnahme eine Reduzierung der Arbeitslosenzahlen verspricht. Für diese Zielgruppe gibt es oft nur bedingt Einsatzfelder auf dem Arbeitsmarkt. Es hat sich gezeigt, dass der Secondhandmarkt mit seinen zahlreichen Geschäftsfeldern und Einsatzmöglichkeiten neue berufliche Chancen für diese Zielgruppe bietet, weshalb u. a. auch viele Not-for-profit-Unternehmen in diesem Bereich aktiv sind.

3.5 Geschäftsfelder und Produktpalette im Secondhandsektor

3.5.1 Unterteilung der Geschäftsfelder und der Produktpalette

Die Analyseergebnisse des Sektors zeigen recht deutlich, dass auf dem Secondhandmarkt prinzipiell alle Waren angeboten werden, die auch auf dem ersten Markt zum Verkauf stehen. Der Sektor weist damit ein breites Spektrum an Geschäftsfeldern sowie unterschiedlichen Produktarten auf. Das Warenangebot reicht dabei von Textilien, Sportartikeln, Haushaltswaren, Spielsachen und Möbeln über elektrische Klein- und Großgeräte bis hin zu Computern, Mobiltelefonen and anderen elektronischen und elektrischen Geräten. Die elektronischen und elektrischen Waren werden dabei auch teilweise in ihre Einzelteile zerlegt und als Ersatzteile auf dem Markt verkauft.

Im Allgemeinen können die Unternehmen bezogen auf das Warenangebot in allgemeine Geschäfte und in Fachgeschäfte unterteilt werden. Die Fachgeschäfte selbst unterscheiden sich dahin gehend, welche Art von Waren wie z. B. Mobiltelefone, Bekleidung, Kinderartikel oder Computerhardware sie anbieten. Die allgemeinen Geschäfte wiederum verkaufen die gesamte Bandbreite an Secondhandwaren.

Weiterhin kann beobachtet werden, dass es zunehmend Secondhandgeschäfte existieren, die neben Gebrauchtwaren auch begrenzt Neuwaren in ihrem Warensortiment haben. Dieses erfolgt vor dem Hintergrund das Sortiment abzurunden oder um bei bestimmten Produktgruppen häufig nachgefragte Artikel vorrätig zu haben. Auch umgekehrt bieten Händler, die hauptsächlich mit Neuware handeln, teilweise gute gebrauchte Artikel an, um gerade im Bereich qualitativ hochwertiger Produkte wie z. B. Kinderwagen oder Fahrräder ihren Kunden günstige Alternativen anbieten zu können. Gebrauchtwarenhändler, zu deren Warensortiment wiederum auch sperrigere Waren wie Möbel und elektrische Großgeräte gehören, bieten häufig zusätzlich zum reinen Verkauf der Waren unterschiedliche Dienstleistungen an wie beispielsweise die Abholung, die Abklemmung bzw. der Anschluss von Geräten, Vorortdemontage und -montage sowie zum Teil Entrümpelung und Reparaturen.

Vergleicht man die Profit-Unternehmen mit den Not-for-profit-Unternehmen, so ist festzustellen, dass gerade in den kleineren Inhaber geführten Profit-

Unternehmen wie etwa Trödelläden häufig unorganisierte Betriebsentwicklungsstufen existieren und dass diese Firmen zudem über ein eher unspezifisches und zufälliges Warensortiment verfügen. Häufig findet man hier aber neben Geschäften mit einem breiten Warensortiment sehr spezialisierte Unternehmen, die von einer hohen Fachkenntnis bezogen auf ihr spezielles Warenangebot geprägt sind. Not-for-profit-Unternehmen dagegen haben häufig eine breitere Angebotspalette und zum Teil wenig zusätzliche rentable Geschäftsbereiche wie z. B. Reparaturservice, die allerdings durch Maßnahmen der Beschäftigungsförderung quer subventioniert bzw. aufrechterhalten werden können.

Einige Not-for-profit-Unternehmen haben neben dem Geschäftsfeld „Gebrauchtwarenhandel" auch noch andere Geschäftsfelder wie Dienstleistungen im Lebensmittelbereich oder im gastronomischen Bereich (Cafés, Leseecken, Kantinen u.a.). Dieses erfolgt teilweise vor dem Hintergrund der Attraktivitätssteigerung der Geschäfte sowie der Kundenbindung. Einige Unternehmen organisieren sogar kulturelle Veranstaltungen und arbeiten gezielt an Image fördernden Maßnahmen. Daher treten in der Praxis sehr viele Kombinationen auf, die für den Erfolg von regionalen bzw. lokalen Geschäftskonzepten zum Teil entscheidend sein können. Teilweise ergeben sich diese aus einer besonderen Nachfragesituation bzw. einer spezifischen historischen Entwicklung der Unternehmen. Einige der Unternehmen haben zusätzliche soziale Aufgaben im lokalen Umfeld oder sie engagieren sich in der Stadtteilentwicklung, um soziale Brennpunkte abzubauen. Eine entsprechende Entwicklung ist bezüglich der Profit-Unternehmen nicht zu beobachten.

Die Spanne der vertriebenen bzw. gehandelten Produktgruppen ist sehr groß. Allerdings gibt es deutliche Unterschiede hinsichtlich deren Bedeutung innerhalb des Sektors in Europa. Dabei kann man die Produktgruppen elektronische und elektrische Geräte (einschließlich Computer und Büroausrüstungen), Textilien, Möbel und Haushaltsartikel sowie Bücher und Tonträger zu den Kerngruppen in Europa zählen. Die Schwerpunkte in den einzelnen untersuchten Ländern sind teilweise unterschiedlich. In Tabelle 3.6 sind die Hauptproduktgruppen je Land aufgeführt. Die vier im Sektor schwerpunktmäßig vertriebenen Produktgruppen sind zwar nicht in allen Ländern gleich stark vertreten, dennoch spielen sie bis auf einzelne Ausnahmen in allen nationalen Secondhandmärkten eine Rolle[13]. Dabei zeigten die Ergebnisse der bulgarischen Sektoranalyse, dass es lediglich in Bulgarien keinen nennenswerten Secondhandhandel mit Büchern und Tonträgern (z. B. CDs) gibt. Eine weitere Besonderheit gibt es in Belgien, wo hauptsächlich die Not-for-profit-Unternehmen mit Textilien handeln.

13 Die in der Tabelle 3.6 dargestellten bedeutendsten Produktgruppen waren die Basis für die weiteren empirischen Untersuchungen in Form von Fallstudien.

Land	Überblick über bedeutende Produktgruppen des Secondhandhandels je Land		
Österreich	Möbel (Antiquitäten und Haushaltsartikel)	Textilien (Kinderausstattung)	Elektronische/ elektrische Geräte
Bulgarien	Möbel und Haushaltsartikel	Textilien	Elektronische/ elektrische Geräte
Finnland	Möbel und Haushaltsartikel	Textilien	Elektronische/ elektrische Geräte
Großbritannien	Bücher und Tonträger	Textilien Möbel und Haushaltsartikel	Elektronische/ elektrische Geräte
Deutschland	Möbel und Haushaltsartikel	Textilien	Elektronische/ elektrische Geräte
Slowenien	Möbel und Haushaltsartikel	Textilien	Bücher und Tonträger
Belgien	Die Ergebnisse aus Belgien lassen keine Schwerpunkte erkennen.		

Tab. 3.6: Die bedeutendsten Produktgruppen in ausgewählten europäischen Länder

Andere Produktgruppen des Sektors (wie Sportartikel/Sporterinnerungsstücke, Spielsachen, Fahrräder, Schmuck und Maschinen für den professionellen Gebrauch) spielen in Europa insgesamt eher eine untergeordnete Rolle. Die vier wichtigsten im Sektor vertretenen Produktgruppen werden im Folgenden genauer vorgestellt.

3.5.2 Textilien

Die Produktgruppe Textilien und Altkleider hat einen großen Marktanteil innerhalb des Sektors in ganz Europa, da die Warenbeschaffung sehr kostengünstig und einfach ist. Einige private und karitative bzw. staatlich unterstützte Institutionen wie etwa die Heilsarmeeflohmärkte in Finnland oder das Rote Kreuz in nahezu allen Ländern sind auf das Sammeln, Sortieren und den Verkauf von Altkleidern und Textilien zur Wiederverwendung sowie das Recycling von Textilien (Herstellung von Lumpen) spezialisiert. Ein weiteres Beispiel aus Großbritannien zeigt, dass Geschäfte von Wohltätigkeitsorganisationen allein jährlich mehr als 250.000 Tonnen Textilien sammeln und in den Geschäften umsetzen. In Belgien werden jährlich ebenfalls große Mengen an Textilien gesammelt und wiederverwertet. In der Region Wallonie und Brüssel wurden bspw. Jahr 2005 zusammen ca. 15.920 Tonnen Textilien gesammelt, von denen wiederum ca. 11.009 Tonnen wiederverwertet wurden. In Deutschland wird die jährliche Menge an gesammelten Textilien von Experten auf ca. eine halbe Million Tonnen geschätzt, wovon immerhin 40 % als Secondhandwaren im Land selbst weiterverkauft oder exportiert werden. In Österreich ist die Entwicklung sehr ähnlich, allerdings gelangt nur ein geringer Anteil der durch Not-for-profit-Unternehmen gesammelten Altkleider in den österreichischen Markt bzw. wird an Bedürftige abgegeben. Der Großteil wird über Großhändler ins Ausland, vor allem in die neuen Beitrittsländer der EU, verkauft. Im Vergleich zu den west- und mitteleuropäischen Ländern gibt es in Osteuropa kaum einen Handel mit gebrauchten Textilien. In Bulgarien und Slowenien konnte nur ein sehr begrenzt existierender Secondhandmarkt für Textilien identifiziert werden. Die Warenbeschaffung von Textilien in Not-for-profit-Unternehmen erfolgt europaweit vornehmlich nach dem gleichen Prinzip: Die Leute können ihre Altkleider entweder zu speziellen Sammelstellen oder direkt zu den Unternehmen (Direktannahme) bringen. Einige Organisationen sammeln die Altkleider auch direkt vom Spender über Sammelaktionen für die vorher, wie in Deutschland weit verbreitet, Plastikbeutel oder Wäschekörbe an die Privathaushalte verteilt werden. Die Länderbeispiele zeigen, dass nur ein Anteil der gesammelten Altkleider und Textilien in dem jeweiligen Land als Secondhandware weiter verkauft wird. Oftmals geht der Großteil der Waren über Großhändler ins osteuropäische oder außereuropäische Ausland.

Der Handel mit gebrauchten Textilien leidet zurzeit unter nachlassender Materialqualität. Häufig handelt es sich bei den gespendeten Textilien um Bekleidung von Billiganbietern, die sich kaum für eine Weiterbenutzung eignen. Beim Handel mit gebrauchten Textilien nimmt der gewinnorientierte Textilexport nach Afrika und Asien, an dem sich z. B. auch das Deutsche Rote Kreuz beteiligt, eine umstrittene Sonderstellung ein. So stellt der Dachverband Fairverwertung e. V. in Deutschland, der vor allem kirchliche Verbände und Einrichtungen unter sich vereint und der einen fairen und transparenten Handel im Altkleidermarkt zu seinen Zielen erklärt hat, den Altkleidermarkt in Deutschland auf seiner Homepage (www.fairwertung.de, Stand April 2007) folgendermaßen dar:

> „Gebrauchtkleidung wird in unterschiedlichen Formen, zu unterschiedlichen Zwecken und von unterschiedlichen Organisationen gesammelt. Dabei lassen sich zwei verschiedene Sammel- und Verwertungskreisläufe unterscheiden:
>
> a) Kleiderkammern, Textil- und Secondhandprojekte sowie Hilfsgüterinitiativen nehmen Kleidung entgegen, um sie in ihrer eigenen Arbeit weiter zu verwenden. (Direktannahme).
>
> b) Die bei Straßensammlungen oder in Containern erfasste Kleidung wird in der Regel direkt an gewerbliche Textilrecyclingfirmen veräußert.
>
> Beide Kreisläufe überschneiden sich dann, wenn es um die Überschüsse geht. Viele Kleiderkammern erhalten mehr Kleidung, als sie selbst verwenden können, und geben daher ihre Überschussmengen an andere Sammelorganisationen oder an gewerbliche Abnehmer weiter. Die Annahme, dass gemeinnützige Organisationen durch den Verkauf der von ihnen gesammelten Kleidung den Kleiderkammern quasi Kleidung „wegnehmen" wird von der Realität nicht bestätigt. Zwar gibt es immer wieder Fälle, in denen einzelne Kleiderkammern über mangelnden Nachschub klagen, so z. B. wenn im Frühherbst zwar jede Menge Sommersachen, aber noch keine Wintersachen vorrätig sind. Dennoch verfügen erfahrungsgemäß die meisten Kleiderkammern, Textilprojekte und oft auch Hilfsgüterinitiativen über einen festen Kreis von Unterstützern, die ihre überschüssigen Sachen prinzipiell nur dort abgeben."

Unternehmen, die mit der gleichen Produktgruppe handeln, haben oftmals unterschiedliche Geschäftskonzepte und -methoden. Ein gutes Beispiel hierfür liefern die Charakterisierungen der wichtigsten finnischen Organisationen:

<u>1. UFF Finland (U-landshjälp från Folk till Folk in Finland)</u>

UFF Finland ist eine humanitäre Not-for-profit-Organisation, deren Ziel die Entwicklungshilfe und die Unterstützung der ärmsten Länder ist und die gleichzeitig das finnische Recyclingsystem unterstützt. Diese Ziele werden durch die Sammlung von Altkleidern zum Zweck der Wiederverwendung erreicht sowie durch

Bekleidungsspenden, die die daraus erzielten Gewinne zur Entwicklung von Projekten nutzt. UFF sammelt in mehr als 600 aufgestellten Containern in 120 Gemeinden Südfinnlands Bekleidung, Haushaltstextilien und Schuhe. Im Jahr 2007 wurden insgesamt rund 6,5 Millionen Kilogramm Textilien gesammelt. UFF Finland umfasst neun Secondhandgeschäfte, von denen sechs Geschäfte in Helsinki, eines in Tampere und eines in Turku angesiedelt sind (vgl. UFF 2007).

2. Red Cross Recycling Department Stores

Die Recycling Department Stores des Roten Kreuzes operieren in acht Städten quer über Finnland verteilt mit einer zentralen Verwaltung in Jyväskylä. 50 % des Gewinns gehen an das Rote Kreuz in den Städten, in denen die einzelnen Geschäfte angesiedelt sind, 25 % gehen an den Rot-Kreuz-Krisenfond und 25 % werden für die Weiterentwicklung der Recycling Kaufhäuser verwendet (vgl. Rotes Kreuz 2007). Seit 2001 haben die Recycling Kaufhäuser begonnen, ihre Geschäftsprozesse auf eine professionelle Art und Weise weiter zu entwickeln und ihren Geschäftsbereich zu erweitern. Das größte Geschäftsfeld machen derzeit Textilien mit einem Anteil von 40 % des gesamten Jahresumsatzes aus. Möbel tragen dagegen mit 20 % zum Jahresumsatz bei und der Rest wird mit anderen Haushaltsgegenständen, z. B. mit Geschirr, erwirtschaftet. Das Warenvolumen ist sehr groß und erfasst rund 10.000 Kilogramm Waren pro Woche.

3. Salvation Army

Die Heilsarmee (Salvation Army)[14] unterhält insgesamt 24 Flohmärkte in allen Teilen Finnlands. Neben dem Flohmarktverkauf spendet die Heilsarmee auch viele der gesammelten Waren an bedürftige Menschen. Die Organisation sammelt schwerpunktmäßig Textilien, aber auch Möbel und andere Haushaltsartikel.

Neben der unterschiedlichen Warenbeschaffung von vor allem großen karitativen Organisationen bzw. Not-for-profit-Unternehmen, die mit Textilien bzw. Altkleidern handeln, kann auch hinsichtlich des Verkaufs der Waren eine Besonderheit beobachtet werden. Dabei werden Textilien gewöhnlich in unterschiedliche Kategorien wie Kinder-, Damen- und Herrenbekleidung unterteilt. Die Präsentation der Ware sowie die Sortierung dieser in den Geschäften erfolgt nach dem gleichen Prinzip wie in dem Neuwarenhandel.

Neben den Not-for-profit-Unternehmen und großen karitativen Organisationen gibt es noch weitere Akteure, die sich in dem Geschäftsfeld Textilien und Bekleidung bewegen. Dies sind die Recyclingzentren. Beispielsweise sammeln in Finn-

14 Sie arbeitet auf der Grundlage des Christentums und der Idee, Mitmenschen zu helfen.

land diese eine große Menge an Textilien und Spielzeug. Diese machen allerdings im Vergleich zu elektrischen Geräten und Möbeln nur einen geringen Teil des Umsatzes aus.

Einen besonders großen Stellenwert nehmen die Textilien und Altkleider im profitorientierten und privatwirtschaftlichen Handel ein. Hier handeln vor allem kleine und Inhaber geführte Profit-Unternehmen mit gebrauchten Textilien. Dabei nehmen Kinderbekleidung und Spielzeug eine Sonderstellung innerhalb des Geschäftsfeldes Textilien ein. Weiterhin gibt es zahlreiche Profit-Unternehmen, die sich auf den Verkauf von bestimmten Textilien spezialisiert haben. Neben dem Handel mit gebrauchter Kinderbekleidung sind hier noch Sportbekleidung und -ausrüstung, Designerbekleidung, Abendbekleidung sowie Brautbekleidung zu nennen. Im Vergleich zu den Not-for-profit-Unternehmen, die zu einem Großteil Sammlungen durchführen, findet die Warenbeschaffung in den Profit-Unternehmen größtenteils durch den Ankauf von gebrauchten Waren von Privatpersonen statt. Die Präsentation sowie die Sortierung und der Verkauf der Waren erfolgen wie im Neuwarenhandel.

3.5.3 Elektronische und elektrische Geräte

Der Gebrauchtwarenhandel mit elektronischen und elektrischen Geräten hat ebenso wie der Handel mit gebrauchten Textilien einen bedeutenden Umfang im Secondhandsektor in Europa und wird sowohl von Profit-Unternehmen, als auch von Not-for-profit-Unternehmen betrieben. Vor allem der Handel mit gebrauchten Großgeräten für den Haushalt wie Waschmaschinen, Spülmaschinen usw. sowie der Handel mit Computern, Mobiltelefonen und HiFi-Geräten ist im Secondhandmarkt besonders häufig zu finden. Teilweise werden aber auch elektrische Kleingeräte gehandelt. Diese machen jedoch den geringeren Anteil aus. Der Handel mit gebrauchten Elektro- bzw. Elektronikgeräten wird allerdings in einigen europäischen Ländern wie z. B. Österreich, Bulgarien nicht als rentables Geschäftsfeld angesehen, da Neugeräte verhältnismäßig billig in Discountmärkten zu erwerben sind und mindestens zwei Jahre Garantie bieten.

Bei gebrauchten Altgeräten stellt gerade der Garantiefaktor – die Haftung und Gewährleistung – einen kritischen Faktor dar. Hier sind bei den technischen, elektrischen und elektronischen Produkten bestimmte Schwachpunkte des Gebrauchtwarenhandels gegenüber dem Neuwarenhandel identifizierbar, der in der Regel mit Prüfberichten und Zertifikaten die Qualität und Sicherheit der verkauften Waren belegen kann. Die Gewährleistung bei gebrauchten elektrischen und elektronischen Geräten stellt die Händler im Allgemeinen vor ein großes Problem. Zum einen gestaltet sich die Rücknahme von defekten Geräten im Austausch gegen ein intaktes Ersatzgerät als schwierig und zum anderen können sich bei den Geräten Defekte aufgrund des Abnutzungsgrades einstellen, die nicht absehbar sind. Allerdings haben die Händler laut der europäischen Verbrauchsgüterkaufrichtlinie 1999/44/EG die Möglichkeit, die seit dem 1. Januar 2002 im Regelfall 2-jährige Verjährungsfrist für die Ansprüche auf Gewährleistung unter bestimmten Bedingungen einzelvertraglich auf ein Jahr herabzusetzen. Ein kompletter Ausschluss dieser ist allerdings nur bei einem Privatverkauf möglich.

In der Praxis haben sich bedingt durch die gesetzlichen Regelungen unterschiedliche Strategien beim Verkauf von gebrauchten Elektro- bzw. Elektronikgeräten entwickelt. Manche Profit-Unternehmen verkaufen ihre Waren über Internetportale wie eBay, auf Flohmärkten als Privatpersonen oder nur „Business to Business" und entgehen so der Gewährleistungspflicht. Andere wiederum geben eine freiwillige Garantie, die allerdings um vieles kürzer ist als die gesetzlich vorgeschriebene Gewährleistungsfrist, und hoffen, dass die Konsumenten über ihre Rechte nicht ausreichend informiert sind.

Das der Handel mit gebrauchten Elektro- bzw. Elektronikgeräten in Europa floriert hängt u. a. auch mit der Anfang 2003 verabschiedeten europäischen Richtlinie WEEE (Directive on Waste electrical and electronic equipment, 2002/96/EG), die in allen europäischen Ländern gesetzlich verankert ist, zusammen. Demnach sind die Hersteller verpflichtet, Altgeräte zurückzunehmen bzw. die Kosten für die Entsorgung von Altgeräten zu tragen. Während vor der Richtlinie vielfach Altgeräte entsorgt wurden, werden mit Einführung der Richtlinie zahlreiche Sammelstellen für Altgeräte eingerichtet. Diese haben relativ schnell erkannt, dass mit diesen Geräten, insofern sie funktionsfähig sind, auf dem Gebrauchtwarenmarkt „Geld zu verdienen" ist. Vor dem Hintergrund der gesetzlichen Rahmenbedingungen konnte sich somit in ganz Europa ein sehr breit aufgestellter Markt für den Handel mit Altgeräten entwickeln.

In den verschiedenen Ländern wurden dazu unterschiedliche Strategien entwickelt. Einige Länder, wie Finnland, haben sehr fortschrittliche Strukturen aufgebaut, andere Länder, wie Bulgarien, haben bisher noch kaum Aktivitäten entwickelt. Länder wie Österreich und Deutschland versuchen, den Handel mit Elektro- bzw. Elektronikaltgeräten auf die neuen EU-Beitrittsländer auszudehnen, um hier Absatzmöglichkeiten zu schaffen. In Deutschland sind außerdem unterschiedliche Ansätze im Umgang mit Elektro- bzw. Elektronikaltgeräten zu beobachten. Bei hochwertigeren Produkten mit entsprechendem Wiederverkaufswert werden die Geräte durch Fachpersonal geprüft, zum Teil gereinigt und in einigen Fällen aufgearbeitet bzw. repariert, um sie anschließend als Secondhandware zu verkaufen. Bei Elektrogroßgeräten (wie Waschmaschinen) werden teilweise Verschleißteile ausgetauscht oder die Waren werden in Einzelteile zerlegt und als Ersatzteile weiterverkauft. Elektroaltgeräte, die in der Regel nicht mehr reparierbar sind oder deren Zerlegung in Einzelteile und anschließendem Komponenten-Verkauf sich nicht rentiert, werden in der Regel recycelt. Das heißt, das Produkt wird in Einzelteile und Stoffgruppen zerlegt und dem Kreislauf als Rohmaterialien wieder zugeführt.

Da sich Finnland bezüglich der Umsetzung der WEEE als vergleichsweise weit fortgeschritten herauskristallisiert hat, soll im Folgenden exemplarisch dessen Umgang mit Elektro- bzw. Elektronikaltgeräten näher erläutert werden. Die WEEE ist in Finnland - die Wiederverwendung und das Recycling von elektronischen und elektrischen Altgeräten – in der Gesetzgebung mittels eines Abfallgesetzes zur Herstellerverantwortung und durch eine Staatsratsverordnung für den Abfall von elektronischen und elektrischen Geräten verankert (vgl. Pirkanmaa Environment Centre 2007). Die Rücknahme durch die Hersteller wird durch eine offizielle Behörde überwacht. Rund 90 % der Hersteller beteiligen sich an der Umsetzung der Gesetzgebung. Optimierungspotenziale gibt es vor allem in den Sammelnetzwerken und den Arten von Herstellerkooperationen. Die gesetzliche Rücknahme von Altgeräten hat dazu geführt, dass der Anteil an Haushaltsgeräten und kleine elektrische Geräten im finnischen Sektor in den letzten 5 Jahren signifikant gestiegen ist. Das Geschäftsfeld macht dadurch rund 25 % des jährlichen Umsatzes des Secondhandmarktes aus.

Insgesamt betrachtet wird das finnische Wiederverwendungs- und Recyclinggeschäft mit elektronischen und elektrischen Altgeräten von unterschiedlichen Akteuren betrieben. Dazu zählen große Profit-Unternehmen, Not-for-profit-Unternehmen, Sozialunternehmen sowie einige Privatpersonen, die große Mengen an elektronischen und elektrischen Altgeräten zum Wiederverkauf ankaufen. Weiterhin konnten einerseits Unternehmen identifiziert werden, deren Hauptgeschäft der Handel und das Recycling von Elektroaltgeräten ist und andererseits Unternehmen, für die der Handel mit Elektroaltgeräten nur eines von diversen Geschäftsfeldern ist. Die Elektroaltgeräte werden laut Expertenaussagen sowohl im Land als auch über die Landesgrenzen hinaus gehandelt. Außerdem gibt es in Finnland einige wenige große börsengeführte Unternehmen, die hauptsächlich das Recycling von elektronischen und elektrischen Materialien betreiben und einen großen Teil des Marktes für gebrauchte elektronische und elektrische Geräte abdecken. Der größten Institution im Sammeln und Recyceln von Elektroaltgeräten gehören rund 750 Hersteller als Mitglieder an.

In finnischen Not-for-profit-Unternehmen werden die Altgeräte vor allem manuell in Einzelteile zerlegt und Computer sowie jede Art von Haushaltsgeräten (Kühlschränke, Tiefkühltruhen, elektrische Herde, Wasch- und Spülmaschinen, Mikrowellengeräten, Fernseher, Videogeräte usw.) repariert und verkauft. Vor allem ist die Nachfrage nach Computern in den letzten Jahren sehr stark gestiegen, sodass hier von Zeit zu Zeit Engpässe auftreten.

Des Weiteren gibt es im Norden Finnlands eine Kette von fünf Stiftungen namens „Ekoterminal", die neben ihrem Hauptgeschäft der Schaffung von Arbeitsgelegenheiten für Benachteiligte Elektroaltgeräte sammeln, teilweise recyceln, aufbereiten und wiederverwenden. Die Stiftungen bedienen sich bei ihrer Arbeit modernster Informationssysteme, um ein Controlling sicherzustellen. Aufgrund der großen Durchsatzmengen weisen diese Stiftungen einen relativ großen Personalstand auf. In der Romotke-Stiftung sind bspw. 250 Beschäftigte angestellt, von denen 30 Festangestellte und der Rest Langzeitarbeitslose oder Benachteiligte sind (vgl. Ekoterminal 2007). Die wenigen Not-for-profit-Unternehmen in diesem Geschäftsfeld erwirtschaften nur einen geringen Anteil des Umsatzes aller finnischen Unternehmen, die mit gebrauchten elektronischen und elektrischen Geräten handeln.

3.5.4 Möbel und Dekorationsartikel

Der Handel mit gebrauchten Möbeln und Dekorationsartikeln (ohne Antiquitäten[15]) ist in allen europäischen Ländern recht weit verbreitet. Man findet diesen sowohl in Profit-Unternehmen als auch in Not-for-profit-Unternehmen. In Deutschland scheint der Handel mit gebrauchten Möbeln einen besonders hohen Marktanteil zu haben, aber auch in Bulgarien, Finnland, Großbritannien und Belgien hat diese einen hohen Stellenwert. Lediglich in Slowenien war der Handel mit Möbeln nur vereinzelt zu finden.

In Deutschland wird der Anteil des Gebrauchtmöbelhandels gemessen am gesamten Gebrauchtwarenhandel auf 30 bis 50 % geschätzt (vgl. Faltz 2006). Daher ist es nicht verwunderlich, dass bulgarische Geschäfte größtenteils Waren aus Deutschland importieren. Dabei handelt es sich vorwiegend um leicht beschädigte Ware aus dem Versandhaushandel. Diese wird dann in den bulgarischen Unternehmen repariert und anschließend wieder verkauft. Im Vergleich zu

15 Einschränkend ist zu erwähnen, dass gerade in Bezug auf den Secondhandmöbelhandel eine Trennung vom Antiquitätenhandel -zumindest in einigen Ländern – sehr schwierig bzw. unmöglich ist.

Bulgarien gibt es in Finnland nur wenige Secondhandgeschäfte, die sich auf den Verkauf von gebrauchten und alten Möbeln spezialisiert haben – mit Ausnahme von Antiquitäten. So ist z. B. der Handel mit gebrauchten Möbeln in Helsinki speziell auf die Kundenzielgruppe von Saisonarbeitern und Studenten fokussiert, da diese teilweise nur kurzweilig bzw. zeitlich begrenzt in Helsinki ansässig sind und daher einen hohen Bedarf an billigen Möbeln haben. Gebrauchte Möbel werden aber auch auf Flohmärkten sowie in Secondhandkaufhäusern angeboten. Viele Recyclingzentren führen ebenfalls Möbel in ihrem Sortiment. Insgesamt zeichnet sich – so die Managerin der Kaufhauskette des Roten Kreuzes – jedoch eine steigende Tendenz hinsichtlich des Handels mit gebrauchten Möbeln ab.

Der Handel mit gebrauchten Möbeln in Großbritannien wiederum obliegt zum Großteil den Wohlfahrtsorganisationen. In Deutschland gibt es zahlreiche sowohl profitorientierte als auch nicht profitorientierte Unternehmen, die sich auf den Handel mit gebrauchten Möbeln spezialisiert haben. Teilweise finden sich hier Kombinationen aus Antiquitätenhandel, dem Handel mit gebrauchten Möbeln sowie sehr spezialisierte Geschäfte für Möbel einer bestimmten Epoche oder für Büromöbel usw. Im österreichischen Sektor wiederum konnten nur wenige Profit- und Not-for-profit-Unternehmen identifiziert werden, die auf den Handel mit gebrauchten Möbeln spezialisiert sind. Dieses wird hauptsächlich auf die steigenden Zahlen an Angeboten von Billigmöbeln und den damit sinkenden Bedarf an gebrauchten Möbeln zurückgeführt. Das wiederum hat beinah einen Zusammenbruch des Handels mit gebrauchten Möbeln geführt.

In Slowenien ist der Handel mit gebrauchten Möbeln sogar noch weniger vertreten. Im Rahmen der Analyse konnten in Slowenien lediglich ein Secondhandgeschäft identifiziert werden, das mit gebrauchten Möbeln handelt. Im Gegensatz dazu gibt es in Belgien einen stark florierenden Handel mit gebrauchten Möbeln im Profitbereich. Hier hat sich vor allem in eines der großen Franchisingunternehmen (Troc International) auf dies Geschäftsfeld spezialisiert. Jedoch auch im Not-for-profit-Bereich wird mit gebrauchten Möbeln gehandelt. Dabei bietet das KVK-Netzwerk neben zahlreichen anderen Produkten auch Möbel an. Der Anteil an wiederverwerteten Möbeln in der Region Wallonie und Brüssel betrug laut einer Statistik des RESSOURCES Netzwerk z. B. im Jahr 2005 rund 1.528 Tonnen.

3.5.5 Bücher und Tonträger

Gebrauchte Bücher und Tonträger werden vornehmlich in Secondhandfachgeschäften, die auf diese Produktgruppen spezialisiert sind, angeboten sowie in Secondhandgeschäften oder Recyclingzentren, die ein produktübergreifendes Warenangebot haben. Entsprechende Fachgeschäfte sind vornehmlich in größeren Städten und Gemeinden anzutreffen. Oftmals handelt es sich dabei um Einzelunternehmen oder um Geschäfte, die in Netzwerken organisiert sind.

In Deutschland findet man im Profitbereich einige kleine spezialisierte Geschäfte. In den Not-for-profit-Unternehmen werden Bücher und Tonträger häufig nur als Nebenprodukte gehandelt. Allerdings haben größere Secondhandkaufhäuser vielfach eine eigene Abteilung für diese Produktgruppe.

In Österreich und Bulgarien wiederum spielt der Handel mit gebrauchten Büchern und Tonträgern kaum bzw. gar keine Rolle. Der Verkauf dieser Waren erfolgt meist als Nebenprodukt zu anderen Secondhandwaren. In Slowenien konnte kein Handel mit gebrauchten Büchern in Geschäften ausgemacht werden. Allerdings werden z. B. gebrauchte Schulbücher im Rahmen spezieller Flohmärkte gehandelt. Fachgeschäfte, die mit gebrauchten Tonträgern (speziell mit gebrauchten CDs) handeln, konnten in Slowenien dagegen identifiziert werden. Im Vergleich zu Österreich, Bulgarien und Slowenien gibt es in Belgien eine Vielzahl an Secondhandfachgeschäften, die gebrauchte Bücher und Tonträgern verkaufen sowie Secondhandgeschäfte, die diese Waren als Nebenprodukte neben anderen Gebrauchtwaren führen.

In Großbritannien und Finnland hingegen gibt es einen sehr ausgeprägten Markt für gebrauchte Bücher und Tonträger. In Finnland existieren vor allem Secondhandfachgeschäfte, die ausschließlich mit diesen Waren handeln. Laut Statistice Finland aus dem Jahr 2005 gibt es vornehmlich in den Städten rund 180 solcher Geschäfte, die 141 Mitarbeiter beschäftigten und einen jährlichen Gesamtumsatz von 15.923.000 Euro erwirtschafteten (Statistics Finland 2005). Ebenso werden in Not-for-profit-Unternehmen gebrauchte Bücher und Tonträger angeboten. Sie stellen hier aber nur, wie in anderen Ländern auch, eine randständige Produktgruppe dar.

Der Handel mit gebrauchten Büchern in Großbritannien ist ebenfalls vergleichsweise groß. Not-for-profit-Organisationen bringen u a auch diese Waren auf den Markt. So verfügt beispielweise Oxfam in seinem Netzwerk auch über Geschäfte, die auf den Handel mit gebrauchten Büchern und Tonträgern spezialisiert sind. Daneben findet man in einigen Städten und Regionen einen verstärkten Handel mit gebrauchten Büchern. So gibt es z. B. allein in Hay-on-Wye, einer kleinen Stadt in Wales, 39 unabhängige Buchhandlungen für Secondhandbücher.

Die Ausführungen verdeutlichen, dass sich der Handel mit gebrauchten Büchern und Tonträgern in den untersuchten Ländern unterscheidet. Dass der Handel mit gebrauchten Büchern und Tonträgern in Geschäften im Vergleich zu anderen Produktgruppen relativ begrenzt ist, liegt auch daran, dass diese Waren verstärkt im Internet zum Verkauf angeboten werden. Zusätzlich geht der Handel mit CDs generell zurück, aufgrund der Möglichkeit die Inhalte dieser Medien im Internet kostenfrei bzw. sehr günstig herunterzuladen.

3.6 Warenbeschaffung und Vertriebsstrukturen

3.6.1 Strategien der Warenbeschaffung

Der Geschäftsprozess im Secondhandhandel beginnt mit der Warenbeschaffung. Sie erfolgt in Europa auf zwei mögliche Weisen:

- den Ankauf und/oder
- die Spende von gebrauchten Waren.

Not-for-profit-Unternehmen, die mit gebrauchten Waren handeln, greifen bei der Warenbeschaffung größtenteils auf Spenden zurück. Dies erfolgt vor dem Hintergrund, dass die Unternehmen keine bzw. kaum Gelder für den Warenankauf zur Verfügung haben und die Waren somit kostenfrei erworben werden müssen. Die Abgabe solcher „Sach"-Spenden an die Unternehmen erfolgt entweder direkt bei den Unternehmen oder, wenn es sich um sperrige Waren wie Möbel oder Elektrogroßgeräte (Waschmaschinen, Kühlschränke) handelt, werden diese von dem Unternehmen vor Ort abgeholt. Das massenhafte Sammeln von Altkleidern und Textilien privater und humanitärer Organisationen wiederum erfolgt über Straßensammlungen oder mittels Altkleidercontainern, die auf öffentlichen Flächen aufgestellt werden. In einigen europäischen Ländern wie etwa in Deutschland erfolgt die Warenbeschaffung zusätzlich oder hauptsächlich wie etwas in. in Österreich sowohl im Profit-, als auch im Not-for-profit-Bereich im Rahmen von Wohnungsauflösungen. Laut Schätzung von Sektorexperten sind von den gespendeten Waren[16] allerdings nur rund 10 % als Antiquitäten bzw. Secondhandwaren wieder verkaufbar.

Neben der Direktannahme von gespendeten Waren in den einzelnen Unternehmen bzw. durch Spendencontainer oder Haushaltsauflösungen konnten außerdem in einigen europäischen Ländern landesweite Sammelnetzwerke identifiziert werden. Diese sind vor dem Hintergrund der europäischen Richtlinie WEEE vor allem auf die Sammlung von elektronischen und elektrischen Altgeräten entstanden. In Belgien hat jedes Recyclingzentrum einen eigenen Arbeitsbereich, in dem Haushaltssperrmüll gesammelt wird. Ähnliche Sammelstellen in Recyclingzentren gibt es auch in Deutschland, die vor allem im Auftrag der regionalen Verwaltung die Sammlungen durchführen. Häufig sind diese Unternehmen mit Not-for-profit-Unternehmen vernetzt oder Bestandteil solcher, sodass die nicht recycelten Waren, die noch gut erhalten sind, als Secondhandwaren wieder verkauft werden.

Betrachtet man die Größenordnungen der gesammelten Ware in den einzelnen europäischen Ländern, so sind diese teilweise enorm. Einen entsprechenden Eindruck vermitteln die folgenden länderspezifischen Zahlen bzw. Mengenangaben[17].

In **Großbritannien** werden jährlich im Rahmen von öffentlichen Spenden an Geschäfte und in großen Haussammlungen der Wohlfahrtsorganisationen ca. 15 Mio. Säcke mit Textilien und anderen Haushaltsmaterialien gesammelt. Laut Expertenschätzung durchlaufen jedes Jahr mehr als 250.000 Tonnen Textilien, d. h. Bekleidung und andere Textilien, die Geschäfte.

In **Finnland** sammelte im Jahr 2007 eine der größten Not-for-profit-Organisationen (UFF) in 120 Gemeinden Südfinnlands mittels 600 Containern rund 6.500 Tonnen Textilien (UFF, Annual Report 2005).

In **Belgien** wurden im Jahr 2005 insgesamt 37.500 Tonnen Material gesammelt (einen Überblick über die Menge gesammelten Materialen pro Einwohner der vergangenen Jahre bis 2006 zeigt die Abbildung 3.2). Der Anteil der selektiven Sammlung von wiederverwendbaren Waren belief sich dabei auf 28.100 Tonnen. Davon waren ca. 55 % Waren auf Abruf, 40 % Warenabgaben an Secondhandgeschäfte und 5 % Lieferungen an städtische Abfallsammelstellen.

---

16 Die gespendeten Waren umfassen sämtliche Produktgruppen.

17 Da nicht für alle Länder Zahlen vorliegen, können keine absoluten Zahlen auf europäischer Ebene präsentiert werden.

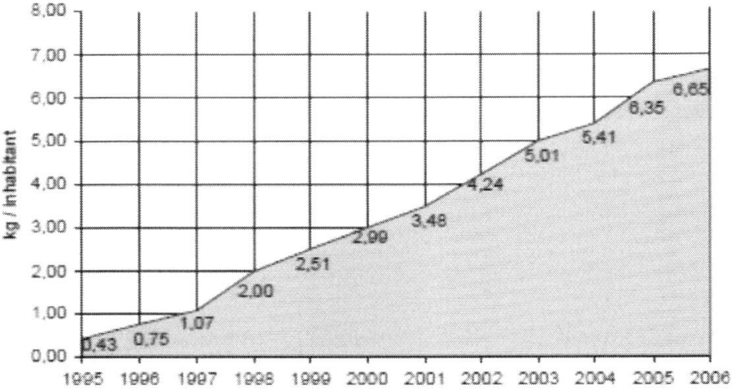

Abb. 3.2: Gesammelte Gebrauchtwaren pro Einwohner und Jahr in Belgien. (Quelle: Arold/Koring 2008, S. 48)

Im Vergleich zu den Not-for-profit-Unternehmen erfolgt in den Profit-Unternehmen die Warenbeschaffung vornehmlich durch den Ankauf von gebrauchten Waren. Die Geschäfte sind sowohl Käufer, als auch Verkäufer einer umfassenden Vielfalt an Secondhandwaren. Die Waren werden zum einen von Privatpersonen, z. B. durch Direktankauf im Geschäft, zum anderen aber auch im Rahmen von Haushaltsauflösungen oder Geschäftsauflösungen, Anzeigen bzw. das Internet und auf Flohmärkten angekauft. In allen Fällen wird die Ware vor dem Ankauf einer Überprüfung auf Funktionsfähigkeit unterzogen. Zusätzlich wird geprüft, ob es sich um Eigentum und nicht um Diebesgut handelt.

Neben den unterschiedlichen Beschaffungsmärkten der Profit-Unternehmen gibt es auch unterschiedliche Varianten der Bezahlung für die anzukaufenden Waren. Entweder wird die Ware auf Kommission angekauft oder die Warenanbieter erhalten sofort den gesamten Geldbetrag. Die Höhe des Ankaufpreises gestaltet sich jeweils nach der Summe, die der Käufer/Händler bereit ist, zu zahlen und danach, welchen finanziellen Gegenwert der Verkäufer für seine Ware erwartet. Generell handelt es sich nicht um fixe Preise, sondern die Preisgestaltung erfolgt flexible und individuell. Diese erfolgt stets in Übereinkunft zwischen Käufer und Verkäufer. Wenn der Verkäufer die Kaufbedingungen akzeptiert, wird zwischen den zwei Parteien ein Kaufvertrag abgeschlossen, in dem der Verkäufer seine Eigentumsrechte an den Käufer (das Secondhandunternehmen bzw. -geschäft) überträgt.

In dem Fall, dass eine Ware in Kommission genommen wird, enthält der Vertrag eine Klausel, in der der Preis des Produktes sowie die Dauer, wie lange diese in dem Geschäft angeboten wird, festgelegt werden. Der Vertragsabschluss kommt einer Überschreibung der Ware an das Geschäft gleich, was bedeutet, dass dieses für den Weiterverkauf der Ware verantwortlich ist. Als Gegenwert für die Übernahme der Verkaufstätigkeiten erhält das Geschäft nach dem Warenverkauf einen vorab mit dem Verkäufer vereinbarten Prozentsatz des Verkaufspreises. In der Regel erhalten die Geschäfte je nach Verkaufsobjekt eine Verkaufsprovision von ca. 20 % bis 40 % des Verkaufspreises. Außerdem schließen die Geschäfte größtenteils einen längeren Verbleib der Waren in ihrem Sortiment aus. Daher bieten die Geschäfte die Waren in der Regel nur bis zu zwei Monaten an. Somit soll gewährleistet werden, dass Platz für neue, lukrativere Waren geschaffen wird. Eine weitere Möglichkeit der Warenbeschaffung ist der Import von gebrauchten Waren. Diese Möglichkeit wird insbesondere in Bulgarien genutzt, wo laut Expertenaussagen 97 % der im Sektor zum Verkauf angebotenen Waren aus anderen Ländern (z. B. aus Deutschland) eingeführt werden.

3.6.2 Vertrieb der Waren

Insgesamt betrachtet erfolgt der Vertrieb von Gebrauchtwaren in Europa über eine Vielzahl unterschiedlicher Vertriebsarten. Insbesondere sind hier zu nennen

- Secondhandgeschäfte, d. h. teilweise auf bestimmte Produktgruppen spezialisierte Fachgeschäfte,
- Direktabgabe z. B. in Secondhandwarenhäusern, Werkstätten- und Lagerverkauf (vornehmlich in Not-for-profit-Unternehmen),
- Online-Marktplätze,
- Flohmärkte z. B. durch die Nutzung etablierter Flohmärkte von professionellen Händlern zum Warenabsatz,
- Zeitungsanzeigen und
- Großhandel.

Als traditionelle Vertriebsart von Profit-Unternehmen kann der direkte Verkauf der Waren an Kunden in Geschäften oder Warenhäusern angesehen werden. Abhängig von der Art der Waren werden diese von den Händlern auf Funktionsfähigkeit z. B. bei elektronischen und elektrischen Geräten geprüft und/oder z. B. bei Textilien auch gereinigt, bevor diese im Geschäft zum Verkauf angeboten werden. Eine Beratung der Kunden erfolgt vor allem in Geschäften, die auf bestimmte Waren spezialisiert sind. Um den Absatz der Waren zu steigern, nutzen Profit-Unternehmen ergänzend zum Direktverkauf im Geschäft Absatzmärkte wie das Internet oder Flohmärkte. Oftmals geben kleinere Secondhandgeschäfte keine Garantie auf die verkauften Waren. Eine Ausnahme stellen allerdings die Händler dar, die elektronische und elektrische Geräte vertreiben. Hier muss, so es in den einzelnen Ländern gesetzlich geregelt ist, eine Gewährleistungsfrist eingeräumt werden. Weiterhin schließen viele Händler die verkaufte Ware vom Umtausch aus.

Bei Not-for-profit-Unternehmen wiederum findet man neben dem reinen Verkauf in Geschäften oder Warenhäusern außerdem den Werkstätten- und Lagerverkauf. Häufig sind diese Unternehmen so organisiert, dass sie am gleichen Ort die Warenannahme, das Sortierlager und den Verkauf angesiedelt haben. Die angekauften oder gesammelten Waren werden nach einer Überprüfung, Säuberung und gegebenenfalls Instandsetzung im Geschäft zum Verkauf angeboten. Die Verkäufer stehen den Kunden beratend zu Seite. Häufig werden in diesen Unternehmen im Reklamationsfall die Waren repariert, umgetauscht oder eine Warengutschrift ausgestellt. Während Elektroaltgeräte und Möbel sowohl in Geschäften als auch im Lagerverkauf angeboten werden, findet man Bekleidung, Kinderbedarfsartikel, Haushaltswaren sowie Bücher bzw. Tonträger ausschließlich in Geschäften oder Warenhäusern.

Darüber, mit welcher der zahlreichen unterschiedlichen Produktgruppen der größte Umsatz im Secondhandhandel erreicht wird, kann keine konkrete Aussage getroffen werden, da keine umfassenden Statistiken hierzu existieren. Nach Aussage verschiedener Experten kann davon ausgegangen werden, dass die Profit-Unternehmen im Vergleich zu den Not-for-profit-Unternehmen das größere Absatzvolumen in Europa aufbringen, da es hier insgesamt mehr Unternehmen gibt. Darüber, wie eine prozentuale Verteilung der Verkaufsorte für Elektroaltgeräte aussehen könnte, ist in Abbildung 3.3 dargestellt. Diese Grafik basiert auf den Ergebnissen einer in Österreich im Jahr 2002 durchgeführten Studie zum Handel mit Elektroaltgeräten (vgl. Schwabl, Haitzmann 2002). Die Studie bezieht sich ausschließlich auf Österreich und auf eine Produktgruppe. Die Ergebnisse können so lediglich als ein Richtwert für mögliche Tendenzen in anderen europäischen Ländern angesehen werden. Laut der Studie wird der größte Anteil an Verkäufen von Elektroaltgeräten mit 53 % über Freunde und Verwandte abgewickelt, gefolgt von Verkäufen über Zeitungsanzeigen mit 35,5 % und dem Internet mit 30 %. Secondhandgeschäfte nehmen mit 21,2 % der Befragten die vierte Stelle ein.

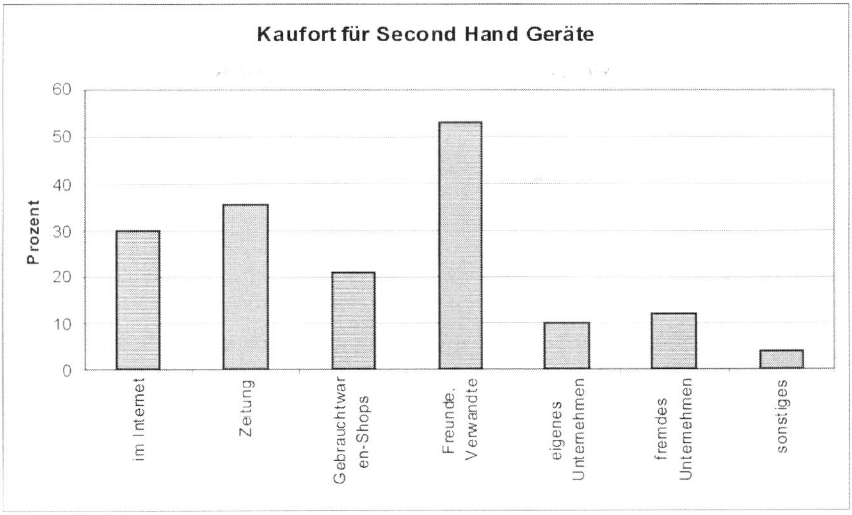

Abb. 3.3: Prozentuale Verteilung der Kauforte für Elektroaltgeräte in Österreich (Quelle: Schwabl, Haitzmann 2002)

Generell ist in allen Ländern festzustellen, dass der Internethandel stetig wächst. In Slowenien hat bereits jeder Dritte der Bevölkerung schon einmal Gebrauchtwaren über das Internet gekauft. Die Mehrzahl dieser Personen nutzt das Internet sogar mehrmals im Jahr, um Waren zu erwerben. Als größte Internetanbieter in Slowenien sind z. B. Amazon, Emka, Mimovrste usw. zu nennen. Hinsichtlich des Internetverkaufs von Secondhandwaren konnte vor allem das Online-Auktionshaus eBay als das größte und bedeutendste in Europa identifiziert werden. Es hat derzeit den größten Marktanteil im Vergleich zu anderen Internetportalen in Europa. Viele Secondhandgeschäfte nutzen diese Plattform zum zusätzlichen Verkauf ihrer Waren. Diese Vertriebsform kann von anderen Secondhandanbietern weltweit genutzt werden, womit sich direkte Konkurrenzsituationen ergeben (vgl. Spitzbart et al 2006). So handeln über 212 Millionen registrierte Mitglieder (Stand März 2007) auf vier Kontinenten mit rund 105 Millionen neuen und gebrauchten Gütern, die in mehr als 50.000 verschiedene Kategorien unterteilt sind. In Österreich hat eBay z. B. pro Monat rund 1,8 Mio. Besucher (Stand März 2006). Ein Drittel der Ware geht mit Fixpreisen in den Verkauf, der Rest wird versteigert. Der Trend geht mittlerweile immer stärker in Richtung Neuwarenverkauf. In Österreich wird im Durchschnitt alle zweieinhalb Minuten ein Computer über eBay verkauft. In den anderen europäischen Ländern konnte sich diese Plattform des Verkaufes ebenfalls dern konnte sich diese Plattform des Verkaufes ebenfalls etablieren. Dennoch stellt sie derzeit nur eingeschränkt eine Konkurrenz zum Direkthandel mit Secondhandwaren dar, da über das Internet eine Begutachtung der Waren nur begrenzt und eine persönliche Beratung überhaupt nicht möglich ist. Das Wachstum des Internethandels kann man entweder als Bedrohung oder Chance für unabhängige Anbieter von Secondhandwaren ansehen. Der Internetverkauf bedroht vor allem die Existenz der traditionellen Händler, die allein auf traditionelle Verkaufsmethoden setzen. Bei einer Ausweitung des Verkaufes über da Internet besteht die Chance den Absatzmarkt auszuweiten (vgl. Jones/Davies 2006).

Eine weitere Vertriebsform stellen in einigen europäischen Ländern die Flohmärkte dar. Sie bieten für professionelle Händler eine wichtige Vertriebsplattform. In einigen Regionen Österreichs insbesondere in Wien findet beispielsweise der meiste Vertrieb von Secondhandwaren auf Flohmärkten statt. An einem speziellen Flohmarkt in Wien beteiligen sich bspw. insgesamt 350 Händler, von denen rund 200 Spezialhändler sind. Der Anteil privater Personen ist mit 15 Anbietern verschwindend gering. Die Produktpalette ist insgesamt sehr umfassend und reicht von Hausrat, Möbeln und Bildern über Beleuchtung bis hin zu Schmuck. In seltenen Fällen werden auch Bekleidung und Elektrogeräte angeboten. Neben profitorientierten Händlern sind dort außerdem auch Not-for-profit-Unternehmen vertreten, die gezielt neben Gebrauchtmöbeln auch wertvollere Möbelstücke verkaufen. Dass dem Secondhandhandel auf Flohmärkten in Österreich eine besondere Bedeutung zu kommt, liegt an der Unterstützung dieser Vertriebsform durch die Stadtverwaltung. So betreibt die Magistratsabteilung der kommunalen Abfallwirtschaft der Stadt Wien einen eigenen Flohmarkt, auf dem gebrauchte Elektro- und Elektronikgeräte sehr günstig verkauft werden.

In Deutschland und Slowenien spielen Flohmärkte als zusätzliche Absatzmärkte für professionelle Händler genauso eine bedeutende Rolle. In nahezu jeder größeren Stadt in Deutschland existieren mehrfach im Jahr spezielle Flohmärkte, auf denen Händler ihre Waren anbieten. In Slowenien konnten neben zwei großen Flohmärkten (in Ljubljana and Maribor) vor allem spezielle saisonale Flohmärkte identifiziert werden. In Belgien gibt es jährlich im Durchschnitt rund 1200 Flohmärkte. In Finnland wiederum gibt es sowohl von Not-for-profit-Unternehmen/Organisationen (z. B. Heilsarmee) organisierte Flohmärkte als auch zahlreiche privat organisierte Flohmärkte. Dagegen haben Flohmärkte als Vertriebsplattformen weder in Bulgarien noch in Großbritannien eine Bedeutung.

3.6.3 Werbeaktivitäten

Der Bekanntheitsgrad und Geschäftserfolg von Secondhandunternehmen wird maßgeblich durch Werbemaßnahmen beeinflusst. Diesbezüglich konnten in den europäischen Ländern einige gute Beispiele identifiziert werden, in denen Gebrauchtwarenhändler ihr Geschäft modern gestaltet haben. Deutlich war dabei, dass die Verkaufsbereiche in Geschäften zunehmend moderner und vor allem professioneller dekoriert werden, um die Ware den Kunden ansprechend zu präsentieren. Größtenteils orientierten sich die Secondhandhändler am Neuwarenmarkt und richten ihre Werbestrategien nach dem gleichen Prinzip aus. Ziele der Werbeaktivitäten sind die Steigerung des Bekanntheitsgrads des Geschäftes sowie das Bekanntmachen der angebotenen Produktpalette. Gleichzeitig sollen die gezielten Werbeaktionen zur Imagepflege sowie zur Kundenbindung beitragen. Die Mehrheit der Secondhandhändler, unabhängig davon, ob es sich um Profit- oder Not-for-profit-Unternehmen handelt, strebt an, ihren Kunden ein gutes „Einkaufsgefühl" zu vermitteln. Zur Verbreitung der Produktpalette bzw. der einzelnen Waren werden in Europa folgende unterschiedliche Medien eingesetzt:

- Zeitungsanzeigen,
- Radio, Kino, Fernsehen, Internet-Werbung,
- Plakatwerbung,
- Postkarten, Werbeflyer, Postwurfsendungen, Newsletter, Firmenzeitungen,
- Warenpräsentationsveranstaltungen (Tag der offenen Tür mit Aktionen wie Modeschauen) und
- Stammkundensysteme.

Dabei beschränken sich die Werbeaktivitäten aufgrund der regionalen Ausrichtung der meisten Unternehmen überwiegend auf deren jeweilige Zielregion. Im Vergleich zu den Profit-Unternehmen, bei denen in vielen Geschäften ähnliche Strategien und Medien (siehe Aufzählung oben) zur Bewerbung der Waren zum Einsatz kommen, sind die Werbeaktivitäten der Not-for-profit-Unternehmen sehr unterschiedlich ausgeprägt. Sie variieren vor allem in Abhängigkeit von der Größe und von der Vernetzung der Unternehmen bzw. von den Kooperationen zwischen den einzelnen Firmen. Die Mehrheit der Not-for-profit-Unternehmen verfügt häufig ausgeprägte Werbestrategien. Dabei werden Werbeaktivitäten in diesen Unternehmen oftmals durch ein Corporate Identity unterstützt. Neben der Nutzung der Medien wie Zeitungsanzeigen, Postkarten, Radio-Werbung veranstalten vor allem Not-for-profit-Unternehmen zusätzlich Werbeveranstaltungen: Modeschauen z. B. mit der Unterstützung von Prominenten), Einkaufsabende unter bestimmten Mottos z. B. „Kunst und Kultur" sowie Feste z. B. 20 Jahre Gratiskleiderausgabe. Mittels dieser Aktivitäten soll der Verkauf gesteigert sowie potenzielle neue Kunden gewonnen werden. Gesamtziel aller Aktionen ist die Steigerung des Bekanntheitsgrades des Unternehmens.

Eine weitere Strategie besteht darin, zu den Kunden zu gehen und nicht die Kunden zu sich kommen zu lassen. Dies bedeutet, dass z. B. in Österreich die Geschäfte bewusst in Wohngegenden angesiedelt werden, die keine gute Infrastruktur haben und in welchen eher eine sozial schwächere Bevölkerung lebt, die auf den Kauf billiger gebrauchter Waren angewiesen ist. Außerdem wird vielfach eine Strategie der Kommunikation eines „Fairen Preises" angewandt. Damit soll den Kunden vermittelt werden, mit dem Kauf von gebrauchten Waren die Arbeit von z. B. behinderten Menschen zu unterstützen. Eine weitere Strategie ist die Registrierung des Kunden (Stammkunden), um diese regelmäßig über Preisrabatte bzw. Angebote zu informieren (Newsletter, Unternehmenszeitung).

Immer mehr Profit- und auch Not-for-profit-Unternehmen verfügen über eine eigene Website. Vor allem größere Unternehmen nutzen das Internet, um sich und ihre Waren sowie spezielle Angebote auf einer Website zu präsentieren bzw. auch um Waren online zu verkaufen. Kleinere Unternehmen nutzen Websites dagegen überwiegend als reines Informationsmedium. Das Bewerben der Produktpalette sowie der Dienstleistungen der Unternehmen erfolgt hier vornehmlich durch Mund-zu-Mund-Propaganda der Kunden. Größere Unternehmen können aufgrund der anderen Ressourcen mehr in Werbung und spezifisches Personal investieren.

Neben den herkömmlichen Werbestrategien gibt es aber auch innovative Ansätze. Ein sehr gutes Beispiel hierfür findet sich in Österreich, wo sich eine kleine Gruppe von Unternehmern (insgesamt sieben Geschäfte) vernetzt haben und den gleichen Namen führen. Somit ist die Möglichkeit geschaffen, einerseits gemeinsam Marketing bzw. Werbung zu betreiben und sich andererseits nach außen hin einheitlich zu präsentieren und somit die Präsenz in der Öffentlichkeit zu verstärken.

3.6.4 Qualitätssicherung

Die Qualitätssicherung spielt eine entscheidende Rolle im Sektor, da die zu verkaufenden gebrauchten Waren eine bestimmte Qualität haben müssen. So sollten die Waren möglichst nicht defekt sein, um noch einen bestimmten Wiederverkaufswert zu erzielen. Aus diesem Grund sind eine Überprüfung der eingehenden Waren sowie die Aussortierung defekter Waren von großer Bedeutung. Insgesamt ist festzustellen, dass trotz der Notwendigkeit der Qualitätssicherung keine einheitlichen Qualitätsstandards für alle gebrauchten Waren bzw. für einzelne Produktgruppen in Europa existieren. Eine Ausnahme bilden nur die elektronischen und elektrischen Altgeräte.

Die Qualitätssicherung, die oft mit einer Überprüfung der Waren auf Funktionsfähigkeit beginnt, gestaltet sich sowohl in den Profit- als auch in den Not-for-profit-Unternehmen durch die verschiedenen Produktgruppen unterschiedlich. Die Unternehmen weisen vornehmlich individuell entwickelte Strategien zur Überprüfung der Waren auf und bedienen sich entsprechend unterschiedlicher Prüfmethoden und Kontrollmechanismen. In den Not-for-profit-Unternehmen bzw. den größeren Unternehmen des Sektors waren professionellere Strukturen zur Qualitätssicherung zu entdecken. Dies ist auf ein größeres Warenvolumen dieser Unternehmen zurückzuführen. Des Weiteren konnten im Not-for-profit-Bereich z. B. in Deutschland oder in Österreich viele Unternehmen identifiziert werden, die nach der europäischen Norm DIN EN ISO 9001:2000 zertifiziert sind[18].

Eine Überprüfung der eingehenden Waren erfolgt unabhängig von den Produktgruppen. Bspw. sortieren Organisationen aus dem Bereich Textilien alle eingehenden Textilien zunächst nach bestimmten Kriterien wie nach Sauberkeit und Defekten z. B. nach Löchern, fehlenden Knöpfen oder Verschlüsse. Aufgrund der teilweise anonymen Spenden sieht sich der Handel mit Textilien häufig vor das Problem gestellt, dass die gespendete Bekleidung in einem schlechten Zustand ist, obwohl fast immer darauf hingewiesen wird, nur Waren zu spenden, die noch einen brauchbaren Zustand aufweisen. Ähnlich wie bei den Textilien verhält es sich auch mit der Produktgruppe Bücher und Tonträger. Hier ist eine Überprüfung der eingehenden Ware insofern notwendig, als dass überprüft werden muss, ob Bücher vollständig oder beschmutzt sind oder Tonträgern abspielbar sind. Bei Möbeln wiederum gilt es neben der Sauberkeit zu überprüfen, ob diese problemlos auf- und abbaubar sind bzw. ob die Funktions-

18 Das Qualitätsmanagementsystem (QM-System) bezieht sich generell auf das gesamte Unternehmen und seine unterschiedlichen Abteilungen und Abläufe. Es handelt sich nicht explizit um ein QM-System, das nur für den Secondhandbereich ausgelegt ist.

fähigkeit voll gegeben ist. So kann z. B. geprüft werden, ob sich an Schränken Türen problemlos schließen lassen.

Eine besonders große Rolle spielt die Qualitätssicherung im Hinblick auf den Handel mit gebrauchten elektronischen und elektrischen Geräten, da es diesbezüglich auf europäischer Ebene festgesetzte rechtliche Richtlinien gibt. diesen zufolge müssen alle Unternehmen, die mit elektronischen und elektrischen Altgeräten handeln, garantieren, dass jedes gebrauchte Gerät geprüft ist. Neben der Geräteprüfung vor dem Verkauf haben sowohl Profit- als auch Not-for-profit-Unternehmen überwiegend spezielle Prüfverfahren, um bei der Warenannahme bzw. beim Warenankauf die Geräte auf deren Funktionalität zu prüfen und zu untersuchen bzw. festzustellen, ob mögliche Defekte reparabel sind.

Neben den vorgeschriebenen Qualitätsstandards für Elektroaltgeräte konnten in einzelnen Unternehmen zusätzlich individuell festgelegte Qualitätsstandards, die einer Warenüberprüfung zugrunde gelegt werden, identifiziert werden. Häufig sind diese gekoppelt an die Unternehmensgröße, -organisation und -vernetzung. Diese speziell festgelegten Qualitätsstandards findet man besonders in Franchising Unternehmen, großen Organisationen bzw. Netzwerken und einigen Not-for-profit-Unternehmen unabhängig von dem jeweiligen europäischen Land. Jedoch auch kleinere und Inhaber geführte Unternehmen setzen Qualitätsstandards ein. Gewährleistet wird die Einhaltung von betriebsinternen Qualitätsstandards bzw. der Qualitätssicherung vornehmlich durch das gewissenhafte Anlernen der Mitarbeiter sowie Fortbildungen.

Zwei Beispiele aus Belgien sollen den Umgang mit betriebsinternen Qualitätsstandards und der Qualitätssicherung verdeutlichen. Dabei zeichnen sich die zwei größten Netzwerke von Not-for-profit-Unternehmen in Belgien „KVK und RESSOURCES", durch ein weit entwickeltes Qualitätssicherungssystem aus. In beiden Netzwerken sind für alle Mitgliedsunternehmen des Netzwerkes verbindliche Qualitätsstandards, die auf Qualitätsgrundsätzen beruhen, verankert.

<u>1. KVK Netzwerk in Flandern (Belgien)</u>

Bezeichnend für das KVK-Netzwerk ist eine starke Qualitätspolitik, die für die Mitglieder auf drei Ebenen entwickelt wurde:

1. ein System der Markenkennzeichnung für die Geschäfte, die dann unter der Bezeichnung „De Kringwinkel" identifizierbar sind.
2. ein Qualitätslabel für elektronische Geräte mit der Bezeichnung "Revisie".

3. ein umfassendes Managementsystem, das auf dem europäischen EFQM-Modell (European Foundation for Quality Management) basiert und „K2" genannt wird.

Verantwortlich für die Entwicklung dieser Systeme ist in erster Linie das KVK-Netzwerk. Es unterstützt seine Mitglieder in der praktischen Umsetzung der Qualitätsstandards und nimmt kontinuierlich Verbesserungen vor. Bereits 68 % der Mitglieder haben die Marke „De Kingwinkel" erworben. Das KVK-Netzwerk erhofft sich damit eine Abgrenzung zu den anderen Secondhandgeschäften. Zu diesem Zweck sind weitere Instrumente geschaffen worden, nämlich ein Logo sowie Anweisungen zur Geschäfts- und Produktorganisation und zur Aufmachung der Geschäfte. Gleichzeitig wurde ein internes Auditsystem umgesetzt, um den Kunden ein Minimum an Qualität garantieren zu können. Das Auditsystem sowie die speziell entwickelten Instrumente wurden im Jahr 2007 von rund 70 % der KVK-Mitglieder, d. h. von 24 Mitgliedern mit insgesamt 68 Geschäften, genutzt.

Seit dem Jahr 2007 tragen insgesamt 73 % der acht Wiederverwendungszentren für elektronische und elektrische Altgeräte das „Revisie"-Label. Das Label steht dafür, dass sämtliche Geräte gründlich getestet und wenn notwenig, nach einem klar definierten technischen Verfahren repariert werden. Nur die Geräte, die alle Prüfverfahren erfolgreich durchlaufen haben, erhalten das „Revisie"-Label und werden mit einer 6-monatigen Garantie versehen. Neben den Wiederverwendungszentren haben im Jahr 2007 alle KVK-Mitglieder, die auf den Handel mit alten elektronischen Apparaten und mit Elektroaltgeräten spezialisiert sind, bereits das „Revisie"-Label angenommen bzw. waren dabei, dieses zu erwerben.

Mit dem EFQM-K2 Qualitätsmanagementsystem arbeiten seit Jahr 2007 55 % der KVK-Mitglieder, d. h. 18 Mitglieder. Generell dürfen nur die Unternehmen das Label „Kingwinkel" tragen, die ein bestimmtes Maß an Qualitätsstandards, nachweisen können. Allerdings sind die Mitglieder nicht verpflichtet, ausschließlich nach diesem System zu arbeiten. Eine Zertifizierung nach DIN ISO 9001 wird ebenfalls akzeptiert.

Hinsichtlich der genutzten Qualitätsmanagementsysteme der KVK-Mitglieder gibt es aber auch kritische Erfolgsfaktoren. So hat das KVK-Netzwerk hinsichtlich des Qualitätsmanagementsystems einen Ansatz gewählt, in dem existierende Modelle und ihre Anpassung an die Profile und den Bedarf des Recyclingsektors ausgewählt wurden. Es stellte sich heraus, dass das System DIN ISO 9001 zwar im Hinblick auf die Überwachungszentren genutzt wurde, es aber zu schwer zu handhaben war. Derzeit wird das System weiter erprobt, um den tatsächlichen

Wert des Qualitätssicherungssystems zu prüfen. Für die Zukunft wird außerdem eine Überprüfung dahingehend als sinnvoll erachtet und geplant, um festzustellen, inwieweit sich ein individuelles Coaching der maßgeblichen Arbeit annähern sollte. Das bedeutet allerdings ein starkes Engagement vonseiten des Managements und der operativen Mitarbeiter.

2. RESSOURCES Netzwerk in der Wallonie (Belgien)

Das Qualitätsmanagementsystem des RESSOURCES-Netzwerkes umfasst zwei Dimensionen: Es kann als das Managen von Qualität oder auch als Qualität des Managements verstanden werden. Seit der Gründung des RESSOURCES-Netzwerkes 1999 basiert dessen Arbeit auf einem Qualitätsmanagementsystem. Es ist offensichtlich, dass die Mitglieder des RESSOURCES Netzwerkes sowohl die Qualität der wiederverwendeten Waren als auch die Qualität ihrer sozialen Arbeit managen.

Die treibenden Kräfte für ein Qualitätsmanagementsystem in dem RESSOURCES Netzwerk sind:

- ein Wettbewerb im Bereich Textilien, der das extern zertifizierte Label "Solid'R" hervorgebracht hat,
- der Wunsch, die soziale Dimension der Wettbewerber zu differenzieren,
- das Bedürfnis den Kunden Qualität garantieren zu können,
- den Wunsch, in der Arbeit und in internen Prozessen professionellere Wege einzuschlagen, und
- das Bedürfnis der Mitglieder, über einen einfachen und interaktiven Ansatz zu verfügen, der zu deren Unternehmensgröße passt.

Neben den Vorteilen, die die Einführung eines Qualitätsmanagementsystems für die Mitglieder bringt, sieht das RESSOURCES Netzwerk aber auch deutlich hemmende Faktoren in einem solchen System, Diese Faktoren seien im Folgenden kurz beschrieben:

1. Normative, stark dokumentierende Systeme werden von den Mitgliedern abgelehnt, auch wenn sie so einfach wie möglich gestaltet sind. Der Zwang zur Prüfung wird nur einmal im Jahr als Gelegenheit genutzt, um das System zu überprüfen. Für den Rest des Jahres wäre es nur eine Zusatzbelastung.

2. Die Langzeitinvestition in Personal zur Aufrechterhaltung des Qualitätsmanagementsystems ist vor allem für sehr kleine Unternehmen schwierig. Sie erkennen nicht den Nutzen eines solchen Systems. Die für einen nötigen Aufwand entstehen Kosten stehen daher in keinem Verhältnis zum Nutzen.

3. Ein gutes Qualitätsmanagementsystem greift sehr tief in die Organisation des Unternehmens ein. Das bedeutet, wenn sich die Unternehmer nicht über den Sinn ihres Geschäftes im Klaren sind, wird es schwierig, diese für Verbesserungen zu sensibilisieren.

Da es in Belgien insgesamt keine formale Qualitätspolitik gibt, stützt sich das RESSOURCES-Netzwerk im Rahmen seines Qualitätsmanagementsystems auf unterschiedliche Instrumente, die im Rahmen von spezifischen Projekten entwickelt wurden und in den Mitgliedsunternehmen unterschiedlich stark zum Tragen kommen. Als ein wesentlich zu nennendes Instrument sind hier extra entwickelte Labels, die für eine bestimmte Qualität bzw. ein Qualitätsmanagementsystem stehen, zu nennen. Folgende Labels konnten identifiziert werden:

1. ElectroRev

Das Label wurde 2003 mit der Zielsetzung entwickelt, eine gemeinsame Qualität hinsichtlich der Verfahren zur Behandlung von elektronischen und elektrischen Altgeräten zu definieren. Dabei stützt sich das Label auf bestimmte festgelegte Testverfahren, welche die Geräte vor ihrer Abgabe durchlaufen müssen. Somit soll den Kunden und Händler- und Herstellerverbände eine Qualitätsgarantie gegeben werden (z. B. für technische Arbeiten, Gewährleistungsarbeiten nach dem Verkauf).

2. EMAS/ Managens

Es handelt sich hierbei um die erste große offizielle und öffentliche Unterstützung von Qualitätsmanagement in der Sozialwirtschaft Belgiens (seit 2003). Das Label dient der Verbesserung der Professionalisierung der sozialen und wirtschaftlichen Geschäftsstrukturen und soll deutlich machen, dass Not-for-profit-Unternehmen glaubwürdige Partner in der Nachhaltigkeitsentwicklung sind. Dieses Bestreben unterstreicht das Qualitätsmanagementprogramm des RESSOURCES Netzwerks, das u. a. auch auf ökologische Normen abzielt. Da das Label vor allem einfache Verfahren und Instrumente zu Qualitätssicherung umfasst, eignet es sich vor allem auch für kleinere Unternehmen. Lediglich zwei Mitglieder haben das Label bisher eingeführt.

3. Solid'R w

Das Label wurde 1999 in einer Zeit eingeführt als sich die Mitglieder des RESSOURCES Netzwerks, die im Textilbereich tätig waren, einem aggressiven Konkurrenzkampf mit anderen Wettbewerbern in der Textilbranche ausgesetzt sahen. Das Label wurde entwickelt, um zu zeigen, dass mittels eines von unabhängiger Stelle zertifizierten Labels die Führung eines Not-for-profit-Unternehmens nicht allein auf dem Erzielen von Gewinn und ethischen Prinzipien beruht. Das Label dient der deutlichen Abgrenzung der Mitgliedsunternehmen von anderen Unternehmen, die im Textilbereich tätig sind. Insgesamt sieben Mitglieder aus dem Geschäftsfeld Textilien führen dieses Label.

4. Valeurs Ajoutées

Bei diesem 2005 gegründeten Label handelt sich um ein nicht normatives und zertifizierungsfreies System, das die Mitglieder darin unterstützt zukünftige Entwicklungsstrategien durch einen Aktionsplan zu strukturieren. Dieses kommt dem Bedarf der Mitglieder nach einfachen, teilnehmenden Methoden für eine Bilanzierung der Aktivitäten nach. Insgesamt neun Mitglieder setzen dieses System bereits ein.

3.7 Verordnungen und Gesetze

3.7.1 Handelsverordnungen und -gesetze

Die rechtlichen Rahmenbedingungen variieren auf dem europäischen Wirtschaftsmarkt entsprechend den nationalen Rahmenbedingungen. Aufgrund der Zuordnung des Secondhandsektors zum Wirtschaftszweig „Handel", gelten für diesen die dort festgelegten rechtlichen Bestimmungen hinsichtlich des Verkaufs von Waren. Die gesetzlichen Regelungen sind in den jeweiligen Ländern im Handelsrecht bzw. anderen Gesetzen verankert und nicht nur auf nationaler Ebene rechtskräftig, sondern gelten auch für den grenzüberschreitenden Handel. Anhand des Beispiels Großbritannien sollen diese Rechtsvorschriften im Folgenden näher erläutert werden:

Gemäß britischem Recht wird mit dem Kauf einer Ware (neu oder gebraucht, privat oder in einem Geschäft) ein Vertrag abgeschlossen. Das 1979 verabschiedete Gesetz zum Warenverkauf („Sale of Goods Act") impliziert bestimmte Bestimmungen eines Vertrages für den Warenverkauf. Verstöße gegen diese Bestimmungen laufen auf einen Vertragsbruch hinaus. Dabei sind in dem Gesetz u. a. festgehalten,

- dass der Verkäufer berechtigt ist, die besagten Waren zu verkaufen (vgl. §12),
- dass die verkauften Waren ihrer jeweiligen Beschreibung entsprechen müssen (vgl. §13),
- dass die verkauften Waren von zufriedenstellender Qualität sein müssen, d. h., dass sie die Standards zu erfüllen haben, die ein vernünftiger Mensch als zufriedenstellend bezeichnen würde (vgl. § 14), und
- dass bei dem Verkauf einer Ware nach Beschreibung, der größte Teil der Waren der Beschreibung entsprechen muss[19].

Besonders bezeichnend ist der § 14 des Gesetzes, in dem der Begriff „zufriedenstellende Qualität" verwendet wird. So wurde in einer ersten Fassung des Gesetzes die Umschreibung, dass Waren von „handelsüblicher Qualität" sein sollten, gewählt. Das bedeutet, dass sie für den Zweck geeignet sein sollten, für den sie normalerweise entstanden sind.

Besonders wichtig für den Secondhandhandel ist der § 14 des Gesetzes, weil der Begriff „zufriedenstellende Qualität" verwendet wird. Die Relevanz dieses Terminus für diese Branche wird deutlich, wenn man einen Blick auf die Entstehungsgeschichte des „Sale of Goods Act" wirft. Zunächst war in seiner ersten Fassung vorgesehen die Formulierung, dass Waren von „handelsüblicher Qualität" sein sollten, in den §°14 zu übernehmen. Dies hätte bedeutet, dass sie für den Zweck geeignet sein sollten, für den sie normalerweise entstanden sind. Da neben dem Zweck einer Ware andere Aspekte hinsichtlich der Qualität von Bedeutung sind, wurde die Formulierung aber in „zufriedenstellende Qualität" geändert. Somit sollte den Anforderungen der Handelsüblichkeit Rechnung getragen und Aspekte wie Verarbeitung und Aussehen der Produkte mit berücksichtigt werden. Dies bezieht sich auch auf Secondhandprodukte. Es wird allerdings dabei berücksichtigt, dass Secondhandwaren im Vergleich zu Neuwaren billiger sind. Außerdem kommt die Unerheblichkeitsklausel zur Anwendung. Somit fallen kleinere Mängel wie z. B. Kratzer oder Farbabweichungen nicht ins Gewicht.

19 § 13, 14 und 15 gelten nur, wenn der Verkäufer im Zuge eines Geschäftes handelt.

Neben den Gesetzen zum Handel sind die gesetzlichen Bestimmungen hinsichtlich der Beschäftigten in Not-for-profit-Unternehmen in den meisten Ländern Europas relativ klar definiert. In Finnland gibt es festgelegte Lohnkostenzuschüsse für Sozialunternehmen bzw. Not-for-profit-Organisationen/Unternehmen, insofern diese 30 % der Benachteiligten oder Langzeitarbeitslosen beschäftigen. Die anerkannten Not-for-profit-Organisationen wie z. B. die Heilsarmee oder UFF müssen keine Mehrwertsteuer bezahlen. Ähnliche Regelungen findet man auch in Deutschland, Österreich und Belgien. Ausgenommen von der Steuerpflicht sind auch Privatpersonen. Weiterhin existieren hinsichtlich der organisierten Sammlung von Secondhandwaren wie etwa Textilien zahlreiche rechtliche Rahmenbedingungen, die von Land zu Land variieren können.

3.7.2 Europäische Richtlinie über Elektro- und Elektronikaltgeräte

Um die zunehmende Menge an Elektroschrott aus nicht mehr benutzten Elektro- und Elektronikgeräten zu reduzieren, wurde 2003 von der Europäischen Union (EU) die WEEE-Richtlinie 2002/96/EG (Waste Electrical and Electronic Equipment)[20] erlassen. Ziel der Richtlinie ist die Vermeidung und Verringerung sowie umweltverträgliche Entsorgung der zunehmenden Mengen an Elektroschrott durch eine erweiterte Verantwortung der Hersteller für die Produkte. Die EU-Richtlinie ist eine Gesetzesnorm der EU, die für jeden Mitgliedsstaat verbindlich ist und bis August 2004 in nationale Gesetze umgesetzt werden sollte. Die Wahl der Form und Mittel hinsichtlich der Umsetzung ist freigestellt. Verbunden mit der gesetzlichen Umsetzung wurde außerdem die Aufforderung, dass in den einzelnen Mitgliedsstaaten ein nationales Rücknahmesystem für Elektroaltgeräte aufgebaut werden sollte. Weiterhin obliegt es den Mitgliedstaaten, bei Verstößen gegen diese Richtlinie Sanktionen zu erheben.

Die Richtlinie unterscheidet folgende Produktgruppen von Elektro- und Elektronikgeräten:

- Haushaltsgroßgeräte wie z. B. Kühlschränke oder Waschmaschinen,
- Haushaltskleingeräte wie etwa Toaster oder Staubsauger,
- Büro- und Telekommunikationsgeräte wie z. B. PC, Drucker, Telefone,
- Geräte der Unterhaltungselektronik wie etwa TV- oder HiFi-Geräte,

20 Vgl. dazu Website der Europäischen Union zur Zusammenfassung der Gesetzgebung: http://europa.eu/scadplus/leg/de/lvb/l21210.htm.

- Beleuchtungskörper (vor allem Fluoreszenzröhren),
- elektrische und elektronische Werkzeuge (mit Ausnahme ortsfester industrieller Großwerkzeuge),
- Spiel- sowie Sport- und Freizeitgeräte wie z. B. Fitnessmaschinen,
- medizinische Geräte (mit Ausnahme aller implantierten und infizierten Produkte),
- Überwachungs- und Kontrollinstrumente und
- automatische Ausgabegeräte wie z. B. Fahrkartenautomaten.

Die Richtlinie umfasst insgesamt die Produktion sowie die Entsorgung, Behandlung und Verwertung von Elektroaltgeräten. So sollen schon bei der Konzeption und Produktion von Elektro- und Elektronikgeräten solche Unternehmen gefördert werden, welche die spätere Demontage und die Verwertung berücksichtigen. Damit sollen die Wiederverwertung und das Recycling der Altgeräte erleichtert werden. Für die Entsorgung wurde festgelegt, dass das Aufkommen von unsortierten Siedlungsabfällen zusammen mit Elektro- und Elektronikaltgeräten möglichst gering zu halten und eine getrennte Sammlung für Letztere einzurichten ist. In Bezug auf Elektro- und Elektronikaltgeräte haben die Mitgliedstaaten ab dem 13. August 2005 dafür zu sorgen,

1. dass die Endverbraucher und Vertreiber die Altgeräte kostenlos abgeben können,
2. dass die Vertreiber eines neuen Produktes dafür sorgen, dass Altgeräte desselben Typs kostenlos Zug um Zug zurückgegeben werden können,
3. dass die Hersteller individuelle oder kollektive Rücknahmesysteme einrichten und betreiben und
4. dass die Rückgabe verunreinigter Altgeräte, die eine Gefahr für die Sicherheit und die Gesundheit des Personals darstellen, verboten werden kann.

Die Richtlinie wird in vielfältigen Vorschriften für die Hersteller umgesetzt. Die wichtigsten dieser Regelungen seien im Folgenden kurz beschrieben:

1. Die Hersteller haben für die Sammlung von Elektro- und Elektronikaltgeräten aus Privathaushalten zu sorgen.
2. Sie müssen sicher stellen, dass die besten verfügbaren Behandlungs-, Verwertungs- und Recyclingtechniken eingesetzt werden. Dieses um-

fasst die Entfernung aller Flüssigkeiten sowie eine selektive Behandlung, die ebenfalls, genau wie die Lagerung, noch genauer definiert ist. Weiterhin müssen die mit der Abfallbehandlung beauftragten Einrichtungen von den zuständigen Behörden eine Genehmigung einholen.

3. Die Produzenten sind verpflichtet, Systeme für die Verwertung von getrennt gesammelten Elektro- und Elektronikaltgeräten einzurichten.
4. Die Masse der Elektro- und Elektronikaltgeräte muss beim Eingang in die Behandlungs-, Verwertungs- oder Recyclinganlage und bei deren Verlassen angeben werden.
5. Die Sammlung ab dem Sammelpunkt sowie die Behandlung, Verwertung und umweltgerechte Entsorgung von Elektro- und Elektronikaltgeräten aus Privathaushalten muss finanziert werden.
6. Die Hersteller müssen für ihre in den Verkehr gebrachten Produkte eine Garantie geben, sodass die Finanzierung der Entsorgung der Altgeräte gewährleistet ist.

Die hier dargestellten Anforderungen und Ziele, die in der WEEE verankert sind, wurden von den Mitgliedsstaaten der EU recht unterschiedlich in die nationalen Gesetze transferiert. Weiterhin haben die zahlreichen Anforderungen, die mit der neuen Richtlinie auf die Händler von Elektro- und Elektronikgeräten zugekommen sind, dazu geführt, dass der Handel mit entsprechenden gebrauchten Geräten neben dem Recycling dieser, in den letzten Jahren stark zugenommen hat.

3.8 Netzwerkstrukturen, Kooperationen und Verbände

3.8.1 Allgemeine Netzwerk- und Verbandsstrukturen in Europa

In den meisten europäischen Mitgliedsländern gibt es keine Dachverbände für den Secondhandsektor, sodass es auch keine Netzwerkstrukturen gibt, die den gesamten Sektor vereinen. Ein Großteil des Secondhandsektors ist mit Ausnahme Belgiens nicht in Verbänden bzw. großen Vereinigungen organisiert. Lediglich hinsichtlich bestimmter Bereiche des Sektors konnten einige Verbände oder Vereinigungen sowie andere Kooperationen identifiziert werden. So existiert auf europäischer Ebene das Netzwerk „RREUSE" für den Bereich der Not-for-profit-Unternehmen und das Wiederverwertungsgeschäftsfeld. Das Netzwerk repräsentiert und unterstützt nationale Netzwerke und Verbände von sozialwirtschaftlichen Unternehmen (größtenteils Not-for-profit-Unternehmen) aus 11 europäischen Ländern, die im Bereich Wiederverwendung und Recycling agieren. Seine Mitglieder sind die auf nationaler und regionaler Ebene existierenden Not-for-profit-Netzwerke, die aktiv mit bestimmten Abfallströmen operieren. Das Netzwerk RREUSE will:

- die Zusammenarbeit zwischen den Mitgliederorganisationen im Hinblick auf die Förderung von guter Praxis, Forschung und Entwicklung einzelner Aktivitäten sowie der Partnerschaft ausbauen und fördern,
- die Mitgliederorganisationen zum Austausch von Informationen hinsichtlich nationaler und lokaler Politik, rechtlicher und finanzieller Rahmenbedingungen in Bezug auf die Wiederverwendung, das Abfallmanagement, den Im- und Export und soziale Verordnungen bewegen sowie
- den Sektor und seine Aktivitäten auf allen relevanten europäischen und internationalen Ebenen vertreten und fördern.

Das Netzwerk RREUSE verbindet somit sowohl soziale als auch umweltpolitische Ziele und räumt beidem einen gleichen Stellenwert ein.

Die Etablierung von Netzwerken und Kooperationen in Europa ist erst am Beginn. Die Entwicklung dieser Netzwerke gestaltet sich dabei in den einzelnen Ländern recht unterschiedlich und ist von den jeweiligen Zielen, die mit einem Netzwerk oder einem Verband verbunden sind, abhängig. Im Einzelnen konnten in den europäischen Ländern auf nationaler, regionaler oder lokaler Ebene unterschiedliche Verbands- und Netzwerkstrukturen identifiziert werden wie etwa

- Verbände von Wohlfahrtsgeschäften,
- Netzwerke, die mit lokalen Behörden zusammenarbeiten,
- Netzwerke die mit Handelskammern kooperieren,
- nationale Verbände von Markthändlern oder
- lokale oder nationale Recycling Netzwerke.

Gemeinsamkeiten dieser Initiativen ist eine Professionalisierung des Sektors mit seinen Mitgliedern wie z. B. mit Unternehmen oder Geschäften. Dabei stehen der Informationsaustausch, die Fortbildung und die Entwicklung Image fördernder Kampagnen für kleine bis mittelgroße privat geführte Secondhandunternehmen sowie die Vertretung der Mitgliedsinteressen gegenüber politischen Entscheidern bzw. Behörden im Vordergrund. Die Aktivitäten umfassen auch die Umsetzung von Tagungen und Workshops.

Es hat sich allerdings gezeigt, dass die Zusammenschlüsse in Fachverbänden nur einen Bruchteil der Unternehmen erfassen. Häufig sind diese in einer nicht fachbezogenen Netzwerkstruktur (Kirche, Arbeiterwohlfahrt etc.) oder auch in einem Einzelhandelsverband organisiert. Die Analyseergebnisse machen deutlich, dass es immer mehr Bestrebungen gibt, einheitliche Strukturen zu schaffen, um einerseits die Produktqualität zu sichern und gemeinschaftliche Vermarktungswege aufzubauen und anderseits die Außenwirkung des Sektors zu erhöhen. Im Moment gibt es in den meisten Ländern jedoch kaum Netzwerke bzw. Verbände, welche die Interessen des Sektors gegenüber politischen Entscheidern vertreten und politische Lobbyarbeit betreiben.

Oftmals fehlen den Vereinigungen die Ressourcen für eine effektive Verbandsarbeit. Durch einige öffentlich geförderte Projekte konnten auf nationaler Ebene erste Schritte hin zum Aufbau von Verbänden in die Wege geleitet werden. Häufig scheitern entsprechende Vorhaben an dem Fehlen von Fördergeldern mit dem Ende der geförderten Projekte. Insgesamt sind die Institutionen nicht breit genug aufgestellt und mit zu geringen Ressourcen ausgestattet, um vor allem auch auf politischer Ebene repräsentativ und handlungsfähig zu sein.

Besonders stark ausgeprägte Vernetzungstendenzen findet man in Belgien, wo es Netzwerke mit festen Strukturen und einer politische Lobbyvertretung existieren. Im Profitbereich sind insbesondere die Franchisingnetzwerke, die stetig neue Mitglieder gewinnen, wie etwa Eco-shop oder Troc zu nennen. Diese Netzwerke sind auch über die Landesgrenzen hinaus aktiv. Außerdem findet man auch im Not-for-profit-Bereich in Belgien starke Netzwerkstrukturen. In diesem Zusammenhang kann z. B auf das KVK- und das RESSOURCES-Netzwerk verwiesen werden.

Ein weiteres Beispiel für den Aufbau von Netzwerkstrukturen stellt der in Nordrhein-Westfalen in Deutschland bestehende Verein zur Förderung des Gebrauchtgüterhandels „Second-Hand vernetzt e. V." dar, der zahlreiche kleine und mittelgroße profitorientierte Secondhandunternehmen bzw. Geschäfte mit unterschiedlichem Sortiment und Betriebsformen als Verband vereint. Das gemeinsame Ziel der Verbandsmitglieder besteht darin, das Image der Branche zu verbessern, den Bekanntheitsgrad zu erhöhen und mehr Kunden durch Professionalität, Originalität und Qualität zu gewinnen. Es ist in Deutschland der einzige Verband, der sich explizit aus Secondhandunternehmen zusammensetzt und ausschließlich deren Interessen vertritt. Allerdings existieren in Deutschland zusätzlich zahlreiche andere Verbände, denen sich auch Secondhandunternehmen anschließen können. Neben den relativ geringen Verbandsstrukturen findet man in Deutschland außerdem kleinere Netzwerke bzw. Kooperationen zwischen Profit-Unternehmen, die vor allem der gemeinsamen Warenbeschaffung bzw. dem Warenaustausch und/oder -vertrieb dienen. Ähnlich verhält es sich auch in Österreich, wo sich lediglich einige Unternehmen in Kooperationen zur besseren Vermarktung der gebrauchten Waren zusammengeschlossen haben.

In Großbritannien und Finnland wiederum findet man vor allem dort Vernetzungsstrukturen, wo größere Organisationen mehrere Secondhandgeschäfte betreiben. In Finnland tun dies zumeist Not-for-profit-Organisationen und in Großbritannien Wohlfahrtsorganisationen. Die Secondhandgeschäfte sind dann über die Kopforganisation miteinander vernetzt. In Slowenien und Bulgarien wiederum konnten keine Netzwerke im Sektor identifiziert werden, was darauf zurück zu führen, dass sich der Sektor in Osteuropa insgesamt noch im Aufbau befindet.

Schlussfolgernd kann festgestellt werden, dass die Vernetzungsbestrebungen von Profit-Unternehmen in den meisten europäischen Ländern geringfügig bzw. nur in Ansätzen vorhanden sind. Große Verbände oder Netzwerke, wie sie in den anderen Branchen wie z. B. im Handwerk oder in der Autoindustrie üblich sind, sucht man derzeit im Secondhandsektor noch vergeblich. Im Vergleich zu den vorhandenen Strukturen hinsichtlich der Profit-Unternehmen gibt es im Not-for-profit-Bereich wesentlich ausgeprägtere Netzwerkstrukturen. Das ist zumeist darauf zurückzuführen, dass entsprechende Unternehmen häufig zu größeren Organisationen gehören, die in sich ein Netzwerk darstellen bzw. Netzwerkstrukturen aufweisen.

3.8.2 Netzwerke und Kooperationen von Not-for-profit (sozial) Unternehmen

Im Folgenden sollen drei Beispiele länderspezifischer Verbände bzw. Netzwerke von sozialen Not-for-profit -Unternehmen vorgestellt werden, um einen Einblick in mögliche Strukturen solcher Netzwerke zu gewähren.

<u>Beispiel 1:</u> **Belgien**

Neben dem KVK-Netzwerk, das vornehmlich in der Region Flandern operiert und das nicht nur gut strukturiert und organisiert ist, gibt es in Belgien ein zweites großes Netzwerk, dass zahlreiche Not-for-profit-Unternehmen umfasst, das Netzwerk RESSOURCES.

Das Netzwerk wurde im Jahr 1999 formal gegründet und setzt sich zusammen aus allen sozialen Unternehmen (Not-for-profit-Unternehmen) in der Region Wallonie und Brüssel, welche Waren, deren Lebenszeit eigentlich abgelaufen ist, sammeln, sortieren, reparieren, recyceln und wiederverkaufen. RESSOURCES umfasst insgesamt 52 Unternehmen der Sozialwirtschaft, die 1500 Mitarbeiter beschäftigen (gleichzusetzen mit Vollzeitarbeitskräften). Weiterhin erhält das Netzwerk Unterstützung von 10 Umweltorganisationen und der Sozialwirtschaft.

Seine Aufgaben liegen im Bereich des Aufbaus von Verbindungen der Mitgliedsunternehmen zur Industrie. Die Mitgliedsunternehmen von RESSOURCES sind im Bereich der Verwertung und dem Recycling sowie der Prävention tätig. Das Netzwerk mobilisiert sie für Projekte und hilft ihnen bei der Gründung von Partnerschaften sowohl mit öffentlichen als auch mit privaten Akteuren. Außerdem stellt das Netzwerk für seine Mitglieder u. a. Dienstleistungen wie das Erstellen von Bedarfsanalysen zum Sektor, die Erarbeitung von Vorschlägen für weitere Entwicklungen und die Unterstützung zur Verbesserung der Außenwirkung der Unternehmen bereit. Gleichzeitig begleitet RESSOURCES lokale Projekte und fördert Vorschläge, die eine Einbindung der Sozialwirtschaft (bzw. der Unternehmen) in verschiedene Projekte ermöglicht. Des Weiteren werden Konferenzen organisiert und der Erfahrungsaustausch zwischen den Mitgliedern befördert. Die Koordinierungsarbeiten von RESSOURCES machen deutlich, dass ein realer Bedarf an dieser Art Dienstleistungen nicht nur vonseiten der Mitglieder, sondern auch aufseiten der lokalen Behörden besteht.

Die grundlegenden Qualitätskriterien des Netzwerkes sind im Aufnahmeantrag für neue Mitglieder verankert. Demnach müssen alle Mitglieder die vier Kriterien der Sozialwirtschaft befolgen:

1. Die angebotenen Dienstleistungen gelten für Mitglieder und das Gemeinwesen.
2. Das Management muss autonom sein.
3. Die Entscheidungsprozesse sind demokratisch zu gestalten.
4. Menschen und Arbeit haben einen größeren Stellenwert als das Kapital.

Den Mitgliedern ist die Wahl ihrer Rechtsform freigestellt, solange sie sich an die o. g. Grundsätze einhalten.

Beispiel 2: Finnland

In Finnland gibt es einen Verband der finnischen Elektro-Abfall-Recycler namens SEKY. Dabei handelt es sich um ein landesweites Netzwerk von Akteuren der Sozialwirtschaft, das derzeit 14 Mitglieder in 12 Städten vereint. Diese bieten sowohl für die Hersteller als auch für die Importeure gemäß der Richtlinie WEEE Recyclingdienstleistungen rund um elektronische und elektrische Altgeräte an. Ihre Geschäftsaktivitäten beziehen sich in erster Linie auf das Reparieren und Wiederverwenden und erst in zweiter Linie auf die Demontage und das Materialrecycling. Die Mitglieder von SEKY bieten arbeitslosen Menschen eine Vielzahl an Arbeitsplätzen. Im Jahr 2005 waren bspw. rund 1150 Mitarbeiter bei den Mitgliedern des Netzwerkes beschäftigt (vgl. SEKY 2007). Weiterhin ist SEKY Mitglied im internationalen Netzwerk RREUSE.

Beispiel 3: Großbritannien

Der britische Verband der Charity-Geschäfte (Association of Charity Shops), der 1999 gegründet wurde, ist derzeit der bedeutendste Akteur im Secondhandsektor Großbritanniens. Er beschäftigt sechs festangestellte Mitarbeiter sowie gelegentlich ehrenamtliche Helfer. Die Mitgliederschaft des Verbandes umfasst sowohl nationale Wohltätigkeitsorganisation als auch lokal angesiedelte Hospize. Seine Mitglieder betreiben insgesamt 6700 Secondhandgeschäfte. Im Jahr 2005 setzte der Verband den sogenannten „Code of Charity Retailing" (Richtlinie zum Wohltätigkeitseinzelhandel) in Kraft, um eine Antwort auf die staatliche Förderung der Selbstregulierung in Form von karitativen Mittelbeschaffungen zu geben. Außerdem hat dieser Verband Einfluss auf die Regierung in Bezug auf politische Schlüsselfragen und kann somit sicherstellen, dass das Ordnungsrahmenwerk des Verbandes so viel Unterstützung wie möglich erhält. Die Ziele des Verbandes sind:

1. die Entwicklung von „Good-Practice" in Wohltätigkeitsgeschäften,
2. die Durchführung von Lobbyarbeiten auf Regierungsebene,
3. die Verbesserung der Effizienz in allen Geschäften durch die Bereitstellung und den Austausch von Informationen,
4. die Förderung der Wohltätigkeitsgeschäfte mit Blick auf die breite Öffentlichkeit,
5. der Ausbau von Kommunikation und Zusammenarbeit zwischen den Mitgliedern,
6. die Verbesserung der Kontakte zu örtlichen Gemeinden, Unternehmen und Lieferanten und

7. die Pflege und Förderung der engen Zusammenarbeit mit anderen ehrenamtlichen Organisationen.

3.8.3 Die Rolle der Sozialpartner

In den analysierten Ländern haben die Sozialpartner (Gewerkschaften und Arbeitgeberverbände) nur einen sehr geringen Einfluss auf den Sektor. Tarifliche Regelungen spielen nur eine Rolle bei größeren Organisationen bzw. größeren Unternehmen mit einem entsprechend großen Personalstand. Außerdem sind in einigen Beschäftigungs- und Qualifizierungsunternehmen, die den Secondhandmarkt als ein Geschäftsfeld neben anderen nutzen, Gewerkschaften zum Teil Mitgesellschafter. Darüber hinaus gibt es länderspezifische Konstellationen, bei denen Gewerkschaften eine zum Teil starke Rolle spielen. Beispielsweise sind in den neuen Bundesländern Deutschlands nach der Wende Institutionen entstanden, die nach der Liquidation ehemals volkseigener Betriebe mit der Beschäftigung der massenhaft arbeitslos gewordenen Personen befasst waren und als Auffanggesellschaften dienten. In den Unternehmen, die sich aus diesen Institutionen entwickelt haben und sich u. a. neben weiteren Bereichen auch im Secondhandsektor bewegen, spielen die Gewerkschaften zum Teil eine Rolle.

Eine begrenzte Rolle spielen die Sozialpartner auch in Österreich, wo neben den Gewerkschaften auch die Wirtschaftskammer und weitere Institutionen zu dem System der „Wirtschaft- und Sozialpartnerschaft" zählen. Die österreichischen Sozialpartner haben sich zum Ziel gesetzt, sozialwirtschaftliche Projekte zu finanzieren und so benachteiligte Menschen beim Wiedereinstieg in den Arbeitsalltag zu unterstützen. Diese Zielsetzung ist dabei vor allem auf Not-for-profit-Unternehmen ausgerichtet, deren Hauptgeschäft nicht der Secondhandhandel ist. Eine unmittelbare und aktive Rolle nimmt in Österreich vor allem die Wirtschaftskammer Wien, die sich zu den Sozialpartnern zählt, ein. Sie organisiert für den privatwirtschaftlichen Bereich Fortbildungen für Altwarenhändler oder Fahrten zu anderen europäischen Flohmärkten, damit die Händler dort ihre Erfahrungen erweitern können. Zusätzlich wird eine Ausgabe einer Zeitung „Der befugte Altwarenhändler" herausgebracht sowie einmal jährlich ein Fachgruppentag organisiert. Die Wirtschaftskammer ist für den Standort Wien zuständig, für Händler aus den anderen Bundesländern gibt es keine eigene Vertretung.

In Slowenien spielen die Sozialpartner z. B. die Arbeitgeber- und Handelsvereinigungen insofern eine Rolle, als dass sie vor allem im Hinblick auf die Planung, Programmierung und Bereitstellung der beruflichen Bildung auch im Bereich des Secondhandsektors aktiv sind.

4 Entwicklung und zukünftige Trends im Sektor

Betrachtet man den Sektor und seine Strukturen, so wird deutlich, dass dieser europaweit sehr heterogen ist. Die Entwicklung des Sektors ist in den einzelnen Ländern unterschiedlich weit vorangeschritten und wird sich auch zukünftig aufgrund der verschiedenen gesellschaftlichen und rechtlichen Rahmenbedingungen unterschiedlich weiterentwickeln. Allerdings können aufgrund der wissenschaftlichen Ergebnisse der durchgeführten Analysen bestimmte Trends ausgemacht werden, die schließlich Aussagen hinsichtlich der zukünftigen wirtschaftlichen Entwicklung des Sektors in Europa zulassen. Hierbei kann es sich lediglich um Entwicklungstendenzen handeln, da zu viele unterschiedliche Faktoren wie Kundenverhalten, Warenangebot, rechtliche Rahmenbedingungen oder neue Absatzmärkte auch zukünftig den Markt beeinflussen werden. Im Folgenden werden neue Entwicklungen und zukünftige Trends, die in Europa eine Rolle spielen können, beschrieben.

4.1 Allgemeine Trends im Sektor

Einer der wichtigsten Aspekte hinsichtlich der zukünftigen Entwicklung des Sektors in Europa ist die sich ändernde Einstellung der Verbraucher zur Umwelt. Es ist zu erwarten, dass ein umweltbewusstes Handeln der Verbraucher zu einem veränderten Kaufverhalten führt und somit der Verkauf von Secondhandwaren zukünftig steigen wird. Laut einem finnischen Experten der Secondhandkaufhauskette des Roten Kreuzes sind die Menschen zufriedener, wenn sie durch das Spenden und den Kauf von Secondhandwaren einen Beitrag zur Umweltschonung leisten können. Weiterhin beruhigt sie das Wissen, durch ihr Verhalten Organisationen zu unterstützen, die in Entwicklungsprojekte in ärmeren Ländern investieren. Neben dem Umweltaspekt entwickelt sich in Europa ein weiterer Trend hin zum so genannten „Retrodenken" d. h. zu einem Hang zu altmodischen Dingen und zu jeglicher Art von „Restaurierung alter Autos". Dabei dürfte es zu einem späteren Zeitpunkt interessant sein zu untersuchen, ob diese Entwicklungen sich in der Zukunft fortsetzen und zu einer langfristigen Veränderung im Denken und Verhalten der Verbraucher führen werden. So gibt es in Finnland bereits erste feste Fangemeinden von Secondhandartikeln, die zumeist aus jungen Leuten bestehen, die sich für Retroartikel begeistern und die den Kauf von diesen Produkten „trendy" finden. Ähnliche Entwicklungen sind auch in den anderen europäischen Ländern z. B. bezogen auf die Mode der 70er Jahre des letzten Jahrhunderts, bezogen auf Plattenspieler und bezogen auf die Möbel aus bestimmten Epochen festzustellen.

Ein weiterer wichtiger Grund für das Wachsen des Sektors sind die günstigeren Preise der Secondhandwaren gegenüber den Neuwaren. Immer mehr Menschen können es sich nicht leisten, teure Bekleidung oder neue Möbel zu kaufen. Zu dieser Art von potenziellen Kunden zählen z. B. Studenten, Saisonarbeiter, Einwanderer, Flüchtlinge oder andere benachteiligte Menschen. Weiterhin kann man beobachten, dass sich von 2002 bis 2006 in den kleinen Städten Bulgariens – im Gegensatz zu dessen Metropolen – eine Tendenz hin zu einer verbesserten Entwicklung des Secondhandmarktes abgezeichnet hat. Dies ist auf die Höhe der Einkommen der Bevölkerung zurückzuführen. Oftmals verdienen die Menschen in den Großstädten mehr und es gibt dort große Einkaufszentren mit einem vielfältigen Warenangebot. Außerdem stehen dort bequeme Zahlungssysteme bereit und die großen Geschäfte sind im Vergleich zu kleinen Unternehmen in der Lage, wettbewerbsfähigere Preise anzubieten. Diese Vorteile veranlassen einen Teil der Konsumenten in den Großstädten, neue Waren den Secondhandwaren vorzuziehen. Diese Entwicklung mittlerweile in fast allen Ländern feststellbar. Dort, wo in den Städten und Ballungszentren große Einkaufszentren entstanden sind wie in den zahlreichen Gewerbegebieten oder den Haupteinkaufsstraßen der Innenstädte, sind die Secondhandgeschäfte verschwunden. Die Mehrheit der Secondhandgeschäfte in Europa wird meistens abseits der eigentlichen Einkaufszentren errichtet. Dennoch kann aufgrund des veränderten Kaufverhaltens davon ausgegangen werden, dass die Zahl der Secondhandgeschäfte auch in den Innenstädten und hier insbesondere die Zahl der Secondhandfachgeschäfte, die auf bestimmte Waren (z. B. Designermode) spezialisiert sind, zunehmen wird.

Hinsichtlich der Vertriebsstrukturen lässt sich in allen Ländern ein klarer Trend zum vermehrten Verkauf von Secondhandwaren über das Internet feststellen. Vor allem die Internetplattform „eBay" hat maßgeblich einen Beitrag zu einer veränderten Art und Weise des Secondhandhandels geleistet. Mittels der Internetportale wurde vor allem die Zielgruppe auf eine internationale Ebene ausgedehnt. Durch den Internethandel wird es den Menschen leichter gemacht, sich von älteren Gegenständen zu trennen, die für sie keinen Nutzen mehr haben. Dabei werden sie gleichzeitig ermuntert, unternehmerischen Geist zu entwickeln und professionell Secondhandhandel zu betreiben. Daraus resultiert einerseits eine Gefahr und anderseits eine Chance für die Secondhandläden, wie die Aussagen eines walisischen Secondhandbuchladenbesitzer verdeutlichen: „Der Online-Verkauf kann entweder als eine Bedrohung für die Wirtschaft gesehen werden, indem der Einzelne privat Waren kaufen und verkaufen kann und sich widerrechtlich eine Geschäftsrolle aneignet oder als eine Möglichkeit für Unternehmen, ihre Gewinne mittels dieser neuen Technologien zu steigern." Laut einer Untersuchung zum E-Marketing im britischen Secondhandbuchhandel im Jahr 2006 hat das Wachstum des elektronischen Handels einen maßgeblichen Einfluss auf die ländlich gelegenen, unabhängigen Buchhändler in Großbritannien. Diese können sich nicht länger auf die Loyalität ihrer Kunden verlassen, die teilweise extra zu ihnen gereist sind. Das wiederum hat einen nachfolgenden Effekt für die Nachhaltigkeit der Wirtschaft (vgl. Lloyd-Jones/Davies 2006).

Der Onlinehandel wird also auch zukünftig eine wichtige Vertriebsmöglichkeit im Secondhandsektor Europas darstellen. Offen bleibt allerdings, welche Strategien die Unternehmen in dieser Hinsicht entwickeln und wie sie die Möglichkeit des Internetvertriebes für sich nutzen werden.

Weiterhin wird im stark regulierten Elektro- und Elektronikaltgerätemarkt eine Weiterentwicklung der rechtlichen Rahmenbedingungen und Vorschriften für die Europäische Union angenommen. Es ist zu erwarten, dass die Sammlungs- und Wiederverwertungsquoten weiter steigen und die Vorschriften für die Entsorgung zukünftig strenger geregelt werden. Die Umsetzung in den europäischen Ländern wird stärker als bisher kontrolliert werden. Bei Verstößen gegen die Vorschriften wird es Sanktionen vonseiten der Europäischen Kommission geben. Aufgrund des zunehmenden Abfallvolumens in Europa ist außerdem mit weiteren Richtlinien zu rechnen, die möglicherweise ähnlich wie bei den Elektroaltgeräten die Verwertung und Sammlung anderer Produktarten regeln. Für die Mitgliedstaaten der EU müssen diese Regelungen dann in die nationalen Gesetzgebungen überführt und zeitnah umgesetzt werden.

Darüber hinaus wird die Subventionierung von Not-for-profit-Unternehmen wird im Sektor in Zukunft eine bedeutende Rolle spielen, da der soziale Aspekt hier einen wesentlichen Bestandteil der Unternehmensstrategien darstellt. Dies bezieht sich sowohl auf die Sammlung von gebrauchten Waren und die Versorgung von „armen" Menschen mit alltäglich notwendigen Waren (Spenden), als auch auf die Integration von Benachteiligten in den ersten Arbeitsmarkt.

4.2 Prognosen zu Geschäftsfeldern und Produkten

Hinsichtlich der bestehenden Geschäftsfelder und Produkte sind zukünftig diverse Veränderungen zu erwarten, was darauf zurückzuführen ist, dass der Sektor einerseits von gesellschaftlichen Veränderungen und gesetzlichen Rahmenbedingungen und andererseits von wirtschaftlichen Einflüssen geprägt und abhängig ist. Die Veränderungen werden sich aufgrund der derzeitigen Heterogenität und der unterschiedlichen Entwicklung in den einzelnen Ländern entsprechend auch teilweise unterschiedlich gestalten. Dennoch gibt es Tendenzen, die länderübergreifend von Relevanz sind.

Besonders große Veränderungen werden im Altkleidermarkt und bei den Secondhandmöbeln prognostiziert. In ganz Europa hat der Altkleidermarkt in den letzten Jahren starke Konkurrenz von den sich immer weiter verbreitenden Billigketten und Discountern bekommen. Somit sind vor allem Personen mit einem geringen Einkommen nicht mehr darauf angewiesen, ausschließlich auf Secondhandbekleidung zurückzugreifen, um ihren Bedarf zu decken. Vor allem in osteuropäischen Ländern ist ein entsprechendes Kaufverhalten in der Gesellschaft zu beobachten. Dieses Verhalten ist u. a. auf einen sogenannten „Nachholbedarf" in den osteuropäischen Gesellschaften zurückzuführen, der sich in der Geschichte sowie der politischen Vergangenheit dieser Länder begründet. In Ländern wie Bulgarien und Slowenien wird daher langfristig eine Zunahme des Secondhandhandels mit Textilien und Bekleidung erwartet. Auch in den westeuropäischen Ländern kann eine entsprechende Entwicklung erwartet werden. Allerdings konnte in Westeuropa auch eine Gegenbewegung, wie sie in Kapitel 4.1 dargestellt worden war, festgestellt werden. Insgesamt kann davon ausgegangen werden, dass der Handel mit Alttextilien und Bekleidung auch weiterhin im privatwirtschaftlichen Bereich in Europa Bestand haben wird. Als Gründe sind hierfür vor allem das veränderte Umweltbewusstsein sowie eine veränderte Grundeinstellung zu Secondhandprodukten u. a. durch die Retrowelle anzuführen. Es ist zu erwarten, dass vor allem die Zahl an spezialisierten Fachgeschäften wie Brautmoden, Designerbekleidung, Kinderbekleidung zukünftig weiter steigen wird. Der Handel mit einfachen, standardmäßigen Textilien wird laut Expertenmeinung in den nächsten 10 bis 15 Jahren hingegen stark zurückgehen. Existierten bis vor einigen Jahren kaum Secondhandgeschäfte für Designerbekleidung, gibt es diese bereits jetzt schon in nahezu allen großen Metropolen in Europa. Ebenso verhält es sich mit gebrauchter Kinderbekleidung. Die Zunahme an spezialisierten Fachgeschäften ist sehr stark vom Bedarf der Konsumenten an den dort angebotenen Waren und vor allem vom Preis der Neuwaren abhängig. Es ist also mit einer Schwerpunktverschiebung von Geschäften, die unterschiedliche Textilien anbieten, hin zu spezialisierten Secondhandfachgeschäften zu rechnen.

Auch der Handel mit gebrauchten Möbeln hat sich in den letzten Jahren stark gewandelt. Gebrauchte Möbel aus Hinterlassenschaften werden dabei immer uninteressanter für den Secondhandhandel, da die sogenannten Spanplattenmöbel oft nicht weiter verkaufbar sind. Des Weiteren ist in Europa eine Überkapazität an Möbelherstellern und Einrichtungshäusern zu erkennen, sodass die Preise der Neuwaren sehr stark gefallen sind. Ein weiterer Grund für den Rückgang an Möbelgeschäften in der Privatwirtschaft ist der Trend zu weniger Möbeln in den Wohnungen. Beim Kauf eines gebrauchten Möbelstücks geht der Trend dahin, dass sich die meisten Käufer für Einzelstücke, die noch in einem guten Zustand sind, d. h. häufig für Antiquitäten entscheiden. Die Nachfrage nach sehr gut erhaltenen alten Möbeln bleibt zwar bestehen, der Kundenbedarf richtet sich aber eher auf Einzelstücke. Neben der Entwicklung hin zu gebrauchten und exklusiven Einzelstücken gibt es aber auch wie bei den Textilien einen Retrotrend. So wächst die Gruppe derjenigen Konsumenten, die Retrowaren bevorzugen und gezielt ihre gesamte Wohnungseinrichtung z. B. mit Möbeln vergangener Epochen ausstatten. Basierend auf diesen Entwicklungen wird auch im Altmöbelhandel zukünftig mit mehr spezialisierten Fachgeschäften zu rechnen sein. Der generelle Handel mit herkömmlichen Möbeln wird höchstwahrscheinlich an Bedeutung verlieren.

Während zukünftig hinsichtlich des Handels mit gebrauchten Textilien und Möbel ein Trend hin zu mehr Spezialisierung zu sehen ist, gibt es andere Produktgruppen wie den Handel mit gebrauchten CDs und Tonträgern, die langfristig vom Secondhandmarkt verschwinden könnten oder stark an Bedeutung verlieren werden. Der Vertrieb von CDs und Tonträgern wird höchstwahrscheinlich zurückgehen, da bereits schon heute ein Großteil des Musik- und Filmmarktes seine Geschäfte über das Internet abwickelt. Wie auch im Bereich der PC-Spiele, im Bereich der Filme und der Musik und im Bereich der anderen digitalen Medien sind auf diesem Vertriebsfeld nahezu alle Produkte dieses Bereiches bei entsprechenden Anbietern kostengünstig oder komplett kostenfrei erhältlich. Wie stark das Geschäftsfeld insgesamt zurückgedrängt wird, wird daran deutlich, dass sogar der Neuwarenhandel große Umsatzeinbrüche durch das Internet beklagt.

Hinsichtlich des Handels mit gebrauchten Elektronik- und Elektrogeräten wiederum hat die in den EU-Mitgliedsstaaten umgesetzte WEEE-Richtlinie mit der Verpflichtung zur kostenlosen Rücknahme von gebrauchten Elektronik- und

Elektrogeräten dazu geführt, dass sich im Sektor ein neues Geschäftsfeld etablieren konnte. Zwar gab es vor der rechtlichen Umsetzung der WEEE-Richtlinie auch einen Handel mit gebrauchten Elektronik- und Elektrogeräten, dieser hat jedoch nach Inkrafttreten der Richtlinie stark zugenommen. Die Elektroaltgeräte stellen den derzeit am stärksten wachsenden Abfallstrom in Europa dar. Deshalb ist davon auszugehen, dass der Handel weiterhin zunehmen wird. Zur schnellen Entwicklung dieses Marktes in Europa hat auch die schnelle Entwicklung immer wieder neuer Elektrogeräte beigetragen. Schon nach ein paar Jahren gelten viele Geräte als veraltert, was die Konsumenten zum Kauf neuer Produkte mit fortgeschrittener Technologie anregt. Durch eine Festlegung einer Wiederverwendungsquote in der Richtlinie WEEE könnte das Geschäftsfeld allerdings weiter wachsen. Damit würde eine Basis geschaffen, die sich förderlich auf den Handel mit gebrauchten elektronischen und elektrischen Geräten auswirken würde. Wie in den Geschäftsfeldern Alttextilen und –möbel ist außerdem eine Entwicklung hin zu spezialisierten Fachgeschäften zu erwarten. Schon heute gibt es zahlreiche Geschäfte, die sich ausschließlich auf den Vertrieb mit Elektrogroßgeräten oder Computer sowie Computerzubehör oder Werkzeuge spezialisiert haben.

Neben den vier Hauptproduktgruppen wird es zukünftig weiterhin Secondhandgeschäfte geben, die sich auf andere Warengruppen wie Sportartikel spezialisieren. Der Gesamtanteil dieser wird jedoch weiterhin sehr gering sein.

Schlussfolgernd kann man feststellen, dass Ressourcenschonung und Abfallvermeidung, die Erhaltung von Kulturgütern, soziale Integration und die Verantwortung gegenüber Drittländern wichtige Bestrebungen in der Gesellschaft sind, die den Secondhandsektor in Europa unabdingbar und zukunftsträchtig machen. Aus Sicht der Abfallwirtschaft leistet der Sektor wichtige Beiträge, um die Produktnutzungsdauer zu verlängern. Dadurch wird der Rohstoffverbrauch gemindert und die Abfallwirtschaft entlastet. Einen wichtigen Beitrag zur Erhaltung von wertvollen Kulturgütern leisten Secondhandhändler, indem sie wertvolle Gegenstände aussortieren und somit deren Beseitigung verhindern. Auch in Zukunft wird dem Altwarenhandel diese Bedeutung zukommen. Weiterhin wird von Not-for-profit-Unternehmen vor allem das soziale Engagement zur Integration von Menschen ohne Beschäftigung sowie von Menschen mit Behinderungen bzw. Benachteiligungen als Hauptmotivation für die Betätigung im Secondhandsektor genannt. Ein weiterer wichtiger Bereich ist der Handel mit Elektroaltgeräten in Drittländer. Laut Expertenmeinung besteht gerade in den osteuropäischen Ländern im Elektro- u. Elektronikbereich ein Bedarf an entsprechenden Geräten. Aus einer sozialen und ökologischen Verantwortung heraus ist es daher wichtig, diesen Markt mit qualitativ hochwertigen Geräten z. B. mit veralteten Apparaten, die noch funktionieren oder reparierbar sind und die vor allem von einem

Markenproduzenten hergestellt worden sind, zu bedienen. So haben in diesem Bereich insbesondere die Not-for-profit-Unternehmen bzw. größere Wohlfahrtsorganisationen, die im Vergleich zu Profit-Unternehmen häufig in Netzwerken organisiert sind und bereits feste betriebliche Strukturen aufweisen, die Chance, als Vorbild zu agieren und Standards zu entwickeln.

4.3 Prognosen zur Entwicklung der Profit- und Not-for-profit-Unternehmen

Die Heterogenität des Sektors erschwert eine generelle Prognose zu der wirtschaftlichen Entwicklung des Sektors in Europa. Insgesamt lässt sich eine leichte Tendenz hin zu einem zukünftigen Wachstum mit einer Konzentration auf bestimmte Geschäftsfelder konstatieren. Im Hinblick auf die zukünftige Entwicklung erklärte ein Vertreter des britischen Verbandes „Association of Charity Shops", dass „es zukünftig ein wachsendes Bewusstsein für Umweltfragen in der Bevölkerung geben wird und diesbezüglich eine positive Wirkung zu erkennen ist. Nämlich dass der Kauf von Secondhandwaren und die Wiederverwendung im Allgemeinen zukünftig noch stärker in den Vordergrund rücken sollten, will unser Planet auf lange Sicht gesehen überleben."

Die Analysen in den europäischen Ländern zeigten jedoch auch unterschiedliche Aussagen zur Zukunft des Sektors. Zwei gegensätzliche Einschätzungen zur weiteren Entwicklung spiegeln sehr gut wider, dass die Prognosen sehr stark von dessen Präsenz und Struktur in dem jeweiligen Land abhängig sind. So erklärt der bulgarische Ökonom Nikolay Staykov in einem Expertengespräch zur bulgarischen Sektoranalyse, dass der Secondhandsektor einer der Sektoren mit schwindender Funktion sei. Er bewertete den Secondhandimport als rückläufig. Nach seiner Meinung wird der Secondhandhandel völlig verschwinden. Als Erstes werde er im Bereich der Bekleidung und Alttextilien zum Erliegen kommen. Seiner Ansicht nach liegt der Grund für diese Entwicklung in dem Wegfall der Abgaben für chinesische Textilien seit Anfang 2005.

Auf der anderen Seite wird dem Secondhandmarkt aufgrund des Nutzens für die Umwelt und die Gesellschaft ein gewisses Potenzial zugeschrieben. Dabei erklärt der Trendforscher Daniel Nissanoff, dass sich die Gesellschaft von einer vermögensbildenden Nation hin zu einer Versteigerungskultur entwickelt. Es ist eine Philosophie, den vorübergehenden Besitz als wesentlich effizienteren Weg als den Besitz zu erkennen (vgl. Nissanoff 2006). Dieses hat Auswirkungen sowohl auf das Handeln des Einzelnen als auch auf das Handeln von Organisationen sowie auf die Faktoren, die darauf Einfluss nehmen. Viele Secondhandverkäufe werden von Einzelpersonen abgewickelt, die festgestellt haben, dass in ihrem „Zuhause" eine beträchtliche Menge Geld liegt und das dieses z. B. durch einen Garagenverkauf, durch eBay oder durch Anzeigen flüssiggemacht werden kann. So wird laut Sektorexperten der globale Handel mit Secondhandbekleidung auf jährlich mehr als 1 Billion US Dollar geschätzt. Es ist also zu erwarten, dass u. a. der Reichtum der Gesellschaft dazu führt, dass die Menschen sich – geleitet von ihrem Konsumdenken – noch brauchbarer Güter entledigen, um sich neuwertige Waren anzuschaffen. Außerdem kann davon ausgegangen werden, dass das Bewusstsein weiter steigen wird, dass die gebrachten Güter noch einen Wert haben. Demnach wird es auch zukünftig weiterhin einen Markt für gebrauchte Güter geben.

Diese zwei entgegengesetzten Meinungen zur zukünftigen Entwicklung werden durch zwei aktuelle Entwicklungen bestätigt. So scheint der Handel mit gebrauchten Gütern unattraktiver zu werden, da die Preise für viele Neuwaren aufgrund der positiven wirtschaftlichen Entwicklungen in den osteuropäischen und asiatischen Ländern sinken. Außerdem wächst die Anzahl an Discountern am Markt. Dem entgegen stehen ein wachsendes Umweltbewusstsein in der Gesellschaft und der Anteil derjenigen, die finanziell schlechter gestellt sind, was sich wiederum förderlich auf den Sektor auswirkt. Ein weiteres Argument für ein Wachsen des Sektors liegt in den erkennbaren Bestrebungen der Politik, die Umwelt mehr zu schützen und die Ressourcen stärker zu schonen. Hier wurde für den Elektro- und Elektronikschrott eine erste EU-Richtlinie zur Sammlung und Verwertung beschlossen. Bei einer weiteren Zunahme der Abfallmengen ist jedoch langfristig davon auszugehen, dass weitere Richtlinien zu Verwertung und Sammlung anderer gebrauchter Güter folgen werden.

Im Vergleich zu den Profit-Unternehmen, deren zukünftige Entwicklung durchaus in unterschiedliche Richtungen gehen kann, sind bei den Not-for-profit-Unternehmen klare Tendenzen auszumachen. Dabei haben Not-for-profit-Unternehmen unterschiedliche Zukunftsstrategien entwickelt. So bieten diese z. B. immer häufiger branchennahe Dienstleistungen wie Reparatur- und Wartungsarbeiten an und geben auf die gebrauchten Waren eine Garantie von bis zu einem Jahr. Um die entsprechende Garantie zu gewährleisten, werden in den Unternehmen spezielle Qualitätssysteme eingeführt. Eine weitere Strategie liegt in der verstärkten Kooperation dieser Unternehmen mit lokalen Behörden. Mit diesen werden immer mehr Dienstleistungsverträge ausgehandelt, was zu einer höheren Anerkennung des Unternehmens in der Gesellschaft führt. Die Unternehmen werden dabei immer mehr als offizielle Akteure der Kreislauf- und Abfallwirtschaft anerkannt. Dies gibt ihnen die Möglichkeit zur Sammlung von qualitativ hochwertigen Waren. Ein sehr gutes Beispiel hierfür ist die Beteiligung von Not-for-profit-Unternehmen an der Sammlung und Behandlung von elektronischen und elektrischen Altgeräten. Insgesamt kann also davon ausgegangen werden, dass sich die Not-for-profit-Unternehmen auch zukünftig im Sektor bewegen werden, zumal der soziale Aspekt der Unternehmen auch in Zukunft eine bedeutende Rolle spielen wird.

4.4 Innerbetriebliche Entwicklungen und Wandel der Arbeitsaufgaben

In der Entwicklung Unternehmen ist eine immer größere Professionalisierung in allen Bereichen zu erkennen –angefangen vom Warensortiment, über das Geschäftskonzept und die Präsentation der Waren bis hin zur Standardisierung von Unternehmensabläufen und zur strategischen Planung und Vernetzung.

Für das Angebot und den Verkauf von Waren ist es notwendig, dass sich die Secondhandgeschäfte modern präsentieren. Die Kunden erwarten ein Einkaufsgefühl, wie sie es aus anderen Geschäften gewohnt sind. Ansprechend gestaltete Geschäfte, die sich von dem in der Branche häufig anzutreffenden „Werkstattverkauf" bzw. „Flohmarktambiente" unterscheiden, finden oft eine höhere Akzeptanz bei den Kunden. Aus diesem Grund ist es notwenig, dass das Warensortiment gut organisiert und zur Schau gestellt wird. In Österreich findet man teilweise das „Shop im Shop"-Konzept. Das bedeutet, dass spezielle Bereiche mit gepflegten oder höherwertigen Produkten (Kleidung, Geschirr, Schmuck, Antiquitäten) innerhalb des Geschäftes speziell abgetrennt und sehr ansprechend dekoriert werden. Es hat sich gezeigt, dass diese Konzepte von den Kunden gut angenommen werden. Eine ansprechende Präsentation der Waren, ein guter Kundenservice und ein gut durchdachtes Marketing bzw. Werbestrategien wurden in allen Ländern als geschäftsfördernd identifiziert.

Die Entwicklung von „konvergierenden Branchen" ist eine weitere Entwicklung, die sich in einigen Ländern immer mehr verbreitet. Damit ist der Prozess der Erweiterung der Bandbreite an angebotenen Waren gemeint. So hat z. B. das Unternehmen Remploy in Großbritannien - ein führender Anbieter von Arbeitsplätzen für Benachteiligte – seine Angebotspalette um Möbel, Gesundheitsprodukte, Haushalts- und Hygieneartikel sowie um das Recycling und die Aufbereitung von elektronischen und elektrischen Geräten erweitert. Diese Entwicklung ist auch in Deutschland zu beobachten, wo besonders Secondhandwarenhäuser eine Vielzahl von unterschiedlichen Produkten verkaufen. Allerdings hängt die Vielfalt des Warenangebotes generell von dem Angebot an gebrauchten Waren ab, die den Unternehmen gespendet bzw. zum Kauf angeboten werden. Die Ausweitung des Warensortiments bietet sich vor allem für größere Secondhandgeschäfte, Warenhäuser sowie die Not-for-profit-Unternehmen an, da sich deren Kundenstamm größtenteils aus Bedürftigen zusammensetzt und deren Warenbedarf nicht nur auf eine bestimmte Produktpalette ausgerichtet ist.

Viele Not-for-profit-Organisationen und -unternehmen haben erkannt, dass sie, um wettbewerbsfähig zu bleiben, eine eigene und gut funktionierende Verwaltung und Organisation aufbauen müssen. Im Vergleich dazu bedeutet die Standardisierung der Unternehmensabläufe z. B. hinsichtlich der Warenbeschaffung langfristig einen geringeren Aufwand. So wurde beispielsweise in den letzten Jahren in den Warenhäusern des Roten Kreuzes in Finnland eine Menge Arbeit in die Professionalisierung investiert, indem vor allem Anstrengungen hinsichtlich der strategischen Planung und Konzeption unternommen wurden. Das hat vor allem für die Vorarbeiter in den Warenhäusern zur Folge, dass sie eine größere Verantwortung haben, da sie die Planungen umsetzen müssen. Auch die Beschäftigten, die dort z. B. die Bekleidung sortieren, wurden in diese Umstrukturierungen mit einbezogen. Ihnen werden bestimmte Tagesziele bei der Sortierung vorgegeben, wodurch die Motivation erhöht wurde. Um die Zusammenarbeit insgesamt zu verbessern, wurden Teams geschaffen, die dazu beitragen sollen, dass jedes Teammitglied spüren kann, dass sein Engagement gebraucht wird. Dies wiederum führt dazu, dass das Gefühl der Verpflichtung der eigenen Arbeit gegenüber gesteigert wird. Außerdem trägt die Teamarbeit laut der Organisation dazu bei, dass noch mehr gute Geschäftsideen entwickelt werden können. Neben der Teamarbeit und der Identifizierung der Beschäftigten mit ihrer Arbeit wurden die Arbeitsaufgaben in den Unternehmen so gestaltet, dass sie den Fähigkeiten und Bedürfnissen der Mitarbeiter entsprechen, da somit die größtmögliche Effizienz erreicht werden kann.

Ein weiterer wichtiger Aspekt in der Überlebensfähigkeit von Unternehmen liegt in der Vernetzung von Unternehmen innerhalb des Sektors. Netzwerke sowie nationale und internationale Kooperationen sind für alle Unternehmen und Organisationen von Bedeutung. Durch die Zusammenarbeit mit anderen Unternehmen können vor allem in kleineren Unternehmen Kosten gespart und neue Ideen für Geschäftsmodelle hervorgebracht werden. Die Bedeutung von nationalen Netzwerken wurde nicht nur von zahlreichen befragten Experten in allen Ländern betont, sondern muss auch global als Aspekt zur Weiterentwicklung des Sektors angesehen werden.

Hinsichtlich der Arbeitsaufgaben innerhalb des Sektors ist festzuhalten, dass diese sehr stark variieren und von den unterschiedlichen Geschäftsfeldern abhängig sind. Die Aufgaben zeichnen sich einerseits teilweise durch sehr einfache Tätigkeiten z. B. durch das Sammeln der Ware aus und anderseits durch recht anspruchsvolle Aufgaben z. B. durch die Reparatur von Möbeln oder Elektrogeräten. So wird gerade für die Reparatur von Gebrauchtwaren oft ein spezielles Wissen benötigt.

Die Arbeitsprozesse im Sektor reichen von der Sammlung der gebrauchten Waren mittels Haussammlungen oder über spezielle Sammelstellen, über ihre Qualitätskontrolle, Reinigung, Aufbereitung, Instandhaltung und ihrem Verkauf, bis hin zum Transport (Auslieferung beim Kunden)und ihrer buchhalterischen Erfassung. Die jeweiligen Anforderungen hinsichtlich der erforderlichen Fähigkeiten und Kenntnisse variieren je nach Aufgaben. Teilweise sind die Beschäftigten sehr spezialisiert in ihrer Tätigkeit. So zerlegen oder montieren sie z. B. Elektrogeräte. Teilweise sind sie besonders in kleinen Unternehmen aber auch dem gesamten Arbeits- und Geschäftsprozess einbezogen. Aufgaben aus dem Bereich des Marketings, der Werbung und der Öffentlichkeitsarbeit werden oft von der Geschäftsführung ausgeübt, jedoch auch von anderen Mitarbeitern unterstützt.

Viele Unternehmen bieten heute schon eine Reihe von Dienstleistungen an, um auf dem Markt bestehen zu können. Dabei spielt eine gute Kundenberatung sowie ein erweitertes Angebot an Dienstleistungen, die z. B. im Auf- und Abbau von Möbeln sowie im Transport und in Auslieferung von Waren bestehen könne, eine bedeutende Rolle. Somit kann davon ausgegangen werden, dass Aspekte wie Nachfrage- und Kundenorientierung, Qualitätsgewährleistung, Beratung usw. zukünftig immer mehr zunehmen werden. Diese teilweise sehr anspruchsvollen Arbeitsaufgaben erfordern oft unternehmerische Fähigkeiten und Kenntnisse. Experten gehen davon aus, dass diese Aufgaben zukünftig weiter zunehmen werden.

Außerdem hat sich gezeigt, dass im Bereich der Aufbereitung und Reparatur von elektrischen und elektronischen Geräten in Zukunft ein sehr breites und teilweise auch spezifisches Wissen erforderlich sein wird. Neben einem aktuellen Wissen z. B. aus dem Bereich Elektronik, um neue Geräte wie etwa Fernseher, Computer reparieren zu können, ist auch ein fachliches Wissen über ältere Geräte erforderlich. So müssen alte Geräte wie beispielsweise Radios, Schallplattenspieler mit ganz anderen, d. h. älteren Technologien anders eingeschätzt werden als neuere Modelle, um den Marktwert bestimmen zu können.

Neben den teilweisen recht anspruchsvollen Aufgaben innerhalb des Sektors sind auch eine Menge einfacher Aufgaben wie die Sammlung oder Transport von Waren zu finden. Dies macht den Sektor für benachteiligte bzw. geistig behinderte sowie langzeitarbeitslose Menschen, die nicht in der Lage sind, komplizierte Tätigkeiten auszuführen, interessant.

Bei der Frage nach den Erwartungen der Arbeitgeber hinsichtlich der benötigten Qualifikationen ihrer potenziellen Mitarbeiter für die Zukunft wurden bei den Unternehmensbefragungen überwiegend folgende Aufgaben genannt:

- nachhaltige Kommunikationsfähigkeiten für den Umgang mit der Öffentlichkeit/ den Kunden,
- nachhaltige Sozialkompetenzen,
- Fähigkeiten im Verkauf, in der Kundenberatung und im Umgang mit den Kunden,
- Kenntnisse in der Arbeitssicherheit,
- Kenntnisse in der Bewertung von Waren,
- Fachwissen und spezifisches Fachwissen (z. B. über Materialien),
- Grundlegende Erste-Hilfe-Kenntnisse,
- IT-Kenntnisse,
- Kenntnisse über gesetzliche Grundlagen und
- Kenntnisse über Handelsstandards.

Je nach Geschäftsfeld müssen diese Anforderungen erweitert werden, um sehr spezifische Aufgaben wie die Aufbereitung und Reparatur von Gebrauchtwaren umsetzten zu können

5 Arbeitsprozesse und Aufgaben

5.1 Aufgabenstruktur und Beschäftigungsgruppen

Als Ergebnis der durchgeführten Fallstudien werden die identifizierten Kernarbeitsprozesse und Kernarbeitsaufgaben in den Kapiteln 5.2 bis 5.5 getrennt nach den Geschäftsfeldern dargestellt. Dabei konnte festgestellt werden, dass sich innerhalb der einzelnen Geschäftsfelder die Arbeitsaufgaben sowie die Teilaufgaben und deren Ausführung, die Instrumente und eingesetzten Methoden teilweise unterscheiden. Um ein umfassendes Bild der Arbeitsaufgaben im Sektor zu erhalten, werden alle identifizierten Arbeitsaufgaben beschrieben, ohne den Anspruch zu erheben, dass diese in allen Fallstudien vorzufinden sind.

In den Unternehmen werden die Arbeitsaufgaben oftmals von mehreren Beschäftigtengruppen mit unterschiedlicher Verantwortung wahrgenommen. Um zu differenzieren, in welcher Breite und Tiefe die Aufgaben von den Beschäftigten durchgeführt werden, werden bei der Beschreibung der Arbeitsaufgaben drei Ebenen unterschieden:

- die Managementebene (u. a. Geschäftsleitung, Personalverantwortliche),
- die Vorarbeiter-/Anleiterebene und
- die operative Mitarbeiterebene (u. a. an-/ungelernte Mitarbeiter).

Auf der Managementebene finden sich alle Personengruppen, die Verantwortung für Führungsaufgaben tragen und anspruchsvolle Aufgaben des organisatorischen und geschäftsführenden Bereiches wahrnehmen. Für die Bearbeitung der Arbeitsaufgaben ist oft eine kaufmännische Qualifikation nützlich, welche im Sektor unterschiedlich häufig und in verschiedenen Ausprägungen identifiziert wurde. Die Bandbreite der Ausbildungen reichte von einem akademischen Abschluss über eine kaufmännische Ausbildung bis hin zu kaufmännischen Fort- und Weiterbildungen.

Mit der Vorarbeiter-/Anleiterebene sind alle Beschäftigtengruppen gemeint, die vorrangig eine formale Qualifizierung wie Tischler/in, Verkäufer/in oder Informations- und Telekommunikationselektroniker/in (früher: Radio-Fernsehtechniker/in) haben. Die Zielgruppe geht einer ihrer Qualifizierung entsprechenden Beschäftigung nach und leitet bzw. weist teilweise andere operative Mitarbeiter in ihrer Tätigkeit an. Die von den Vorarbeitern bzw. Anleitern wahrgenommenen Aufgaben erfordern ein hohes Maß an Fachkompetenz und können in der Regel nur mit einer entsprechenden Ausbildung bewältigt werden.

Unter dem Begriff „operative Mitarbeiterebene" (häufig handelt es sich um An- und Ungelernte) sind alle Personengruppen zusammengefasst worden, die keine formale Qualifizierung oder eine beschäftigungsfremde Qualifizierung nachweisen können. Neben den An- und Ungelernten sind dieser Ebene auch die Teilnehmer zuzuordnen, die z. B. in Not-for-profit-Unternehmen an einer von der Arbeitsverwaltung geförderten Qualifizierungsmaßnahme teilnehmen. Die wahrgenommenen Aufgaben sind oft nicht sehr anspruchsvoll, erfordern keine formale Qualifizierung und erfolgen meist unter der Anleitung und Verantwortung des Vorarbeiters oder Anleiters.

Die Definition der drei Ebenen (Vorarbeiter/Anleiter, operative Mitarbeiter und Management) ist insofern notwendig, weil oftmals die unterschiedlichen Ebenen gemeinsam an der Durchführung der unterschiedlichen Arbeitsaufgaben beteiligt sind. Zusätzlich dient sie zur Unterscheidung einzelner Arbeitsaufgaben. Weiterhin spielen hinsichtlich der unterschiedlichen Beschäftigtenebenen auch länderspezifische Unterschiede eine wichtige Rolle. Beispielweise sind in den osteuropäischen Ländern, in denen mehrheitlich kleine Profit-Unternehmen vertreten sind, nimmt der geschäftsführende Inhaber so gut wie alle anfallenden Aufgaben des Managements, des Vorarbeiters und der operativen Mitarbeiter parallel wahr.

In einigen westeuropäischen Ländern sind dagegen in Not-for-profit-Unternehmen die Beschäftigtenebenen und Verantwortlichkeiten wiederum sehr unterschiedlich. Auf der operativen Mitarbeiterebene sind hier häufig Beschäftigte zu finden, die Teilnehmer geförderter Qualifizierungsmaßnahmen sind und die der Benachteiligtenförderung unterliegen. Um die identifizierten Arbeitsaufgaben für die Gestaltung von Qualifizierungsprozessen zu nutzen, ist eine möglichst genaue Abgrenzung und Definition der Arbeitsaufgaben unerlässlich.

Die Analyse der Kernarbeitsaufgaben innerhalb der Geschäftsfelder zeigt deutlich, dass es sowohl geschäftsfeldübergreifende, als auch geschäftsfeldspezifische Arbeitsprozesse und -aufgaben gibt. Diese werden im Anschluss zu den geschäftsfeldspezifischen Aufgaben getrennt nach den Geschäftsfeldern beschrieben.

5.2 Kernarbeitsprozesse und -aufgaben im Geschäftsfeld „Möbel"

In dem Geschäftsfeld „Möbel" werden alle Arten von gebrauchten Möbeln angenommen, gesammelt, angekauft, teilweise auch aufbereitet oder restauriert und wiederverkauft oder entsorgt. Eine schematische Übersicht über die Kernarbeitsprozesse im Geschäftsfeld „Möbel" liefert die Abbildung 5.1.

An erster Stelle stehen im Hinblick auf die unterschiedlichen Arbeitsprozesse und -aufgaben des Geschäftsfeldes „Möbel" die Akquisition von Spendern bzw. Verkäufern sowie die Netzwerkpflege mit dem Ziel, qualitativ möglichst hochwertige Möbelspenden oder Verkaufsangebote zu bekommen. Im Anschluss daran folgt die Disposition mit der Annahme von Spendenanfragen und der Abstimmung mit dem Logistikbereich und den Möbelwerkstätten. Die Logistikabteilung organisiert und übernimmt die Abholung und ggf. die Demontage von Möbeln, insofern diese für den Transport zerlegt werden müssen.

Im Anlieferungslager werden die Möbel anschließend einer Qualitätsprüfung unterzogen und entsprechend festgelegter Kriterien sortiert. Dazu werden die Möbel hinsichtlich ihres Zustands, Reparaturaufwands und Wiederverkaufswertes bewertet und eine Entscheidung über die weiteren Bearbeitungsschritte getroffen. Je nach Unternehmen existieren bis zu drei Eingruppierungskategorien:

- keine bzw. kaum grundlegende Bearbeitung (Ausbesserung oder Reparatur) notwendig,
- die Entsorgung oder
- die Verwertung von Einzelteilen zum Bau neuer Möbel.

Dabei nehmen Profit-Unternehmen nur solche Waren an, die einen guten Wiederverkaufswert (ggf. auch nach Restauration, deren Kosten einbezogen werden müssen) erzielen. Die Kategorie der Möbelentsorgung entfällt dadurch bei diesen Unternehmen.

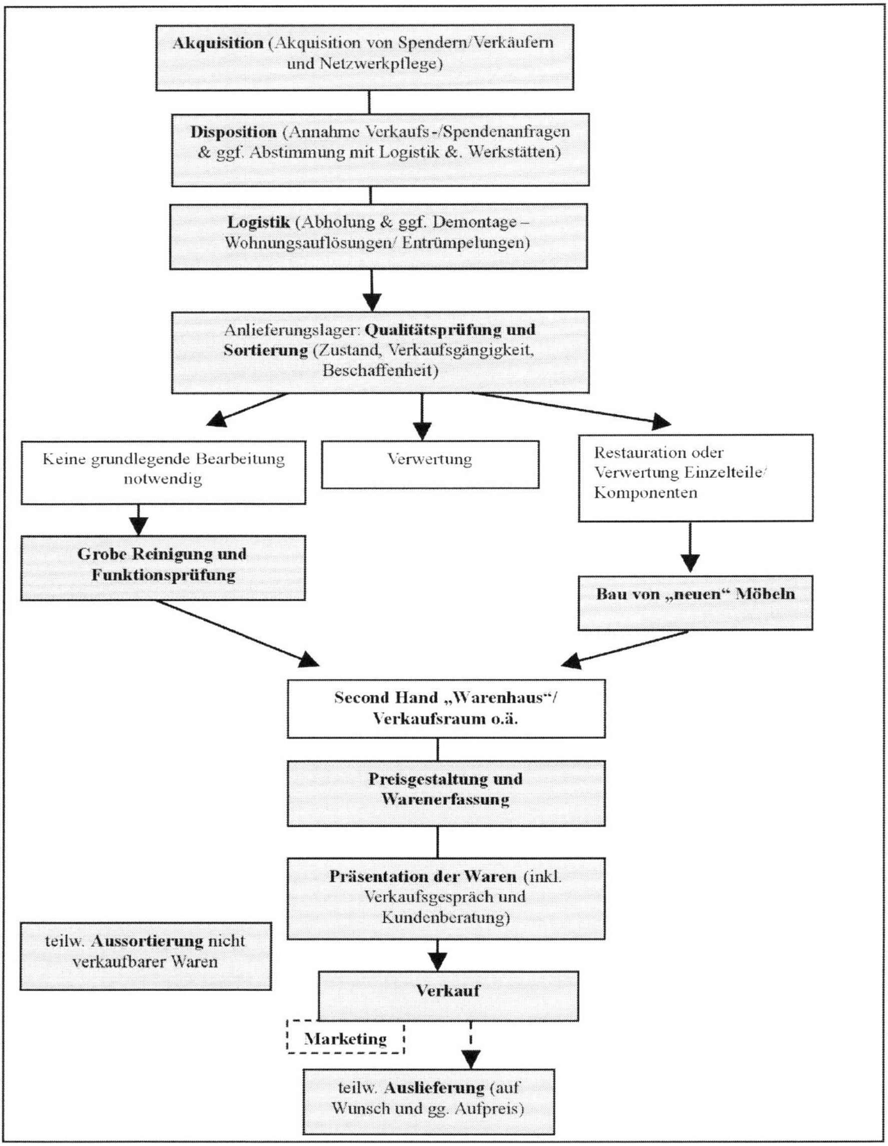

Abb. 5.1: Übersicht über die Arbeitsprozesse im Geschäftsfeld „Möbel"

Ist bei den Möbelspenden keine grundlegende Bearbeitung notwendig, erfolgt eine grobe Reinigung und Funktionsprüfung. Können nur Einzelteile der Möbel weiterverwendet werden, werden diese zumeist für den Bau neuer Möbel in der Tischlerei (sofern das Unternehmen über eine entsprechende Werkstatt verfügt) verwendet. In einigen Unternehmen werden die Möbel innerhalb dieses Prozessschrittes auch grundlegend restauriert. Zum Ende der Prozesskette gelangen die Möbel in den Verkauf. Hier erfolgt dann die Preisgestaltung und Warenerfassung. Weiterhin fallen in den Bereich des Verkaufes die Warenpräsentation und die Kundenberatung. Abschließend muss der Verkaufsvorgang im Kassensystem erfasst werden. Können Möbel nicht verkauft werden, werden sie nach einer innerbetrieblich festgelegten, maximalen Standzeit (z. B. vier Wochen) aussortiert. In einigen Unternehmen werden auf Anfrage der Kunden und gegen einen Aufpreis die verkauften Möbel auch ausgeliefert, was den letzten Schritt im Arbeitsprozess markiert.

Im Rahmen der tiefer gehenden, inhaltlichen Analyse der identifizierten Arbeitsprozesse konnten im Geschäftsfeld „Möbel" neun Kernarbeitsaufgaben identifiziert werden:

1. Die Arbeitsaufgabe **„Akquisition von Spenden"** hat zum Ziel, für die Abgabe von gebrauchten Möbeln an das Unternehmen zu werben, um das Warenangebot des Unternehmens zu sichern. Ein zweites und damit verbundenes, allerdings meist untergeordnetes Ziel ist die Gewinnung neuer Kunden zur Sicherung des Absatzes, da der Verkauf der gebrauchten Möbel in der Regel nicht problematisch ist. Besonderes Augenmerk gilt der Abgabe, also den Lieferanten der Möbel, denn hiervon hängen Qualität und Absatzmöglichkeiten des Angebotes ab. Mögliche Werbemaßnahmen, die von den Mitarbeitern durchgeführt werden, sind die Organisation und der Entwurf von Anzeigen für Zeitungen oder das Internet. Teilweise erfolgt auch Werbung über das Radio zumeist allerdings durch Flyer oder Broschüren, die verteilt werden. Dazu müssen Zielorte und -gruppen sowie Werbemaßnahme ausgewählt, aufeinander abgestimmt sowie die Umsetzung initiiert werden. In einigen Unternehmen werden zu Werbemaßnahmen und zur Imagepflege kulturelle Veranstaltungen durchgeführt. Um diese Arbeitsaufgabe wahrnehmen zu können, ist die langfristige Netzwerkpflege sowohl in Bezug auf Organisationen und gewerbliche Institutionen als auch in Bezug auf persönliche Kontakte unerlässlich.

   <u>Ausführende:</u> Die Hauptverantwortung für die Arbeitsaufgabe liegt beim Management. Beschäftigte der operativen Mitarbeiterebene

übernehmen auf Anweisung Teilaufgaben und leisten Zuarbeit. Teilaufgaben sind z. B. die kreative Mitentwicklung und Ideensammlung für Art, Inhalt und Design der Werbemaßnahmen, die Mitorganisation und Durchführung von betrieblichen Veranstaltungen sowie, die Pflege persönlicher Kontakte zu Lieferanten bei der Abgabe von Möbeln, um das vorhandene Netzwerk zu pflegen.

Besonderheiten: Zu Werbezwecken und zur Imagepflege konnten sich in einem deutschen Unternehmen sogar betriebseigene Preisverleihungen (Designpreise für Möbel) etablieren.

2. Bei der Arbeitsaufgabe **„Planen der Spendenabholung"** werden Spendenanfragen angenommen und mit dem Bereich der Logistik und den Werkstätten abgestimmt. Der Mitarbeiter muss bei der Anfrage Zielort sowie Materialbeschaffenheit und -menge identifizieren, um anschließend mit den Werkstätten die Kapazitäten zu koordinieren. Des Weiteren werden die Spendenanfragen aufeinander abgestimmt und – falls im Unternehmen vorhanden – als Aufträge mittels Auftragsschein an den Transport weitergegeben. Die Mitarbeiter arbeiten bei dieser Arbeitsaufgabe hauptsächlich mit dem Telefon, mit dem PC (z. B. beim Pflegen einer Kundendatenbank oder bei der Anwendung eines Auftragserfassungssystems) und mit dem Auftragsschein.

   Ausführende: Die Verantwortung und Wahrnehmung dieser Arbeitsaufgabe liegt in der Regel beim Management und der Vorarbeiterebene.

   Besonderheiten: Die Arbeitsaufgabe konnte nicht in Bulgarien und nur in Teilen in Slowenien identifiziert werden. Da in Slowenien keine Aufbereitung der Möbel umgesetzt wird, ist dort eine Koordination mit Werkstätten kein Bestandteil der Aufgabe.

3. Der Planung der Spendenabholung schließt sich deren tatsächliche Umsetzung mit der Arbeitsaufgabe **„Abholen der Möbelspenden"** an. Hierbei wird der Transport der gebrauchten Möbel vom Lieferanten zum Unternehmen durchgeführt. Als Arbeitsgrundlage dient dem Mitarbeiter der Auftragsschein bzw. der Auftrag, den er von der Planung (siehe Aufgabe 2) erhält. Die gebrauchten Möbel werden aus privaten Wohnungsauflösungen, Geschäftsauflösungen, Entrümpelungen usw. nach einer Sichtprüfung durch einen Mitarbeiter abgeholt und – wenn notwendig – vor Ort vor der Verladung demontiert. Dafür stehen herkömmliche Werkzeuge wie Akkuschrauber, Zangen oder Hämmer zur Verfügung. Die Verladung muss platz-

sparend und möglichst Material schonend vollzogen werden. Anschließend werden die Möbel für den Transport gesichert. Eine kompetente Handhabung von Verlade- und Transportwerkzeugen wie etwa des Gabel- oder Handstaplers oder Gurtzeugs ist unter Beachtung der Sicherheitsaspekte unerlässlich. Für den Transport selbst ist das zugelassene und verkehrssichere Fahrzeug – in der Regel ein LKW oder ein kleineres Transportfahrzeug – unter Einhaltung betrieblicher Vorgaben zuverlässig vom Fahrer zu führen. Bei der Entladung ist darauf zu achten, die Möbel möglichst wenig zu beschädigen. Der Mitarbeiter ist für die ordnungsgemäße Bearbeitung der Auftragspapiere verantwortlich und muss sich mit den nach- und vorgelagerten Arbeitsbereichen abstimmen. Die Routenplanung erfolgt entweder durch die Planungsstelle innerhalb des Unternehmens oder durch den Mitarbeiter selbst oder in einigen Unternehmen auch mithilfe eines Navigationssystems. Von den Mitarbeitern werden ein höfliches Auftreten und eine starke Dienstleistungs- und Serviceorientierung verlangt.

Ausführende: Die Arbeitsaufgabe wird je nach Unternehmen von Vorarbeitern, z. B. von ausgebildeten Kraftfahrern, und/oder von An- und Ungelernten wahrgenommen. Notwendige rechtliche Voraussetzung ist die Berechtigung zum Führen der entsprechenden Transportfahrzeuge sowie ggf. sogar ein Lkw-Führerschein.

4. Bei der Arbeitsaufgabe **„Annehmen der Möbel"** stehen das Prüfen der Qualität und die Sortierung nach Kriterien wie dem Zustand, der Verkaufsgängigkeit und der Beschaffenheit der Waren im Mittelpunkt. Falls das Unternehmen ein Lager hat, werden die gebrauchten Möbel nach dem Entladen zwischengelagert. Mittels einer Funktionsfähigkeits- und Vollständigkeitsprüfung, welche z. B. die Kontrolle der Schubladen und Türen umfasst, werden Wiederverkaufswert und Reparaturaufwand der Möbel eingeschätzt. Nach der Bewertung erfolgt die Sortierung in folgende Kategorien: Entsorgung, grobe Reinigung und Verwertung von Einzelteilen. Erfahrungen und Kenntnisse bezüglich der Bewertung von Möbeln, des Reparaturaufwandes und deren möglichen Verkaufswert sind für diese Arbeitsaufgabe unerlässlich. Grundlegend dafür sind ein umfassendes Verständnis hinsichtlich der betrieblichen Abläufe und der Arbeitsprozesse sowie fachliche Kenntnisse zu Materialien, Aufbau, mögliche Schwachpunkte von Möbeln und Kenntnisse über den Möbelmarkt insgesamt. Daneben müssen die Transportmittel wie z. B. Gabel- oder

Handstapler oder Sackkarren sicher und zuverlässig bedient sowie – falls vorhanden – die Auftragspapiere bearbeitet werden.

Ausführende: Im Rahmen der Arbeitsaufgabe tragen die Vorarbeiter- bzw. Anleiter die meiste Verantwortung, da fachspezifische Kenntnisse notwendig sind. Weitere operative Mitarbeiter, z. B. An- und Ungelernte, sind an der Umsetzung der Arbeitsaufgabe vor allem im operativen Bereich beteiligt.

Besonderheiten: In Österreich konnte der Arbeitsschritt der Kalkulation der Reparaturkosten nicht identifiziert werden, da im Not-for-profit-Bereich kaum Reparaturen durchgeführt werden. Weiterhin spielt die Verwertung von Einzelteilen in Großbritannien keine große Rolle.

5. Das **„Zuführen nicht weiter verwendbarer Möbel zur Verwertung"** erfolgt nach der Sortierung der Möbel. Werden Möbelstücke bei der Bewertung als nicht mehr weiter verwendbar eingeschätzt, werden diese für eine zukünftige Verwertung manuell zerlegt. Dazu stehen Luftdruckschrauber und Standardwerkzeuge wie etwa Hämmer, Schraubendreher, Zangen usw. zur Verfügung, die von den Mitarbeitern kompetent und unter Beachtung der Sicherheitsbestimmungen benutzt werden. Zur Sortierung stehen Gitterboxen oder Container bereit, in die die verschiedenen Materialen einsortiert werden. Bei der Sortierung der Materialien müssen die gesetzlichen Bestimmungen beachtet werden. In einigen Unternehmen steht den Mitarbeitern ein Betriebshandbuch zur Verfügung, in dem die Arbeitsschritte und die gesetzlichen Rahmenbedingungen beschrieben werden.

   Ausführende: Da das Anforderungsniveau dieser Kernarbeitsaufgabe nicht sehr hoch ist, obliegt diese vorwiegend der operativen Mitarbeiterebene. Fachspezifische Kenntnisse spielen nur eine untergeordnete Rolle.

   Besonderheiten: In Bulgarien und Österreich konnte die Benutzung eines Betriebshandbuches für diese Arbeitsaufgabe nicht identifiziert werden.

6. Die Arbeitsaufgabe **„Reinigen und Restaurieren von Möbeln"** hat zum Ziel, die Möbelstücke, die in einem guten Zustand angeliefert worden sind, einer groben Reinigung und Funktionsprüfung sowie ggf. Reparatur zu unterziehen. Der Mitarbeiter führt eine grobe Reinigung des Möbelstückes mithilfe von Lappen, Bürsten und ggf. ein-

fachen Reinigungsmittel und eine grobe Funktionsprüfung der Schubladen, der Türen usw. durch. Nach einer weiteren eingehenden Prüfung des Möbelstückes werden die als reparaturbedürftig identifizierten Komponenten instand gesetzt. Je nach Unternehmen werden bei dieser Arbeitsaufgabe nur einfache Reparaturen bis hin zu fachlich anspruchsvollen Arbeiten wie der Restaurierung von Möbeln durchgeführt. Bei den einfachen Reparaturen werden fehlende Teile (z. B. Griffe) ersetzt oder defekte Teile ausgewechselt. Bei der Endkontrolle überprüft der Mitarbeiter die Funktionsfähigkeit des Möbelstücks. Für die Durchführung steht in einigen Unternehmen ein Betriebshandbuch zur Verfügung, in dem die Arbeitsschritte und das Vorgehen beschrieben werden.

Ausführende: Die Arbeitsaufgabe wird schwerpunktmäßig von den Vorarbeitern oder von den Anleitern wahrgenommen. Hintergrund ist der hohe Anteil von fachspezifischen Kenntnissen zur Reparatur und Restaurierung von Möbeln. Operative Mitarbeiter übernehmen einzelne Teilaufgaben auf Anweisung der Vorarbeiter bzw. Anleiter.

Besonderheiten: Ein Betriebshandbuch für diese Arbeitsaufgabe steht in den analysierten Unternehmen in Finnland nicht zur Verfügung.

7. Bei der Arbeitsaufgabe **„Bauen neuer Möbel"** werden unter Verwendung von Altmöbelkomponenten neue Regale, Sitzmöbel oder Möbel im Rahmen von Auftragsarbeiten hergestellt. Dafür müssen zuerst die Altmöbel zerlegt werden. Als Bearbeitungswerkzeuge kommen vor allem klassische Tischlereiwerkzeuge zur Anwendung. Die nicht mehr verwendbaren Komponenten werden in Regalen und Gitterboxen gesammelt und anschließend entsorgt. Als Transportfahrzeug steht dafür vorwiegend ein Gabelstapler zur Verfügung. Aus den verschiedenen wieder verwendbaren Secondhandmaterialien entsteht dann ein „neues" Möbelstück. Bei dieser Aufgabe müssen eigene Ideen und eigenes Design entwickelt und umgesetzt werden. Dafür ist eine sichere Handhabung der Bearbeitungswerkzeuge Voraussetzung. Zusätzlich müssen ggf. Kundenwünsche umgesetzt werden. Die umgesetzten Arbeitsschritte werden abschließend dokumentiert.

   Ausführende: Die Arbeitsaufgabe wird von einem Vorarbeiter bzw. Anleiter mit fachspezifischer Qualifizierung, zumeist Tischler oder Polsterer, angeleitet und/oder durchgeführt. Operative Mitarbeiter, z. B. An- und Ungelernte, führen einfache Teilaufgaben durch.

Besonderheiten: Die Arbeitsaufgabe konnte in fünf der beteiligten Länder identifiziert werden. Lediglich in Großbritannien und Finnland wurde diese Aufgabe nicht identifiziert.

8. Für das **„Verkaufen der Möbel"** muss zuerst die Ware erfasst und der Verkaufspreis festgelegt werden. Dazu wird die Ware nach internen Standards klassifiziert, in einem EDV-System, zumeist einem Warenwirtschaftssystem, dokumentiert und der Preis sowie die Standzeit erfasst und mit Preisen etikettiert. Die Arbeitsaufgabe beinhaltet weiterhin eine ansprechende Dekoration der Waren im Verkaufsraum. Zum Verkauf gehören auch das Verkaufsgespräch und die Kundenberatung. Aufgeschlossenheit, Kunden- und Serviceorientierung sind hierbei unerlässliche Anforderungen. Besonders die Preisgestaltung mit der Einschätzung und Abwägung von Qualität und Nachfrage der Ware und die Kundenberatung erfordern hohe Anforderungen an die Arbeit der Mitarbeiter. Nicht verkaufte Waren werden in einigen Unternehmen nach einer betriebsintern festgelegten Standzeit (z. B. max. vier Wochen) aussortiert und zur Entsorgung weitergeleitet.

   Ausführende: Für den Verkauf von Möbeln sind fachspezifische Kenntnisse keine wesentliche Voraussetzung jedoch von Vorteil. Die Aufgabe erfordert kein hohes Anforderungsprofil, sodass sie von operativen Mitarbeitern (z. B. An- und Ungelernten) durchgeführt wird. Vorarbeiter bzw. Anleiter haben eine beratende bzw. kontrollierende Funktion und bringen ihre fachspezifische Kenntnisse z. B. zur Preisgestaltung mit ein.

   Besonderheiten: Nicht alle analysierten Unternehmen arbeiteten mit EDV-gestützten Systemen (z. B. Warenwirtschaftssystemen). In den Ländern Bulgarien und Finnland werden beispielsweise keine EDV-Systeme eingesetzt. In Großbritannien wiederum wird keine Aussortierung der Möbel vorgenommen.

9. Die Arbeitsaufgabe **„Ausliefern von verkauften Möbeln"** wird nur in einigen Unternehmen umgesetzt. Je nach Kundenwunsch und gegen eine Aufwandserstattung werden die gekauften Möbel ausgeliefert. Die Ware wird für den Transport gemäß den Verlade- und Transportvorschriften verladen und gesichert. Dafür stehen folgende Hilfsmittel zur Verfügung: LKW bzw. Transportfahrzeuge, Gabel- bzw. Handstapler und Gurtzeuge. Der Fahrer steht dabei in enger Abstimmung mit der Disposition, von denen die Aufträge an sie weitergeben werden. Für die Routenplanung steht dem Fahrer in einigen

Ländern ein Navigationssystem zur Verfügung. Beim Transport müssen alle Verladevorschriften eingehalten und die Waren Material schonend transportiert werden. Eine sichere Handhabung der Transport- und Verladewerkzeuge wird vorausgesetzt. Bei Verwendung von Auftragspapieren müssen diese ordnungsgemäß ausgefüllt werden.

Ausführende: Die Arbeitsaufgabe wird je nach Unternehmen von Vorarbeitern, d. h. von ausgebildeten Kraftfahrern, und/oder operativen Mitarbeitern, z. B. von An- und Ungelernten, wahrgenommen. Notwendige rechtliche Voraussetzung ist die Berechtigung zum Führen der entsprechenden Transportfahrzeuge und ggf. sogar ein Lkw-Führerschein.

Besonderheiten: In Finnland konnte die Benutzung von Auftragspapieren nicht identifiziert werden. In Slowenien und Finnland konnte die Verwendung eines Navigationssystems nicht identifiziert werden.

5.3 Kernarbeitsprozesse und -aufgaben im Geschäftsfeld „Bücher und CDs"

In dem Geschäftsfeld „Bücher und CDs" werden die Produktgruppen Bücher, CD, DVD/Video und teilweise auch Schallplatten und Konsolen-/Computerspielen angekauft und verkauft. Eine schematische Übersicht über die Kernarbeitsprozesse des Geschäftsfeldes gibt Abbildung 5.2 wieder.

Neben reinen Verwaltungsabläufen, wie sie unabhängig in jedem Geschäftsfeld anfallen, stehen am Anfang des Arbeitsprozesses das Marketing sowie der Ankauf bzw. die Akquisition von Waren. Der Warenankauf erfolgt sowohl bei Büchern, als auch bei Tonträgern auf zwei unterschiedlichen Wegen. Einerseits wird er über den Direktankauf der Waren von privaten Verkäufern im Geschäft und andererseits über die Abnahme größerer Warenposten aus Geschäftsauflösungen oder privaten Sammlungen abgewickelt. Während der Ankauf im Geschäft unmittelbar von dem dort tätigen Verkaufspersonal durchgeführt wird, erfolgt der Warenankauf größerer Mengen über die Akquisition von Bild- und Tonträger zumeist durch Personal, das den Markt und die Einkaufsquellen besonders gut kennt. Verbunden mit der Akquisition von Waren, die in größeren Mengen angekauft werden, ist generell die Disposition. Dabei geht es nicht nur darum, Lieferantenpflege zu betreiben und den Markt zu beobachten, sondern auch darum, den Ankauf und Transport der Waren zu planen und zu organisieren.

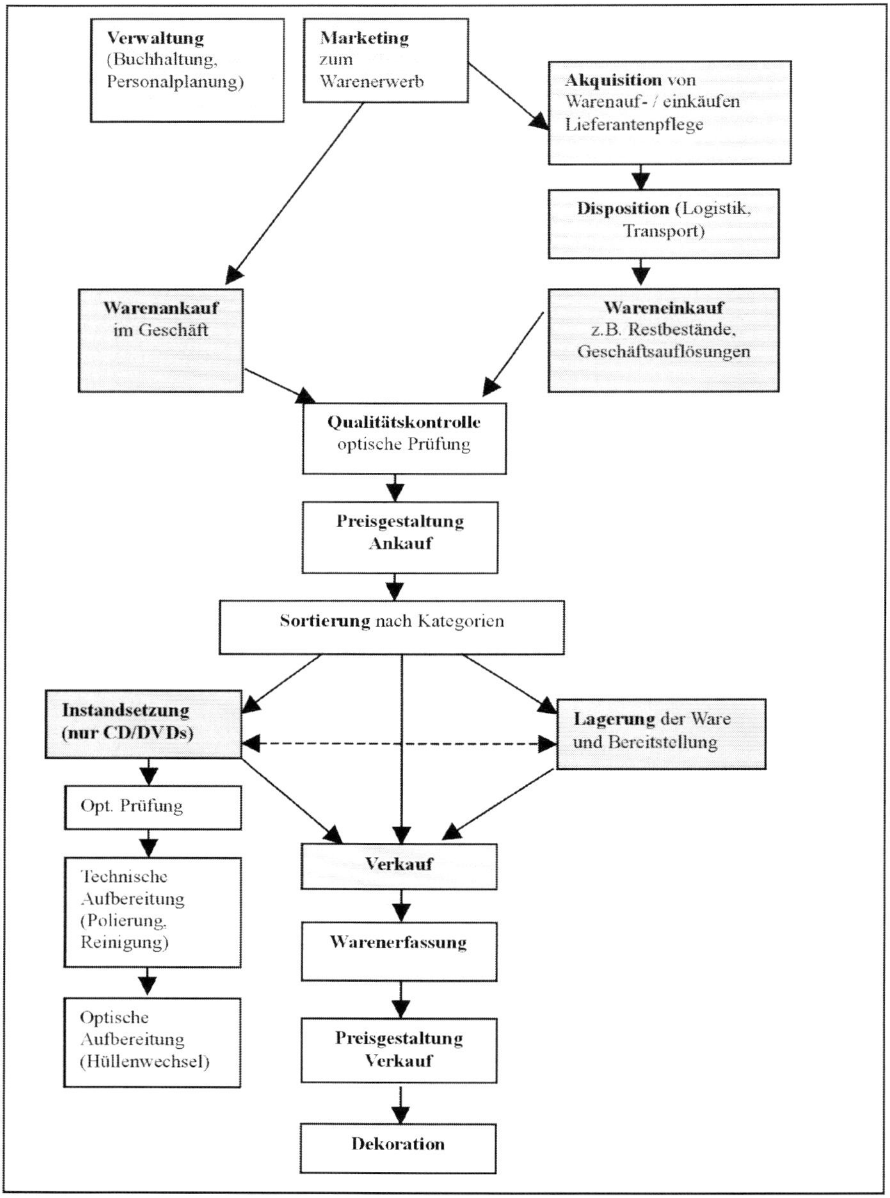

Abb. 5.2: Arbeitsprozesse im Geschäftsfeld „Bücher/CD"

Im Zuge des Erwerbs der Waren erfolgt jeweils durch den An-/Einkäufer eine Qualitätskontrolle der zu erwerbenden Waren. Dabei werden die Bücher und Tonträger auf Beschädigungen, Verschmutzungen und Vollständigkeit überprüft. Anschließend erfolgt abhängig von dem Zustand der Waren die Preisgestaltung für den Ankauf und danach eine Vorsortierung der Waren mit Blick auf die nachfolgenden Prozesse. So wird intakte Ware unmittelbar dem Verkauf zugeführt. Beim Einkauf von größeren Warenmengen und unter der Voraussetzung, dass diese keine Mängel aufweisen, werden entsprechende Waren vorübergehend eingelagert. Waren, die kleinere Mängel haben, werden wiederum zunächst einmal instand gesetzt. Die Instandsetzung bezieht sich vornehmlich auf Tonträger, die optisch geprüft und dann technisch (z. B. durch CD-Polierung) und optisch (z. B. durch einen Hüllenwechsel bei CDs) aufbereitet werden. Im Secondhandbuchhandel wiederum findet maximal eine Reinigung von Buchcovern statt, da Fehler in Form von defekten oder fehlenden Seiten nicht behebbar sind. Die instand gesetzten Waren werden je nach Bedarf gleich in den Verkauf weitergeleitet oder wiederum entsprechend vorübergehend eingelagert. Im Verkauf erfolgen die Warenerfassung nach festgelegten Kriterien sowie die Preisgestaltung für den Verkauf. Anschließend werden die Waren in dem Geschäft zumeist nach festgelegten Kategorien wie Musikrichtungen bei CDs oder Sachgebieten bei Büchern ausgelegt und dekoriert, um sie anschließend zu verkaufen, wobei der Verkaufsprozess die Kundenberatung mit einschließt.

Die genaue Analyse der Arbeitsprozesse im Geschäftsfeld „Bücher und CDs" im Secondhandsektor führte zu sechs Kernarbeitsaufgaben:

1. Als erste Arbeitsaufgabe wurde die **„Personalplanung bzw. das Verwalten von kaufmännischen Aufgaben"** identifiziert. Diese Arbeitsaufgabe umfasst die Tätigkeit der Personaleinteilung. Durch die Personalplanung wird ein reibungsloser Arbeitsablauf im Geschäft zwischen den unterschiedlichen Arbeitsfeldern Einkauf, Lager und Verkauf gewährleistet. Es werden Arbeitspläne, Arbeitsaufgaben und Arbeitszeiten mit den Mitarbeitern abgestimmt und festgelegt. Zudem werden neue Mitarbeiter ausgewählt und der Anlernprozess durch erfahrene Mitarbeiter organisiert bzw. übernommen. Weiterhin zählt zu der Arbeitsaufgabe die Abwicklung der kaufmännischen Verwaltungsaufgaben. Ziel ist die schnelle und korrekte Bearbeitung z. B. der Geldaus- und Geldeingänge und der Lohnbuchhaltung. Zur Erstellung sämtlicher kaufmännischer Unterlagen werden gängige PC-Systeme für Buchhaltung, Steuererklärung usw. genutzt. Wichtig zur Erfüllung dieser Arbeitsaufgabe sind kaufmännische Kompetenz, Organisationsfähigkeit sowie kommunikative Fähigkeiten.

Ausführende: Die Arbeitsaufgabe ist vom Anforderungsprofil schwerpunktmäßig auf der Ebene des Managements angesiedelt.

2. Bei der Arbeitsaufgabe **„Durchführen von Werbemaßnahmen"** besteht das Ziel einerseits darin, neue Lieferanten (Privatpersonen oder gewerbliche Kunden), die das Geschäft mit Ware versorgen, zu akquirieren. Andererseits sollen auch neue Kunden gewonnen werden, welche die angebotenen Waren abnehmen. Darüber hinaus sollen bestehende Kunden- und Lieferantenbeziehungen gefestigt werden. Der An- und Verkauf der Ware wird über Werbemaßnahmen mithilfe unterschiedlichen Medien sichergestellt. Die Arbeitsaufgabe beinhaltet die Organisation und Gestaltung von Zeitungsanzeigen, Internetwerbung, Plakatwerbung, in einigen Fällen sogar Radio- und Kinowerbung.

   Ausführende: Der Schwerpunkt in der Umsetzung der Arbeitsaufgabe liegt aufgrund der teilweisen hohen Anforderungen beim Management. Einfache Teilaufgaben werden von der operativen Mitarbeiterebene, z. B. von An- und Ungelernten, übernommen.

3. Die Arbeitsaufgabe **„Akquirieren von Lieferanten"** hat zum Ziel, ein markt- und bedarfsorientiertes Warenangebot bzw. -sortiment sicherzustellen. Bei der Akquisition werden unterschiedliche Medien (Fachzeitschriften, Zeitungen, Anzeigen, Internet) nach adäquaten Warenverkaufsangeboten geprüft, über Geschäftsauflösungen oder Restbestandsverkäufe recherchiert oder bekannte Lieferanten aufgesucht. Dabei ist eine dauerhafte Beobachtung des Marktes notwendig. Die vorhandenen Angebote müssen mit dem aktuellen Warensortiment z. B. dahin gehend abgeglichen werden, ob ein Bedarf besteht. Die Arbeitsaufgabe umfasst auch die Aufnahme und Pflege von Lieferantenkontakten, was generell ein hohes Maß an Sozialkompetenzen sowie Kundenorientierung und -betreuung erfordert.

   Ausführende: Die Arbeitsaufgabe wird in den Secondhandunternehmen vom Management wahrgenommen.

   Besonderheiten: In Großbritannien konnte diese Arbeitsaufgabe nicht identifiziert werden.

4. Die Arbeitsaufgabe **„Planen des Wareneingangs"** folgt zeitlich nach der Akquisition und umfasst das Annehmen von Lieferantenangeboten, Lieferantenbesuche, die Organisation und Durchführung des Transports der Waren sowie die Auftragsabwicklung. Die Lieferantendaten werden mittels gängiger PC-Programme oder handschrift-

lich erfasst. Das Warenangebot wird, nachdem es in Zeitungsanzeigen, Internet o. ä. identifiziert wurde, telefonisch überprüft. Gegebenenfalls werden gleich Lieferantenbesuche vereinbart und aufeinander abgestimmt. Wenn die angebotene Ware ins Sortiment passt, wird der Auftrag unmittelbar beim Lieferanten abgewickelt, (siehe Aufgabe 5 „Ankaufen von Waren"). Anschließend wird die Ware zum Geschäft transportiert.

Ausführende: Diese Arbeitsaufgabe fällt in den Aufgabenbereich der Managementebene sowie teilweise in den Bereich der operativen Mitarbeiterebene.

5. Die Arbeitsaufgabe **„Ankaufen von Waren"** umfasst die Qualitätskontrolle der angebotenen Waren, die Festsetzung des Ankaufspreises und die Sortierung der CDs/DVDs bzw. Bücher (bzw. weitere Produkte wie Schallplatten, PC-Spiele). Bei dem Ankauf muss der Einkäufer entscheiden, ob die Ware für das Unternehmen interessant ist, in welcher Qualität sie sich befindet, wie die Marktpreise für die Waren sind und welche Preisspanne für den Ankauf unter Berücksichtigung aller Kriterien realistisch ist. Der Ankaufprozess ist eine Schlüsselaufgabe innerhalb der Arbeitsaufgabe. Von ihr hängen schließlich der Umfang und die Art des Angebotes in einem Secondhandunternehmen ab. Jedes angebotene Teil wird (wenn möglich einzeln) optisch begutachtet und auf Vollständigkeit sowie die Warenbesitzverhältnisse überprüft. Beim Warenankauf erfolgt eine Wareneinschätzung dahin gehend, ob es sich um ein Einzelstück handelt und ob sie vollständig, defekt oder nicht verkaufsfähig ist. Wenn die unternehmensinternen Qualitätsstandards nicht eingehalten werden können, wird die Ware abgelehnt. Die Überprüfung und Sichtung findet je nach Organisation im Geschäft oder vor Ort beim Lieferanten statt.

   Bei der Preisgestaltung des Ankaufes muss die Gewinnspanne berücksichtigt werden. Gute Kenntnisse über den Gebrauchtwarenhandel mit dem anzukaufenden Produkt und den Neuwaren- sowie Gebrauchtwarenwert sind dabei unerlässlich. Das Erfahrungswissen spielt bei der Preisgestaltung eine große Rolle. Daneben kann in einigen Unternehmen auf ein Warenwirtschaftssystem zurückgegriffen werden, das aufgrund von archivierten Daten Erfahrungswerte für die Preisgestaltung liefern kann. Darüber hinaus werden bei Bedarf Internetrecherchen oder Recherchen in anderen Geschäften bzw. Kaufhäusern durchgeführt. Zur Durchführung der Arbeitsaufgabe sind vor allem „fachliche" Kenntnisse über die Produkte und deren

Zuordnung zu bestimmten Themengebieten erforderlich. Bei größeren Mengen muss der Ankäufer eine Preisspanne berechnen, innerhalb der die Verhandlungen mit dem Lieferanten stattfinden können. Nach der Bewertung der Waren führt der Ankäufer Preisverhandlungen mit dem Lieferanten durch. Bei einer Einigung werden die Kundendaten des Lieferanten erfasst, die Ankaufsquittung ausgestellt und der Ankaufspreis ausgezahlt.

Nach Abschluss des Ankaufs werden die Waren nach Qualität sortiert und weitergeleitet. Je nach Zustand und Marktnachfrage wird – falls ein Lager vorhanden ist – die Ware zwischengelagert oder direkt in den Verkauf gegeben. Dazu benötigt der Einkäufer ein Wissen über das vorhandene Sortiment und über die Lagerkapazitäten.

Ausführende: Der Ankauf großer Mengen von Waren, die finanzielle Ressourcen binden, erfolgt meist von einem Einkäufer in den Unternehmen. Den täglichen Ankauf führen hauptsächlich erfahrene operative Mitarbeiter u. a. auch An- und Ungelernte aus. Die Festlegung der Qualitätskriterien sowie eine Kontrolle erfolgt vom Management, Vorarbeiter oder Einkäufer.

Besonderheiten: In Finnland und Großbritannien konnten keine Lager zur Aufbewahrung der Waren identifiziert werden. In einer Fallstudie eines deutschen Unternehmens wurden die CDs/DVDs zur Aufbereitung (Polierung) außerdem an externe Unternehmen weitergeleitet. Dieser Arbeitsschritt, die technische Aufbereitung der Waren, konnte sonst in keinem der untersuchten Länder identifiziert.

6. Die Arbeitsaufgabe **„Verkaufen von Waren"** beinhaltet die Festsetzung des Verkaufspreises, die Dekoration und Einsortierung der Waren sowie den eigentlichen Verkaufsprozess. Die Waren werden in – falls vorhanden – einem Warenwirtschaftssystem erfasst, der Verkaufspreis festgelegt und die Waren ausgezeichnet. Die Preiskalkulation erfolgt wie beim Ankauf auf Basis von Erfahrungen und der Informationen über die Marktpreise, die ggf. durch ein Archiv, durch das Internet oder durch ähnliche Quellen (Kaufhäuser oder andere Secondhandgeschäfte) in Erfahrung gebracht werden. Die Gestaltung der Verkaufsräume und die Einsortierung der Waren sind wichtige Teilaufgaben. Für einen erfolgreichen Verkaufsprozess ist eine hohe Kunden- und Serviceorientierung entscheidend. Spezifische Kenntnisse des jeweils relevanten Marktes (Bücher, CD/DVD: Musiksparten, Filme, PC-Spiele) sind für die Kundenberatung von Vorteil, aber keine notwendige Voraussetzung und werden oft erst im Laufe

der Tätigkeit angeeignet. Die Arbeitsaufgabe endete mit dem Verkauf und der Bedienung des Kassensystems.

Ausführende: Die Arbeitsaufgabe erfordert nur geringe fachspezifische Kenntnisse (Die Preiskalkulation ist eng an die vorgegebenen Informationsquellen angelehnt.) und wird daher von operativen Mitarbeitern, z. B. von An- und Ungelernten, übernommen. Die Kunden- und Serviceorientierung sowie die Kundenberatung sind Schlüsselqualifikation im Verkauf, während die fachlichen Kenntnisse eine untergeordnete Rolle spielen.

5.4 Kernarbeitsprozesse und -aufgaben im Geschäftsfeld „Elektrische und elektronische Geräte"

In dem Geschäftsfeld „Elektrische und elektronische Geräte" werden gebrauchte elektrische und elektronische Kleingeräte, Großgeräte wie z. B. weiße Ware, Computer und Computerzubehör sowie Bürogeräte angenommen, gesammelt, zerlegt, repariert und wiederverkauft. Eine schematische Übersicht über die Kernarbeitsprozesse im Geschäftsfeld „Elektrische und elektronische Geräte" gibt Abbildung 5.3 wieder.

Insgesamt zeichnet sich das Geschäftsfeld durch eine Vielzahl an fachlichen Aufgaben (vor allem hinsichtlich der Instandsetzung) aus. Am Anfang des Arbeitsprozesses steht die Akquisition von Elektrogeräten. Hier werden Waren eingeworben und in einem nächsten Schritt zum Unternehmen transportiert. Die Akquisition beinhaltet die Auftragsannahme und Vorbereitung des Transportes.

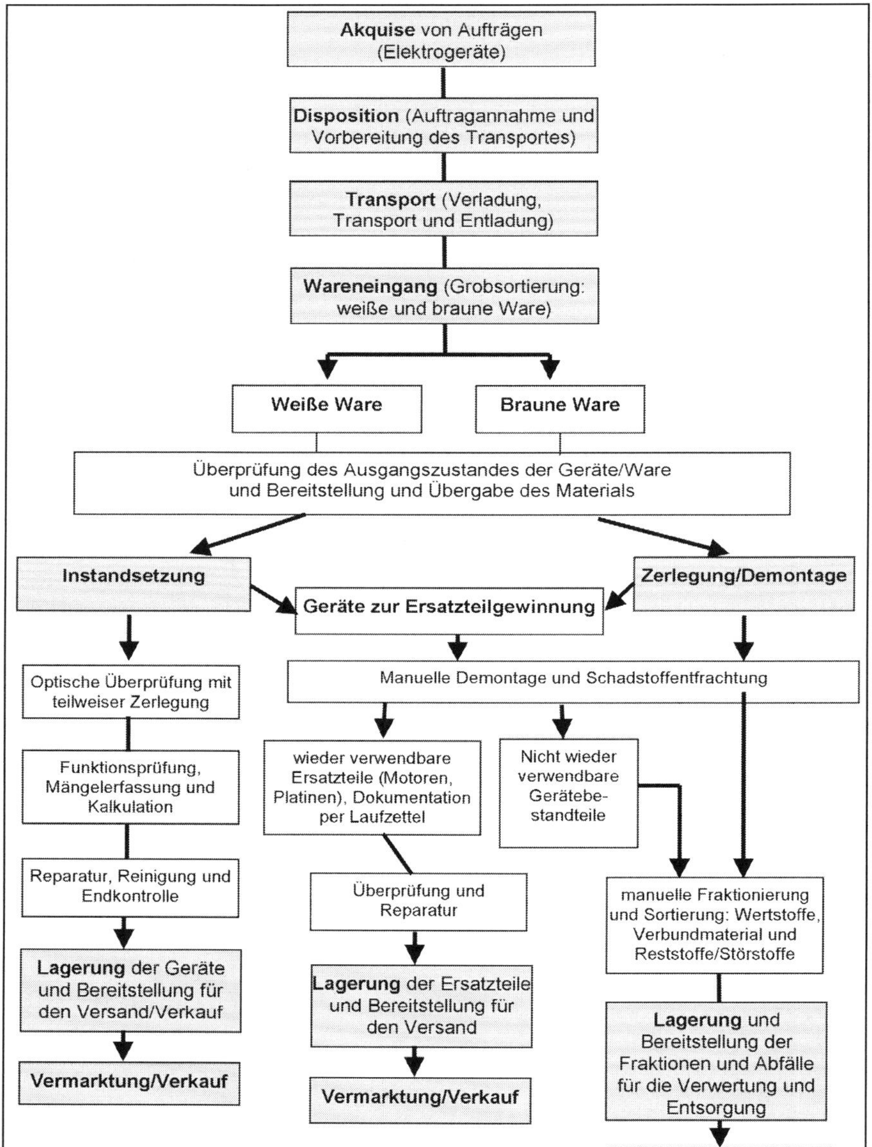

Abb. 5.3: Arbeitsprozesse im Geschäftsfeld „Elektrische und elektronische Geräte"

Im Unternehmen werden die Elektrogeräte je nach Warengruppen (z. B. nach der Gruppe „weiße“ oder „braune“ Ware) vorsortiert. Zugleich wird ihr Ausgangszustand bewertet, um die nachfolgenden Bearbeitungsschritte festzulegen. Je nach Qualität des Elektrogerätes wird entschieden, ob das Gerät instand gesetzt oder zerlegt bzw. demontiert wird. Bei der Instandsetzung werden Mängel beseitigt und defekte Teile durch Ersatzteile ausgetauscht, um das Gerät in einen intakten, verkaufsfähigen Zustand zu überführen. Wird eine Instandsetzung ausgeschlossen, werden die Geräte je nach Marktlage in Einzelteile, die dann als Ersatzteile weiterverkauft werden sollen, zerlegt. Diese werden ebenfalls überprüft, repariert und gelagert. Lohnt es sich nicht das Gerät zu reparieren oder wieder verwendbare Ersatzteile zu entnehmen, wird das Gerät in seine einzelnen Fraktionen zerlegt und nach den aktuellen Umweltvorschriften verwertet und entsorgt. Die zur Verwertung gewonnen Fraktionen werden je nach Marktpreis verkauft. Am Ende des Geschäftsprozesses werden die reparierten Geräte und Ersatzteile eingelagert und/oder direkt dem Verkauf zugeführt. Der Verkauf erfolgt je nach Ausrichtung des Unternehmens in einem Geschäft bzw. Kaufhaus oder über das Internet. Die jeweilige Ausrichtung des Unternehmens führt zu unterschiedlichen Arbeitsaufgaben: Im Direktverkauf findet eine Kundenberatung statt und beim Verkauf über das Internet erfolgt die Vorbereitung des Versandes der Ware.

Die identifizierten Arbeitsprozesse lassen sich in acht Arbeitsaufgaben unterteilen. Diese Arbeitsaufgaben können im Geschäftsfeld „Elektrische und elektronische Geräte“ als Kernarbeitsaufgaben bezeichnet werden:

1. Die Arbeitsaufgabe **„Akquirieren von Geräten“** umfasst das Akquirieren von Aufträgen zur Elektrogeräteabholung bzw. zur Abgabe von Elektrogeräten bei Sammlungen oder Vor-Ort-Annahmestellen. Mithilfe unterschiedlicher Medien wie Flyern, Broschüren, Zeitungen und dem Internet aber auch durch persönliche Kontakte oder durch spezielle Netzwerke sollen neue Lieferanten zur Abgabe von Elektrogeräten eingeworben werden.

   <u>Ausführende:</u> Die Arbeitsaufgabe wird von Mitarbeitern der Managementebene durchgeführt.

2. Bei der Arbeitsaufgabe **„Planen der Geräteabnahme“** werden Anfragen von Lieferanten zur Abholung von Waren angenommen und die Besichtigung sowie der Transport der Geräte vorbereitet und organisiert. Falls vorhanden, werden mittels Auftragsschein und Beförderungspapieren die Abholung und der Eingang der Altgeräte unter der Bedingung, dass sie überhaupt angenommen werden können, erfasst. Dafür müssen die Kundendaten mit dem Zielort sowie die

Materialmenge in die Papiere eingetragen werden. Für eine optimale Planung und Umsetzung des Transportes müssen sich die Mitarbeiter mit dem für den Transport zuständigen Bereich abstimmen.

Ausführende: Die Arbeitsaufgabe wird vorwiegend von Mitarbeitern der Managementebene ausgeführt.

3. Das **„Transportieren von Elektroaltgeräten"** umfasst alle direkt mit dem Transport in Verbindung stehenden Arbeiten. Dazu gehört die Verladung der Ware für den Transport, der Transport der Ware unter Beachtung der Verlade- und Transportvorschriften und die Entladung der Ware am Zielort. Nach vorgegebener Planung wird zum Lieferanten gefahren und die Geräte vor Ort verladen, sodass sie sicher zum Zielort, dem Secondhandunternehmen, transportiert werden können. Dabei sind die Transport- und Verladevorschriften einzuhalten sowie die zur Verfügung stehenden Transport- und Verladewerkzeuge (d. h. die Gabelstapler, Hubwagen und Gurtzeuge) sicher zu handhaben. Teilweise müssen für den Transport Behälter oder Lagermittel (Gitterboxen oder Paletten) bereitgestellt werden. Dabei müssen die Geräte Material schonend und platzsparend verladen und transportiert werden.

   Nach der Verladung werden die Altgeräte mithilfe eines Transportfahrzeuges (LKW, Transporter usw.) unter Einhaltung der (jeweils nationalen) gesetzlichen Vorgaben zur Verkehrssicherheit und Transport- und Sicherheitsbestimmungen zum Zielort transportiert. Das benutzte Fahrzeug muss verkehrssicher und zugelassen sein. Ziel ist ein zerstörungsfreier Transport der Ware unter Einhaltung der Transportvorschriften.

   Am Zielort werden die Altgeräte unter Berücksichtigung der innerbetrieblichen Organisation entladen. Teilweise werden die Altgeräte zwischengelagert. Die Entladung sollte möglichst Material schonend erfolgen. Dafür stehen als Werkzeuge u. a. Gabel- oder Handstapler zur Verfügung. Die Auftragspapiere müssen nach dem Entladen ordnungsgemäß bearbeitetet und vollständig weitergeleitet werden.

   Ausführende: Die Arbeitsaufgabe wird von operativen Mitarbeitern, z. B. von An- und Ungelernten, umgesetzt. Die Führungsberechtigung (Führerschein) für das Transportfahrzeug ist essenzielle Voraussetzung.

   Besonderheiten: In Österreich wurde diese Arbeitsaufgabe nicht identifiziert.

4. Die Arbeitsaufgabe **„Annehmen von Elektroaltgeräten"** beinhaltet die Grobsortierung und Überprüfung des Ausgangszustandes sowie das Bereitstellen der Geräte für die nachfolgenden Bearbeitungsschritte. Werden neue Altgeräte angeliefert, müssen diese von der Annahme akzeptiert werden, was nur für Profit-Unternehmen zu trifft. Die Geräte werden mittels Sichtprüfung identifiziert (braune oder weiße Geräte), gekennzeichnet und zur weiteren Bearbeitung transportiert oder für das Zwischenlager bereitgestellt. In einzelnen Unternehmen stehen Hilfsmittel wie Auftragspapiere, innerbetriebliche Begleitscheine oder eine EDV-gestützte Auftragsbearbeitung zur Verfügung. In einigen Fällen wird bereits bei der Annahme der Altgeräte eine erste Funktionskontrolle durchgeführt, da besonders Profit-Unternehmen oft nur funktionierende Altgeräte annehmen und ein Ankaufspreis nur unter Berücksichtigung des jeweiligen Zustandes sowie des Marktes möglich ist.

   Bei Not-for-profit-Unternehmen erfolgt eine Sortierung der Altgeräte nach dem Zustand des Gerätes. Unter Berücksichtigung der Funktionsfähigkeit, dem Wiederverkaufswert und Reparaturaufwand wird der Wert des Gerätes ermittelt. Nach der Beurteilung werden die Geräte den weiteren Bearbeitungsschritten zugeordnet, nämlich: Instandsetzung, Ersatzteilgewinnung oder Demontage. Teilweise ist eine Zwischenlagerung in Gitterboxen, Containern oder Regalen unter Berücksichtigung der Sicherheitsbestimmungen notwendig. Danach erfolgt eine Zuführung der sortierten Geräte zur weiteren Bearbeitung in den unterschiedlichen Arbeitsbereichen mittels Transportwerkzeugen und Behältern. Dabei müssen die Geräte konkret beschriftet werden. Unabdingbar ist eine enge Abstimmung mit nachgelagerten Bereichen.

   <u>Ausführende:</u> Die Arbeitsaufgabe erfordert ein hohes Anforderungsniveau, da fachspezifische Kenntnisse z. B. bei der Überprüfung des Ausgangszustandes und der Funktionsprüfung erforderlich sind. Sie wird daher von Vorarbeitern bzw. Anleitern umgesetzt. Operative Mitarbeiter (z. B. An- und Ungelernte) setzen die Sortierungs- und Prüfkriterien um und sind an Teilaufgaben, wie der Zwischenlagerung und dem Transport, beteiligt.

5. Die Geräte, die nicht für die Reparatur oder die Verwertung von Ersatzteilen in Frage kommen, werden in den meisten untersuchten Unternehmen demontiert. Bei der Arbeitsaufgabe **„Demontieren von Altgeräten"** werden die Geräte zerlegt, schadstoffhaltige Bauteile entfernt und die verschiedenen Fraktionen in Wertstoffe zur

weiteren Verwertung, Sekundärrohstoffe und Abfälle zur Entsorgung eingeteilt. Dazu müssen die Fraktionen unterschieden, die Werkstoffe korrekt eingeordnet und die gesetzlichen Vorgaben zur Schadstoffentfrachtung eingehalten werden. Zur Zerlegung bzw. Demontage stehen Arbeitstische, Förderbänder, Luftdruckschrauber, Gitterboxen bzw. Container, Behälter für schadstoffhaltige Bauteile sowie die üblichen Standardwerkzeuge (Hämmer, Schraubenzieher, Zangen) zur Verfügung. Wichtig ist neben der sicheren Nutzung der Werkzeuge ein zerstörungsfreies Entfernen der schadstoffhaltigen Bauteile. Die optimale Zerlegetiefe wird von wirtschaftlichen Gesichtspunkten bestimmt, um noch verwertbare Teile wie z. B. Motoren oder Platinen zu demontieren. Die Herkunftsdaten und die Fraktionierung werden dokumentiert bzw. per Laufzettel erfasst. Ein hoher, sortenreiner Materialrückfluss ist das übergeordnete Ziel dieser Arbeitsaufgabe.

<u>Ausführende:</u> Die Arbeitsaufgabe wird von operativen Mitarbeitern, z. B. von An- und Ungelernten, ausgeführt.

<u>Besonderheiten:</u> In Bulgarien konnte diese Arbeitsaufgabe nicht und in Österreich nur in Not-for-profit-Unternehmen identifiziert werden.

6. Das **„Instandhalten von Altgeräten"** stellt sehr hohe Anforderungen an die fachliche Kompetenz und bedingt ein hohes Erfahrungswissen, um möglichst effizient Reparatur- und Wartungsarbeiten unterschiedlichster Gerätetypen durchführen zu können. Die Funktionsprüfung beginnt mit einer optischen Überprüfung des Gerätegehäuses nach Rissen, Wasser innerhalb des Gerätes oder falschen Verkabelungen. Hiefür muss das Gerät teilweise zerlegt werden. Danach folgt eine schnelle und zuverlässige Funktionsprüfung mithilfe von Prüf- und Diagnosegeräten. Dabei wird auf vorhandene Dokumente des Herstellers (z. B. auf Bedienungs- oder Betriebsanleitungen) zurückgegriffen. Es werden verschiedene Prüfkonzepte umgesetzt (u. a. die VDE-Prüfung oder die Spannungsprüfung) und festgelegte Messungen je nach Geräteart (z. B. die Messung der Motorenleistung für weiße Waren) durchgeführt). Die Mängel werden erfasst und notwendige Wartungsarbeiten ausgeführt. Bei einem möglichen Reparaturbedarf muss der Aufwand vorher kalkuliert und ins Verhältnis zum möglichen Wiederverkaufswert gesetzt werden. Wird eine Reparatur durchgeführt, werden die Verschleißteile oder defekte Geräteteile gegen (ggf. neue) Ersatzteile ausgewechselt. Dazu werden Standardwerkzeuge, Service- und Reparaturdokumente, technische Informationen, eventuell vorhandene Arbeitsblätter, das Internet und Spezialwerkzeuge hinzugezogen. Der Ankauf von neu-

en Ersatzteilen muss entsprechend dem Wiederverkaufswert des Gerätes abgewogen werden. Das Ziel besteht darin, unter Berücksichtigung der ökonomischen Rahmenbedingungen die Funktionsfähigkeit wiederherzustellen. Da bei dem gewerblichen Verkauf von gebrauchten Elektrogeräten eine einjährige Gewährleistung gesetzlich vorgeschrieben ist, wird eine Instandsetzung nur durchgeführt, wenn der Gewährleistungspflicht nachgekommen werden kann. Die Geräte müssen also einen Mindeststandard erfüllen. Letztlich wird die Funktionsfähigkeit des Gerätes sichergestellt und eine Endkontrolle durchgeführt.

Ausführende: Diese Arbeitsaufgabe liegt in der Verantwortung und auf dem Anforderungsniveau der Vorarbeiter- bzw. Anleiterebene, da tief gehende Fachkenntnisse (zu Reparaturen, Wartung und Bestimmung des Wiederverkaufswertes) unerlässlich sind. Operative Mitarbeiter (z. B. An- und Ungelernte) arbeiten auf Anweisung, leisten Zuarbeiten bzw. arbeiten bei Routinearbeiten mit.

Besonderheiten: Die Funktionsprüfung konnte in Österreich nur bei den Not-for-profit-Unternehmen festgestellt werden.

7. Bei der Arbeitsaufgabe **„Lagern der Ersatzteile oder Elektrogeräte"** werden die instand gesetzten Geräte und die funktionsfähigen oder reparierten Ersatzteile gemäß eines Lagerplans mithilfe von Gabelstaplern, Gitterboxen, Paletten, Containern und Regalen platzsparend eingelagert. Der Bestand des Lagers wird regelmäßig dokumentiert – teilweise per EDV-System. Mit der Arbeitsaufgabe verbunden ist die Lagerung und Bereitstellung der sortierten Fraktionen und Abfälle für die weiteren Verwertungs- und Entsorgungswege. Wenn Altgeräte oder Ersatzteile z. B. beim Verkauf im Internet abgerufen werden, müssen diese (wenn das Angebot von dem Unternehmen, Waren zu versenden, existiert) versandfertig gemacht oder für den Direktverkauf (im Geschäft oder Kaufhaus) vorbereitet werden. Die Transportwerkzeuge müssen sicher für eine Ein- und Auslagerung gehandhabt werden. Durch eine gut aufgebaute Lagerverwaltung können die reparierten Altgeräte und Ersatzteile schnell identifiziert und abgerufen werden.

   Ausführende: Die Arbeitsaufgabe erfordert keine hohen fachspezifischen Kenntnisse und wird daher von operativen Mitarbeitern ,z. B. von An- und Ungelernten, wahrgenommen.

   Besonderheiten: In Österreich konnte diese Arbeitsaufgabe nur bei den Not-for-profit-Unternehmen identifiziert werden.

8. Die Arbeitsaufgabe **„Vermarkten der Ersatzteile, der instand gesetzten Geräte und der Wertstoffe"** steht am Ende des Geschäftsprozesses. Ziel dabei ist der Verkauf instand gesetzter Geräte und Ersatzteile und die Weiterverwertung nutzbarer Teile. Falls vorhanden, werden die zum Verkauf angebotenen gebrauchten Ersatzteile (z. B. Motoren), Elektrogeräte (z. B. weiße oder braune Ware) oder Wertstoffe (z. B. Metalle, Kupfer, Kunststoffe) in einem Warenwirtschaftssystem erfasst. Die Preise für den Verkauf müssen in Anlehnung an den Marktpreis und unter Berücksichtigung der Instandsetzungskosten festgelegt werden. Bei Angeboten im Internet kommt hinzu, dass Fotos und eine Beschreibung des Geräts auf der Internetseite eingefügt werden müssen. Hierfür sind verschiedene Medien wie digitale Fotokameras oder PC zu bedienen. Bei Abruf über das Internet (per Telefon oder PC) muss das Lager informiert werden, da über das Lager der Versand organisiert wird. In einigen Fällen werden die instand gesetzten Geräte ausgeliefert und unmittelbar beim Kunden installiert. Zur Steigerung des Verkaufes werden Anzeigen in Zeitungen oder im Internet geschaltet sowie Flyer oder E-Mails verteilt. Daneben werden Netzwerke zur Kundenbindung und -gewinnung aufgebaut.

   Ausführende: Die Verantwortung für die Maßnahmen zur Vermarktung liegt bei den Vorarbeitern bzw. Anleitern teilweise auch beim Management. Für die Umsetzung werden operative Mitarbeiter, z. B. von An- und Ungelernten, eingesetzt, die nach Anweisung Teilaufgaben übernehmen.

   Besonderheiten: Der Verkauf von Wertstoffen konnte in Österreich nicht als Teil der Arbeitsaufgabe identifiziert werden.

5.5 Kernarbeitsprozesse und -aufgaben im Geschäftsfeld „Textilien"

In dem Geschäftsfeld „Textilien" werden alle Arten von Textilwaren angenommen, gesammelt, teilweise angekauft und je nach Organisation aufbereitet und wieder abgegeben bzw. verkauft. Eine schematische Übersicht über die Kernarbeitsprozesse im Geschäftsfeld „Textilien" liefert Abbildung 5.4.

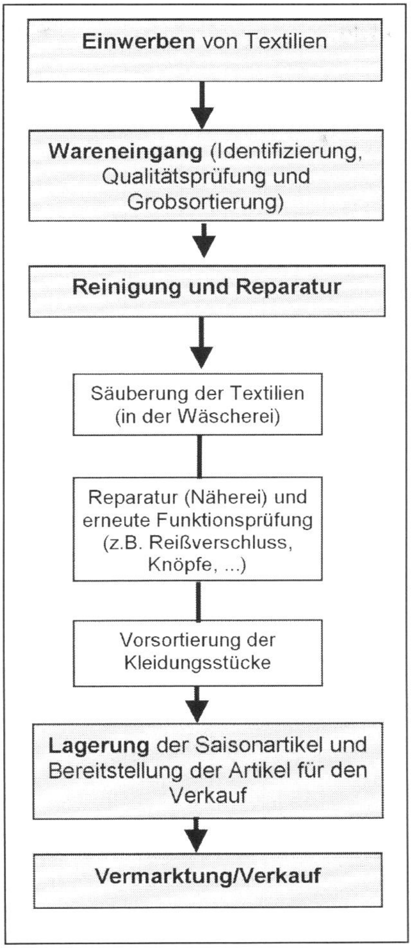

Abb. 5.4: Übersicht über die Arbeitsprozesse im Geschäftsfeld „Textilien"

Das Geschäftsfeld „Textilien" zeigt deutliche Unterschiede zwischen den Profit- und Not-for-profit-Unternehmen. Während in den Profit-Unternehmen vorwiegend nur Textilien angenommen werden, die eine gute Qualität besitzen, nehmen die Not-for-profit-Unternehmen auch Waren an, die teilweise noch gesäubert und repariert werden müssen. Dabei gelangen die Waren auf unterschiedlichen Wegen in die Unternehmen. Teilweise werden die Alttextilien beim Kunden abgeholt oder direkt vom Lieferanten im Unternehmen abgegeben. Dort erfolgt anschließend eine Qualitätsprüfung und Grobsortierung der Textilien. Die Aufgabe der Reinigung und der Reparatur wird nur in einigen Unternehmen umgesetzt. Je nach Kapazität werden die sortierten und reparierten Textilien (z. B. Saisonartikel) zwischengelagert. Anschließend werden die Textilen in dem Geschäft bzw. Kaufhaus (zumeist nach festgelegten Kategorien wie z. B. Herren- oder Damenbekleidung/Kinderbekleidung/Artikelart) ausgelegt, ausgehangen und dekoriert, um sie anschließend zu verkaufen, wobei der Verkaufsprozess die Kundenberatung mit einschließt.

Die Analyse der Arbeitsprozesse im Geschäftsfeld „Textilien" im Secondhandsektor führte zu sieben Kernarbeitsaufgaben:

1. Die Arbeitsaufgabe **„Akquirieren von Textilien"** hat je nach Ausrichtung des Unternehmens eine unterschiedliche Orientierung. Hauptziel ist die Akquisition von Spenden oder Textilankäufen, um das Warenangebot sicherzustellen. Die Gewinnung neuer Lieferanten – egal ob Spender oder Verkäufer – steht somit im Mittelpunkt der Arbeitsaufgabe. Wichtig ist das richtige Abwägen zwischen der Erhöhung des Spenden- oder Ankaufvolumens und der Verbesserung der Qualität der Spenden und Ankäufe bzw. die Gewinnung von spezifischen Waren (z. B. saisonale Bekleidung). Mittels verschiedener Medien wie etwa Flyern, Prospekte, Postkarten oder dem Internet werden möglichst vorher festgelegte Zielgruppen angesprochen. Dabei müssen das Medium, die Werbeinhalte und -umfang ausgewählt sowie die Aufträge zur Gestaltung der Werbung organisiert und kontrolliert werden. Der persönliche Kundenkontakt und die Netzwerkpflege spielen dabei eine entscheidende Rolle. Bei der Arbeitsaufgabe handelt es sich um eine verantwortungsvolle Aufgabe mit dem Schwerpunkt auf Öffentlichkeitsarbeit, die insgesamt das Image der Unternehmen prägt.

   <u>Ausführende:</u> Das Akquirieren von Textilien liegt in der Verantwortung der Managementebene. Operative Mitarbeiter, z. B. von An- und Ungelernten, leisten Unterstützung bei der Umsetzung.

2. Bei der Arbeitsaufgabe **„Planen des Warentransports"** werden Aufträge angenommen und mit dem Logistikbereich abgestimmt. Bei einer Anfrage müssen Zielort sowie Warenzustand und -menge identifiziert werden, um zu entscheiden, ob der Auftrag angenommen werden kann. Die Verkaufsanfragen werden aufeinander abgestimmt und als Aufträge mittels Auftragsschein an den Transportbereich weitergegeben. Für die Dokumentation und die Auftragsabwicklung werden Transportschein und Auftragsschein eingesetzt.

Ausführende: Der Warentransport wird von Mitarbeitern des Managements geplant.

Besonderheiten: Die Arbeitsaufgabe „Planen des Warentransportes" konnte nur vereinzelt in den untersuchten Unternehmen in Bulgarien identifiziert werden.

3. Nach der Planung der Warenabholung folgt der eigentliche Transport der Textilien mit der Arbeitsaufgabe **„Abholen der Waren"**. Die Basis für die Abholung ist der Auftragsschein. Die Textilien werden nach einer Sichtprüfung abgeholt. Die Verladung der Textilien muss platzsparend und möglichst Material schonend vollzogen und anschließend für den Transport gesichert werden. Für den Transport ist das zugelassene und verkehrssichere Fahrzeug, z. B. ein LKW oder ein anderes Transportfahrzeug, unter Einhaltung der (nationalen) gesetzlichen Vorschriften zu Verkehrssicherheit und den Transport- und Sicherheitsbestimmungen zuverlässig vom Fahrer zu führen. Im Unternehmen wird die Ware entladen. Dabei müssen die Auftragspapiere ordnungsgemäß bearbeitet und die Abholung mit den nach- und vorgelagerten Bereichen abgestimmt werden. Die Routenplanung erfolgt entweder durch eine Planungsstelle oder vom Mitarbeiter selbst. Durch die direkte Abholung der Ware beim Kunden sind der Kundenkontakt und das Auftreten des Mitarbeiters von hoher Bedeutung für das Image des Unternehmens.

   Ausführende: Die Arbeitsaufgabe erfordert kein hohes Anforderungsniveau und wird daher von operativen Mitarbeitern, z. B. von An- und Ungelernten, umgesetzt. Die wichtigste Voraussetzung zur Umsetzung der Arbeitsaufgabe ist die Führungsberechtigung für das Transportfahrzeug.

   Besonderheiten: Die Arbeitsaufgabe „Abholen der Waren" konnten nur vereinzelt in den untersuchten Unternehmen in Bulgarien identifiziert werden.

4. Die Arbeitsaufgabe **„Annehmen von Waren"** schließt die Qualitätsprüfung, Klassifizierung und Grobsortierung der Textilien sowie die Bereitstellung und Übergabe der Waren an die nachgelagerten Bereiche mit ein. Nach der Ausladung bzw. Annahme der Waren wird deren weitere Verwendbarkeit beurteilt. Dies erfolgt nach betriebsinternen Kriterien, z. B. nach den Kategorien „Neuware", „Ausschuss" und „Ware zur Weiterleitung an Bedürftige" z. B. an Entwicklungsländern oder der Humanitären Hilfe. Mittels Sicht- und Funktionskontrolle werden Sauberkeit und Funktionalität z. B. von Reißver-

schlüssen und Knöpfen geprüft. Damit findet eine erste Qualitätsbeurteilung statt. Die Waren werden nach ihrem Zustand sortiert und erhalten einen innerbetrieblichen Begleitschein, mit dem die Ware den verschiedenen Entsorgungs- und Bearbeitungswegen zugestellt wird. Für die Zustellung werden Körbe, Kartons oder Bündel benutzt. Dabei müssen die sortierten Waren getrennt gehalten und den richtigen Behältern zugeordnet werden. Diese müssen anschließend korrekt beschriftet werden.

Ausführende: Die Arbeitsaufgabe wird von operativen Mitarbeitern, z. B. von An- und Ungelernten, durchgeführt und von Vorarbeitern bzw. Anleitern koordiniert.

Besonderheiten: Die beschriebene Sortierung nach den verschiedenen Kategorien wurde in Slowenien, Großbritannien und Österreich nicht identifiziert.

5. Die Arbeitsaufgabe **„Reinigen und Reparieren der Textilien"** umfasst mehrere Teilaufgaben, die je nach Unternehmen in unterschiedlichen Arbeitsbereichen durchgeführt werden. In einem ersten Schritt findet eine Reinigung der Textilien in der Wäscherei statt. Für die Säuberung stehen Werkzeuge und Hilfsmittel wie Waschmaschinen, Trockner und Waschmittel zur Verfügung. Nach der Reinigung erfolgt eine erneute Sichtprüfung, um die weiteren Bearbeitungsschritte (Reparatur, Bügeln) festzulegen. Müssen Näh-, Reparatur- und Ausbesserungsarbeiten durchgeführt werden, erfolgt dies in der Näherei. Dafür muss zu Beginn der Reparaturaufwand eingeschätzt werden. Lohnt sich eine Reparatur nicht, so müssen die Textilien der Entsorgung zugeführt werden. Für die Näh-, Reparatur- und Ausbesserungsarbeiten stehen Nähmaschinen, Scheren, Garn und Ersatzteile zur Verfügung. Nach der Reparatur wird das Textilstück erneut geprüft und bei guter Qualität dem nächsten Bearbeitungsschritt, dem Bügeln, zugeführt. Im Anschluss werden die Textilien nach bestimmten Kriterien vorsortiert (Kindertextilien, Schuhe, Sommer- oder Winterkleidung, Größe usw.).

   Ausführende: Die Arbeitsaufgabe erfordert kein hohes Anforderungsniveau und wird von operativen Mitarbeitern, z. B. von An- und Ungelernten, umgesetzt. Die Arbeiten werden koordinierend und anleitend von Vorarbeitern bzw. Anleitern begleitet.

   Besonderheiten: Eine Reinigung der Textilien findet nur in den Ländern Bulgarien, Großbritannien und Deutschland statt. Eine Reparatur von Textilien wurde nur in Deutschland und Bulgarien identifiziert. Bei exklusiven Textilien wurde eine solche Tätigkeit auch in Österreich durchgeführt.

6. Bei der Arbeitsaufgabe **„Lagern und Bereitstellen der Textilien"** werden bestimmte Textilien (z. B. Saisonware) in Kartons, Körben, Boxen und Bündeln bis zum Verkauf der Waren z B. nach den Kriterien der Jahreszeitabhängigkeit oder der Aktualität eingelagert. Die Lagerung ist platzsparend vorzunehmen sowie in einem Lagerplan zu dokumentieren, um Transparenz und Abrufbarkeit der Waren sicherzustellen.

   Ausführende: Die Arbeitsaufgabe wird von operativen Mitarbeitern, z. B. von An- und Ungelernten, umgesetzt, da sie kein hohes Anforderungsniveau aufweist.

7. Mit dem **„Vermarkten der Textilien"** wird der gesamte Arbeitsprozess des Geschäftsfeldes abgeschlossen. Dies beinhaltet den Verkauf und die Abgabe der Textilien an den Endkunden. Dazu werden die Textilien zuerst (falls vorhanden) in einem Warenwirtschaftssystem oder handschriftlich erfasst und für den Verkauf etikettiert. Für die Etikettierung und Erfassung im Warenwirtschaftssystem muss der Wert der Waren mittels einer Preiskalkulation eingeschätzt werden. Im Anschluss werden die Textilien in das Warenangebot einsortiert und für den Verkauf dekoriert. Insgesamt müssen die Verkaufsräume ansprechend gestaltet und ggf. verschiedene Verkaufsaktionen durchgeführt werden (saisonale Angebote). Dabei sind kaufmännische Fähigkeiten zur Preisgestaltung und eine hohe Kunden- und Serviceorientierung von großer Bedeutung. Darüber hinaus muss das Warenwirtschafts- und Kassensystem (inkl. Abrechnung) sicher und korrekt gehandhabt werden.

   Ausführende: Die Arbeitsaufgabe wird vorwiegend von operativen Mitarbeitern, z. B. von An- und Ungelernten, durchgeführt. Die Verantwortung und Koordination liegt bei den Vorarbeitern bzw. Anleitern.

   Besonderheiten: Ein Warenwirtschaftssystem konnte in Finnland und Großbritannien nicht identifiziert werden.

5.6 Geschäftsfeldübergreifende Arbeitsprozesse und -aufgaben

Die Analyse der charakteristischen Arbeitsprozesse im Secondhandsektor verdeutlicht, dass es unterschiedliche geschäftsfeldübergreifende Arbeitsprozesse und -aufgaben gibt. So setzen sich alle Unternehmen des Sektors mit

- dem Akquirieren von Spenden/ Waren und Kunden,
- dem Wareneingang und
- dem Warenausgang

auseinander, wie die in Abbildung 5.5 dunkel markierten Felder darstellen. Die hier genannten drei zentralen Arbeitsaufgaben, die in allen Geschäftsfeldern identifiziert werden konnten, weisen weiterhin Schnittstellen auf.

Eine wesentliche und gemeinsame Arbeitsaufgabe in allen Geschäftsfeldern umfasst das Akquirieren von Spenden (vornehmlich in Not-for-profit-Unternehmen) bzw. Waren zum Ankauf (vornehmlich in Profit-Unternehmen) und Kunden im Sinne von Käufern für die Secondhandwaren. Je nach Ausrichtung des Unternehmens sind Werbemaßnahmen erforderlich, um Spendenabgaben bzw. Warenaufkäufe zu veranlassen. Potenzielle Spender oder Verkäufer von gebrauchten Waren müssen über die Möglichkeiten, Waren abzugeben, informiert und dazu ermuntert werden. Für die Unternehmen ist die Gewinnung von qualitativ möglichst hochwertigen Waren eine der zentralen Herausforderungen. Von den eingeworbenen Waren als solches hängt es ab, wie sich das Warenangebot für den Verkauf gestaltet. Ziel ist es, Waren einzuwerben, die möglichst schnell und damit effektiv wieder verkaufbar sind. Die Durchführung von Werbemaßnahmen für den Verkauf der Waren konnte ebenfalls bei allen Unternehmen und in unterschiedlichen Formen identifiziert werden.

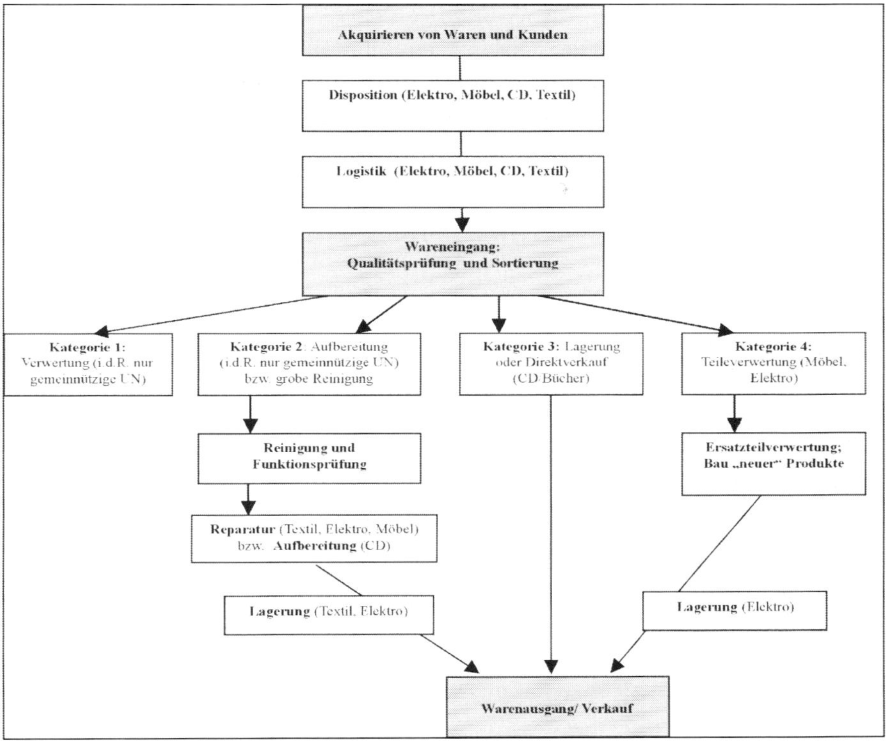

Abb. 5.5: Übersicht über die identifizierten Arbeitsprozesse und -aufgaben im Secondhandsektor

Eine zweite und zentrale geschäftsfeldübergreifende Arbeitsaufgabe ist die Annahme von Waren, deren Qualitätsprüfung, die Sortierung und Weiterleitung. Dies sind Arbeitsaufgaben, die im Bereich des Wareneingangs in allen Unternehmen ablaufen. Die Mitarbeiter müssen die Waren (je nach Organisation des Unternehmens vor oder nach der Annahme) auf die Qualität prüfen, den Wiederverkaufswert (Kosten-Nutzen-Schätzung) ermitteln und die Waren auf Grundlage dieser Bewertung den verschiedenen Wieder-/Weiterverwendungen zuordnen. Dabei werden die Waren unterschiedlichen Kategorien zugeordnet, nämlich zur Entsorgung bzw. Verwertung, zur Aufbereitung, zur Lagerung, zum Direktverkauf oder zur Teileverwertung. Je nach Ausrichtung der Unternehmen wird eine unterschiedliche Strategie und Organisation verfolgt, die sich ggf. auch auf die weiteren Bearbeitungsschritte auswirkt. So ist bei den Profit-

Unternehmen der Bereich der Aufbereitung von Waren aus Kostengründen oftmals nicht oder nur rudimentär vorhanden. Hier werden in der Regel nur qualitativ hochwertige Waren angenommen. Die Ursache hierfür liegt in einer stärkeren wirtschaftlichen Orientierung der Unternehmen. Weiterhin hat die Bewertung und Sortierung der Waren enorme Auswirkungen auf das Verkaufsangebot und die Effizienz der Unternehmen.

Als dritte geschäftsfeldübergreifende Arbeitsaufgabe konnte der Warenausgang identifiziert werden. Er beinhaltet die Preisfestlegung und Warenerfassung sowie die Präsentation der Ware und deren Verkauf. Zum Verkauf der Ware sind verschiedene Arbeitsaufgaben notwendig. Der Verkaufswert der Waren muss festgelegt und in einem System erfasst werden. Für den erfolgreichen Verkauf muss die Ware weiterhin dem potenziellen Kunden ansprechend präsentiert werden. Außerdem spielt die Kundenberatung, das eigentliche Verkaufsgespräch, eine bedeutende Rolle. Fachkenntnisse oder Kenntnisse des Marktes sind zwar nützlich und hilfreich für die Preisfestlegung und die Kundenberatung, aber keine essenzielle Voraussetzung für einen erfolgreichen Verkauf. Insgesamt gleichen sich die Arbeitsaufgaben der Geschäftsfelder, die beim Verkauf von den Mitarbeitern wahrgenommen werden müssen, inhaltlich sehr.

5.7 Geschäftsfeldspezifische Arbeitsprozesse und -aufgaben

Die Analyse der Arbeitsaufgaben zeigt teilweise große inhaltliche Unterschiede zwischen den Geschäftsfeldern, die sich in differenzierten fachlichen Anforderungen niederschlagen. So steht z. B. hinter der Arbeitsaufgabe des Wareneingangs die Qualitätsüberprüfung der eingehenden Waren. Für die Qualitätsüberprüfung müssen Funktionsfähigkeit, Wiederverkaufswert und Reparaturaufwand von Möbeln, Textilien, Elektrogeräten oder Büchern/CDs eingeschätzt werden. Dafür sind ganz unterschiedliche fachliche Kenntnisse notwendig. Die Anforderungen an die Arbeitsaufgaben unterscheiden sich dementsprechend also je nach Produkt bzw. Geschäftsfeld von inhaltlicher Natur. Auch für die Arbeitsaufgabe Demontage bzw. Verwertung sind abhängig von dem jeweiligen Geschäftsfeld jeweils unterschiedliche Kenntnisse (Materialkunden, Marktkenntnisse) sowie andere Kompetenzen, die zur Ausführung der Tätigkeiten erforderlich sind, notwendig. So werden in den Geschäftsfeldern „Bücher/CD" und „Textilien" vorn vornherein keine Waren angenommen, die entsorgt werden müssen.

Bei den Unternehmen, die eine Instandsetzung, Reinigung oder Reparatur der Waren durchführen, unterscheiden sich die Arbeitsaufgaben je nach Geschäftsfeld inhaltlich stark voneinander. Die Wartung und Reparatur unterschiedlicher Elektroaltgeräte erfordert fachlich sehr hohe elektrotechnische Kenntnisse. Diese unterscheiden sich grundsätzlich von den Kenntnissen, die zur Restauration oder zum Bau neuer Möbel aus Ersatzteilen benötigt werden. Diese Arbeitsaufgaben differieren zudem vollständig inhaltlich von der Reparatur und Reinigung von Textilien.

Die Lagerung von Waren spielt in den drei Geschäftsfeldern „Textilien", „Elektrogeräte" und „CD/Bücher" wiederum eine wichtige Rolle. Das Geschäftsfeld „Möbel" stellt hier eine Ausnahme dar. Inhaltlich lassen sich hinsichtlich der Lagerung der Waren nur geringe Unterschiede identifizieren. So ist die Lagerung lediglich von den jeweiligen Materialeigenschaften der Waren und den jeweiligen Sicherheitsvorschriften abhängig. Der Transport von Waren (Abholung oder Auslieferung) konnte in den Geschäftsfeldern „Textilien", „Elektrogeräte" und „Möbel" identifiziert werden und ist ebenfalls jeweils von den Wareneigenschaften abhängig. Im Geschäftsfeld „CD/Bücher" spielt der Transport keine wesentliche Rolle. Hinsichtlich der Arbeitsaufgaben, die im Rahmen des Transportes anfallen, ließen sich nur geringe inhaltliche Unterschiede identifizieren. Allerdings gestaltet sich der Transport als solches je nach Warenart sehr verschieden.

Teilweise unterscheiden sich die Anforderungen für die jeweiligen Arbeitsaufgaben auch nach den Unternehmensarten (Profit- oder Not-for-profit-Unternehmen). Für die Arbeitsaufgabe Demontage bzw. Entsorgung spielt die unternehmerische Ausrichtung nach Profit- oder Not-for-profit-Unternehmen eine ebenso große Rolle wie das spezifische Geschäftsfeld. Hier findet in den Geschäftsfeldern „Elektrogeräte" und „Möbel" eine Entsorgung in der Regel nur bei Not-for-profit-Unternehmen statt. Ähnlich verhält es sich mit der Arbeitsaufgabe Instandsetzung, Reinigen und Reparieren. Die meisten Profit-Unternehmen schätzen eine Be- bzw. Aufarbeitung der Waren als nicht rentabel ein, sodass der gesamte Arbeitsprozess bei diesen Unternehmen in der Regel nicht stattfindet.

6 Die Ausbildung und die Trainings- und Qualifikationsstrukturen

Die Ergebnisse der nationalen Sektoranalysen zeigen sehr deutlich, dass weder eine sektorspezifische Ausbildung noch entsprechende Qualifizierungssysteme in den einzelnen Ländern existieren. Zu finden waren Qualifizierungsansätze, die jedoch auch auf nationaler Ebene keine einheitlichen Strukturen aufweisen. Dabei zeigte sich, dass die meisten identifizierten Qualifizierungsansätze bzw. -modelle von den jeweiligen Betriebsstrukturen der einzelnen Secondhandunternehmen abhängig und zumeist auf deren Bedürfnisse individuell zugeschnitten sind. Lediglich vereinzelt konnten in einigen Ländern Ansätze identifiziert werden, die überbetrieblich angesiedelt und allgemein den im Sektor Beschäftigten zugänglich sind. Die Ergebnisse zeigen auch, dass der Sektor mit seiner Vielschichtigkeit und seinen zahlreichen Beschäftigungsfeldern ein hohes Potenzial bietet, um sinnvolle und notwendige Qualifizierungen, zu entwickeln und zu etablieren, die auf die Besonderheiten des Sektors zugeschnitten sind. Vor dem Hintergrund, dass der Sektor zukünftig wachsen wird, kann zudem davon ausgegangen werden, dass eine weitere Professionalisierung nur mit einer Investition in die Qualifizierung der Beschäftigten möglich ist.

Der Secondhandsektor mit seinen Not-for-profit-Unternehmen (bzw. Sozialunternehmen) und Profit-Unternehmen, mit seinen zahlreichen unterschiedlichen Betriebsformen und -strukturen und mit seiner große Bandbreite an Geschäftsfeldern und Produkten bietet zahlreiche unterschiedliche Beschäftigungsmöglichkeiten in verschiedenen Tätigkeitsfeldern wie Warenbeschaffung, Warenaufbereitung, Logistik, Vertrieb, Verkauf sowie Marketing und somit auch unterschiedliche Möglichkeiten an Qualifizierungen. Die Entwicklung und Einführung von einheitlichen Qualifizierungen bietet sich vor allem in den Bereichen an, in denen trotz der unterschiedlichen betrieblichen Strukturen gleiche oder ähnliche Tätigkeitsfelder sowie Arbeitsprozesse identifiziert werden konnten.

Generell kann festgestellt werden, dass sich die Notwendigkeit einer Qualifizierung zum einen aus dem Wunsch nach mehr Professionalisierung und zum anderen aus dem gestiegenen Qualitätsanspruch sowohl vonseiten der Kunden, als auch vonseiten der Unternehmen ergibt. Vor allem größere Unternehmen bzw. Unternehmen, die in Netzwerken organisiert sind, und Unternehmen, die auf bestimmte Produktgruppen spezialisiert sind, legen einen großen Wert auf eine gute Qualität ihrer Waren. Gewährleistet wird diese vor allem durch den Einsatz von Qualitätsmanagementsystemen, welche die Qualifizierung der Beschäftigten bzw. andere Formen von Qualifizierungsansätzen berücksichtigen. Der Einsatz entsprechender Instrumente konnte im Rahmen der Analyse in einigen Unternehmen identifiziert werden.

Vielfach weisen die verschiedenen Arbeitsbereiche im Secondhandsektor durchaus Berührungspunkte zu anderen Sektoren auf. Dennoch konnten auch zahlreiche sektorspezifische Anforderungen identifiziert werden, die ausschließlich im Secondhandsektor zu finden. Aufgrund der Zuordnung des Sektors zum Handel treten häufig Schnittstellen zu den kaufmännischen Berufen auf. Allerdings gibt es in entsprechenden Ausbildungsberufen keine Spezialisierung auf den Bereich Gebrauchtwaren. Bspw. beinhaltet in Deutschland der Rahmenlehrplan des Ausbildungsberufes „Verkäufer bzw. Einzelhandelskaufmann" keine sektorspezifischen Themen des Gebrauchtwarenhandels. Neben den reinen im Handel üblichen Arbeitsfeldern und Arbeitsprozessen umfasst der Secondhandsektor außerdem auch eine Vielzahl an Tätigkeiten, die in anderen Bereichen, wie dem Handwerk (Hier ist die Warenaufbereitung zu nennen.) oder dem Marketing angesiedelt sind. Einen weiteren Schwerpunkt stellen der Transport sowie die Lagerlogistik dar. Allein schon aufgrund der Besonderheit, dass es sich eben nicht um den Handel mit Neuwaren, sondern mit gebrauchten Waren handelt, werden den Beschäftigten in den unterschiedlichen Arbeitsfeldern verschiedene und spezielle Fachkompetenzen abverlangt. Genau an diesem Punkt setzen die im Rahmen der Analyse identifizierten Qualifizierungsansätze sowie die zukünftig zu entwickelnden Qualifizierungskonzepte an.

In den folgenden Abschnitten soll ein Überblick über die bereits vorhandenen und identifizierten betriebsübergreifenden sowie betrieblichen Qualifizierungsansätze gegeben werden. Darüber hinaus sollen die damit einhergehenden Aspekte wie Bildungsniveau der Beschäftigten, mögliche Qualifizierungskonzepte und -strategien, Organisation und Inhalte von möglichen Qualifizierungen und Vernetzung von Betrieben mit Bildungseinrichtungen dargestellt werden.

6.1 Das Bildungsniveau der Beschäftigten im Sektor

6.1.1 Bildungsniveau Beschäftigter in profitorientierten Unternehmen

Das Bildungsniveau der im Sektor Beschäftigten erweist sich entsprechend der Differenzierung zwischen Privatwirtschaft (Profit-Unternehmen) und Sozialwirtschaft (Not-for-profit-Unternehmen) und dabei auf den jeweiligen Beschäftigungsebenen als unterschiedlich. Für die Beschäftigten in Profit-Unternehmen konnten alle Bildungsniveaus sowie zahlreiche unterschiedliche berufliche Werdegänge identifiziert werden. Dabei ist weder ein einheitliches Bild noch eine bestimmte Tendenz hin zu bestimmten Schulabschlüssen oder Berufsgruppen auszumachen.

Eine Ausnahme stellt allerdings der Handel mit gebrauchten Elektrogeräten dar. Um Gefahren durch defekte Geräte zu vermeiden und die Sicherheit im Umgang mit ihnen zu gewährleisten, wurden z. B. in Deutschland die VDE-Richtlinien aufgestellt, worin genau vorgeschrieben wird, wer elektrische Geräte prüfen darf und wie diese geprüft werden müssen. Entsprechend muss eine „VDE-Prüfberechtigung" zur Ausübung dieser Tätigkeit erworben werden. Durch den offenen Zugang zum Sektor sind im Deutschland Beschäftigte aller Bildungsniveaus und beruflichen Vorbildungen zu finden – von Niedrigqualifizierten bis hin zu Akademikern. Allerdings ist eine leichte Tendenz dahin gehend auszumachen, dass in großen, gut strukturierten Unternehmen mit einem eigenen Management, vor allem in der Leitungsebene Personen mit einer höheren Bildung tätig sind. Teilweise weisen die Beschäftigten der Führungsebenen auch ein abgeschlossenes Studium auf. Festangestellte in großen Unternehmen, die vorwiegend im Verkauf tätig sind, verfügen häufig über eine kaufmännische Ausbildung. Personen mit einer handwerklichen Ausbildung wiederum finden sich hingegen vorwiegend in den Bereichen, in denen ihre speziellen Fähigkeiten gefordert sind (z. B. Secondhandmöbelhandel, Elektroaltgerätehandel). Neben den Beschäftigungsebenen des Managements sowie der Festangestellten ist der deutsche Sektor aber auch von zahlreichen Teilzeitarbeitskräften geprägt. Deren Bildungsniveau ist nicht erfasst, sodass man davon ausgehen kann, dass hier sowohl un- und angelernte Beschäftigte als auch Beschäftigte sämtlicher Bildungsniveaus vertreten sind.

Ähnlich stellt sich die Situation auch in Österreich dar. Hier ist der Altwarenhandel ein so genanntes „freies" Gewerbe, an dessen Ausübung keine Ausbildung oder eine besondere Berechtigung geknüpft ist. Es existiert keine standardisierte Ausbildung und das Bildungsniveau der Altwarenhändler bzw. der im Sektor Beschäftigten reicht von Personen ohne jegliche Ausbildung bis hin zu Akademikern. Laut einer Statistik des Landesgremiums Wien für den Handel mit besaßen im Jahr 2005 insgesamt nur 16 registrierte Altwarenhändler einen akademischen Hintergrund und sieben eine Ingenieursausbildung. Eine Aussage über den beruflichen Hintergrund der übrigen Altwarenhändler bzw. der im Sektor Beschäftigten konnte nicht getroffen werden.

In Finnland wiederum ist laut Expertenaussagen das Bildungsniveau im Sektor insgesamt nicht sehr hoch. Die Arbeitgeber im finnischen Sektor beschäftigen ausdrücklich mit Blick auf die Reparatur von gebrauchten elektronischen und elektrischen Geräten gerne Leute, die eine kaufmännische oder technische Ausbildung haben. Die überwiegende Mehrheit der Beschäftigten kommt jedoch aus unterschiedlichen Branchen und weist entsprechend sehr unterschiedliche berufliche Hintergründe auf. In Großbritannien findet man im Sektor eine Vielzahl an Beschäftigten mit unterschiedlichem Bildungsniveau. Vor allem in kleinen Unternehmen werden hier wie auch in Deutschland und in Österreich keine speziellen Qualifizierungen gefordert. Dies wird damit begründet, dass in kleinen Profit-Unternehmen sehr häufig Teilzeitarbeitskräfte beschäftigt werden. Es wird als nicht erforderlich angesehen, dass die dort Beschäftigten eine formale Ausbildung oder berufliche Qualifikationen nachweisen können. Auf der anderen Seite sind größere Organisationen mit festangestellten Beschäftigten wesentlich strukturierter in ihrem Denkansatz, was die Ausbildung und auch die Qualifikationen der Beschäftigten angeht. Diese Unternehmen halten vor allem nach Beschäftigten mit speziellen Qualifikationen Ausschau. Daher werden Personen mit unterschiedlichen Qualifikationsniveaus vor allem aber mit Qualifikationen beschäftigt, die dem Bedarf des Unternehmens entsprechen wie etwa Diplom-Chemiker und Diplom-Ingenieure.

In Belgien findet man ebenfalls unterschiedliche Bildungsniveaus in den kleineren und mittelständischen Profit-Unternehmen. Dabei gibt es oft keine speziellen Anforderungen an die Beschäftigten. Daher werden häufig Beschäftigte rekrutiert, ohne großen Wert auf deren Ausbildungshintergrund zu legen. Deshalb ist es nicht abwegig, dass in einem auf den Handel mit Büchern und Tonträgern spezialisierten Secondhandfachgeschäft sowohl diplomierte Personen als auch Personen mit niedrigem Bildungsniveau zugleich tätig sind. Alles in allem kommt es vornehmlich darauf an, dass die Beschäftigten eine gute Allgemeinbildung und einen gesunden Menschenverstand haben sowie in der Lage sind, schnell Verantwortung zu übernehmen. Ein gutes unternehmerisches Denken wird in diesen Fachgeschäften gegenüber einer guten Sachkenntnis hinsichtlich der Waren bevorzugt. Im Hinblick auf die Managementebene findet man in Belgien Beschäftigte mit verschiedenen beruflichen Vorkenntnissen und Erfahrungen, sodass es sich als schwierig erweist, ein spezielles Profil zu definieren.

Die in Belgien stark vertretenden Franchisingunternehmen haben keine speziellen Anforderungen an die Geschäftsführer oder die Beschäftigten. Die empirischen Ergebnisse für Belgien zeigten jedoch deutlich, dass die Geschäftsführer zumeist Personen sind, die bereits Erfahrung im Bereich des Verkaufs und des Handels haben. Aufgrund der hohen Investitionen, die in solchen Franchisingunternehmen getätigt werden, ist es notwendig, dass die Geschäftsführer einen guten betriebswirtschaftlichen Hintergrund besitzen, denn häufig sind diese für zwei oder mehr Geschäfte verantwortlich. Von den Mitarbeitern in den Geschäften wird oftmals auch kein spezielles berufliches Profil gefordert. Auf folgende Eigenschaften wird jedoch großen Wert gelegt: Kundenorientierung, Teamfähigkeit, gute Erziehung und die Fähigkeit, sich präsentieren zu können. Laut Expertenaussagen sollten sie vor allem lernfähig sein, um sich das relevante Know-how (wie die Preisgestaltung) anzueignen.

In Slowenien und Bulgarien wiederum, wo der Sektor generell noch nicht so weit entwickelt ist und vornehmlich von kleinen Profit-Unternehmen (mit bis zu maximal 3 Mitarbeitern) bestimmt wird, haben die Geschäftsinhaber und die Beschäftigten überwiegend eine Ausbildung entweder im kaufmännischen oder im handwerklichen Bereich. Die Sektoranalyse hat aber auch deutlich gemacht, dass die in dem Sektor Beschäftigten recht unterschiedliche berufliche Hintergründe haben. Sektorexperten haben außerdem angemerkt, dass es sich als äußerst schwierig erweist, gut qualifizierte Mitarbeiter zu gewinnen.

Zusammenfassend kann festgestellt werden, dass das Bildungsniveau der Beschäftigten im Sektor in Europa sehr unterschiedlich ist. Es kann dabei einen Zusammenhang zwischen dem Aufgabenbereich bzw. dem Geschäftsfeld und dem Bildungsniveau festgestellt werden. Überwiegend auf der Managementebene findet man Beschäftigte mit einem höheren Bildungsniveau und für recht einfache Tätigkeiten An- und Ungelernte. Aufgrund der nicht vorhandenen sektorspezifischen Qualifizierung sind viele Beschäftigte aus anderen Sektoren im Sektor tätig.

6.1.2 Bildungsniveau Beschäftigter in nicht profitorientierten Unternehmen

Im Vergleich zum privatwirtschaftlich geführten und profitorientierten Secondhandhandel, zeichnet sich in den Ländern, in denen Not-for-profit-Unternehmen bzw. karitative Organisationen eine größere Rolle spielen (wie in Deutschland, Belgien, Finnland, Österreich und Großbritannien), ein relativ eindeutiges Bild hinsichtlich des Bildungsniveaus der dort Beschäftigten ab. Da der Secondhandhandel größtenteils nur eines von zahlreichen anderen Beschäftigungsfeldern in den Not-for-profit-Unternehmen ist und deren Hauptaugenmerk vor allem auf der Beschäftigung von am Arbeitsmarkt benachteiligten Personen liegt, findet man in diesen Unternehmen oft klare Hierarchien. An diese sind unterschiedliche Bildungsniveaus gebunden. In Deutschland ist die Führungs- bzw. Managementebene vornehmlich von Akademikern besetzt, während man auf der Ebene der Anleiter sowohl Beschäftigte, die einen akademischen Werdegang nachzuweisen haben (besonders aus dem sozialpädagogischen Bereich), als auch Beschäftigte, die eine kaufmännische, handwerkliche oder gewerblich-technische Ausbildung absolviert haben, findet. Der Grad des Bildungsniveaus auf der Anleiterebene steht oftmals in Bezug zum Einsatzgebiet bzw. zu den Aufgaben des jeweiligen Anleiters innerhalb des Betriebes.

Auf der Ebene der zeitlich befristet angestellten Beschäftigten, die in ihrer Tätigkeit vorrangig eine Arbeitsgelegenheit sehen, ist eine eindeutige Tendenz hin zu gering Qualifizierten auszumachen. Neben Menschen mit psychischen und/oder physischen Behinderungen sind dort vornehmlich arbeitsmarktbenachteiligte Personen tätig. Die Ursache für deren Benachteiligung auf dem Arbeitsmarkt liegt häufig in einem niedrigen Bildungsniveau begründet. Viele der Beschäftigten verfügen über keine oder nur eine niedrige Schulausbildung, d. h. nur über einen Förderschul- zw. Hauptschulabschluss, und haben keinen Ausbildungsabschluss. Häufig haben sie im Laufe ihres beruflichen Werdeganges ausschließlich un- und angelernte Tätigkeiten oder Hilfstätigkeiten unterschiedlicher Art ausgeübt. Es konnten jedoch auch Beschäftigte identifiziert werden, die langzeitarbeitslos waren und über eine berufliche Ausbildung und somit Fachkompetenzen verfügen, denen es aber an erforderlichen Sozialkompetenzen mangelt. Die dritte Gruppe an befristet Beschäftigten sind Migranten. Das Bildungsniveau der Mitglieder dieser Gruppe ist entsprechend der jeweiligen Bildungssysteme ihrer Herkunftsländer unterschiedlich hoch. Bei diesen Beschäftigten liegt die Problematik oft nicht in deren Bildungsniveau, sondern in der Transferierbarkeit ihres Know-hows und dessen Anwendbarkeit aufgrund von sprachlichen Barrieren. Neben der Differenzierung der Beschäftigten in drei Gruppen unterschiedlichen Bildungsniveaus hat die Analyse des Sektors in Deutschland deutlich gemacht, dass genau zwischen den befristet Beschäftigten ost- und westdeutscher Not-for-profit-Unternehmen unterschieden werden muss. Dabei können die Beschäftigten in ostdeutschen Not-for-profit-Unternehmen häufig eine Ausbildung nachweisen, was auf die Ausbildungssicherung in der ehemaligen DDR zurückzuführen ist. In Westdeutschland hingegen überwiegt der Anteil der niedrig bis nicht Qualifizierten. Weiterhin stammt der Anteil an beschäftigten Migranten in Ostdeutschland vornehmlich aus Osteuropa. Diese Personengruppe weist häufig ein recht hohes Bildungsniveau auf. In Westdeutschland hingegen werden zahlreiche unterschiedliche Nationalitäten beschäftigt, sodass diese Personen über ein unterschiedliches Bildungsniveau verfügen.

In Österreich ist die Situation sehr ähnlich. Das Hauptaugenmerk der Not-for-profit-Unternehmen liegt auf die Vermittlung von Sozialkompetenzen und der Integration von am Arbeitsmarkt Benachteiligten. Diese, nach den neueren Richtlinien des Arbeitsmarktservices (AMS) sogenannte Transitarbeitskräfte wie etwa Geistig- und körperlich Behinderte, Jugendliche und Langzeitarbeitslose, die maximal befristet für ein halbes Jahr beschäftigt werden, können größtenteils keine Qualifikationen bzw. teilweise sogar keinen Schulabschluss vorweisen. Ihr Bildungsniveau ist insgesamt sehr niedrig. Neben den Transitarbeitskräften finden sich in den Unternehmen aber auch festangestellte Beschäftigte. Diese bekleiden zumeist Positionen in der Geschäftsleitung bzw. dem Management oder haben Anleiterfunktionen inne oder erfüllen beide Aufgaben. Weiterhin gibt es in jedem Betrieb zumindest einen Sozialarbeiter. Entsprechend ihren unterschiedlichen Aufgaben bzw. Einsatzgebieten innerhalb des Unternehmens weisen diese Beschäftigten eine abgeschlossene kaufmännische, handwerkliche oder gewerblich-technische Ausbildung bzw. ein Studium auf.

Weitere Beispiele, die das relativ einheitliche Bildungsprofil in Not-for-profit-Unternehmen in Europa unterstreichen, finden sich auch in Finnland und in Belgien. Die befristeten Beschäftigten in finnischen Nor-for-profit-Unternehmen, die durch die Arbeitsverwaltung in Kooperation mit einem Sozialarbeiter rekrutiert werden, sind fast immer Langzeitarbeitslose. Neben diesen findet man aber auch viele Einwanderer unter den Beschäftigten, die oftmals Probleme mit der Landessprache haben. Die dritte Gruppe stellen die Beschäftigten, die teilweise psychische Probleme oder keine Ausbildung haben. Allen drei Gruppen haben Schwierigkeiten auf dem ersten Arbeitsmarkt unterzukommen. Besonders für die einfachen Tätigkeiten mit niedrigen Anforderungen sind keine berufliche Ausbildung oder umfangreiche Arbeitserfahrungen erforderlich, sodass sich für diese Aufgaben vor allem für Personen mit einem niedrigen Bildungsniveau eignen. In erster Linie wird bei den Beschäftigten Wert auf die Arbeitsmotivation gelegt. Neben befristeten Beschäftigten gibt es zahlreiche weitere Beschäftigungsfelder, die durch festangestellte Beschäftigte besetzt sind. Darunter fallen je nach Arbeitsbereich Geschäftsführer oder Manager der Unternehmen (oder der Organisationen), Projektentwickler in der Verwaltung, Personen für das Marketing, für die Qualitätskontrolle, für das Personalwesen sowie unterschiedliche Arten von Ausbildern. Darüber hinaus gibt es in der Mehrheit der Unternehmen Vorarbeiter, die für alle Werkstattaktivitäten verantwortlich sind. Um die höher qualifizierten Tätigkeiten ausüben zu können, ist es erforderlich, dass die dort Beschäftigten entsprechend ihres individuellen Tätigkeitsfeldes und ihrer Arbeitsaufgaben qualifiziert sind. In entsprechenden Positionen konnten daher ausschließlich Beschäftigte mit einer abgeschlossenen Ausbildung bzw. einem Studienabschluss identifiziert werden.

In Belgien stellt ein Großteil der Beschäftigten von Not-for-profit-Unternehmen und -Netzwerken die Gruppe der Benachteiligten, die zeitlich befristet beschäftigt sind. Von diesen werden bei Arbeitseintritt oft keinerlei Kompetenzen gefordert. Notwendiges und fehlendes Know-how wird in zahlreichen Schulungen im Rahmen der Arbeit vermittelt. Auf der Ebene der Anleiter (z. B. in den Geschäften) wiederum werden von den Beschäftigten unterschiedliche Qualifikationen gefordert, da zu ihren Aufgaben die tägliche Überwachung und individuelle Unterstützung der Mitarbeiter zählt. Sie müssen daher in der Lage sein, den gesamten Prozess vom Sammeln über die Auswahl der Waren bis hin zum Verkauf zu verstehen. Zwar ist es nicht unbedingt erforderlich, dass sie einen bestimmten Bildungshintergrund besitzen, dennoch sollten sie auf allen Ebenen des Unternehmens Erfahrungen in Führungspositionen erworben haben. Generell haben die Anleiter die Möglichkeit, bis zum Manager eines Geschäftes aufzusteigen. Zu der dritten Gruppe der Beschäftigten zählen die in der Verwaltung und dem Management tätigen Personen, die den geringeren Anteil an den insgesamt Beschäftigten ausmachen. Sie haben sehr oft eine höhere Ausbildung, da ihre Arbeitsaufgaben und -felder in den Schlüsselpositionen des Unternehmens liegen und sie für den reibungslosen Ablauf der gesamten Geschäftsprozesse verantwortlich sind.

In Großbritannien sind leicht abweichende Beschäftigungsstrukturen im Vergleich zu den anderen europäischen Ländern vorhanden. Verglichen mit der sehr großen Anzahl an ehrenamtlich unbezahlten Freiwilligen, die dort beschäftigt sind, ist der Anteil der Festangestellten ist sehr gering. Bei den Freiwilligen handelt es sich teilweise um Personen, die der Altersgruppe der über Sechzigjährigen angehören, für die Bildungs- und Ausbildungsangebote aufgrund ihres Alters oft nicht vorhanden oder nicht relevant sind. Unter den freiwillig Beschäftigten findet man aber auch jüngere Personen wie junge Mütter oder teilweise Jugendliche, die als Praktikanten eingestellt werden. Generell wird von den Freiwilligen keine spezielle Ausbildung zur Ausübung ihrer Tätigkeiten gefordert, sodass das Bildungsniveau oft nicht sehr hoch ist. Wichtig sind vor allem eine gute Kundenorientierung und eine hohe Sozialkompetenz der Mitarbeiter. Im Vergleich zu den Freiwilligen werden von den Festangestellten gewisse Kenntnisse bzw. Fähigkeiten im Verkauf gefordert. Einige Unternehmen habe eine Art Entwicklungsverantwortlichen, der für die Verwaltung und organisatorische Aufgaben zuständig ist. Diese Beschäftigten, ebenso wie die im Management tätigen Personen, haben zumeist ein Studium abgeschlossen – meistens ein Betriebswirtschaftsstudium.

Für den Not-for-profit-Bereich des europäischen Secondhandsektors zeigt sich ein ziemlich einheitliches Bild hinsichtlich der Bildungsprofile der Beschäftigten. Die Hauptaufmerksamkeit der Unternehmen liegt auf der sozialen Ausbildung und Integration von zeitlich befristeten Arbeitskräften, die während ihrer Beschäftigungszeit größtenteils zu einfachen Hilfskräften weitergebildet werden. Die fachliche Kompetenz spielt für diese Beschäftigten oft nur eine untergeordnete Rolle. In allen Ländern weist die Mehrheit der in den Unternehmen zeitlich befristet Beschäftigten ein relativ niedriges Bildungsniveau auf. Im Vergleich zu den befristet Beschäftigten haben die Festangestellten entsprechend ihren Aufgaben und Beschäftigungsfeldern zumeist ein höheres Bildungsniveau. Anleiter und Vorarbeiter können vornehmlich abgeschlossene Ausbildungen nachweisen. Das höchste Bildungsniveau findet man in der Geschäftsführer- und Managementebene sowie im Bereich der sozialpädagogischen Betreuung der zeitlich befristet Beschäftigten. Die hier tätigen Personen haben vielfach einen Studienabschluss oder zumindest eine höhere Berufsausbildung.

6.2 Allgemeine Qualifizierungsansätze, -strategien und -konzepte in Europa

6.2.1 Kriterien für Qualifizierungsansätze

Während es in einigen europäischen Ländern, z. B. in Slowenien, offenbar kaum Qualifizierungs- oder Personalentwicklungsansätze für den Sektor existieren, gibt es in anderen Ländern eine Vielzahl von unterschiedlichen Strategien, die oft eng mit dem jeweiligen Unternehmen verknüpft sind (siehe Kapitel 6.3). Inwieweit die einzelnen Qualifizierungsansätze und in welcher Form diese in den Unternehmen umgesetzt werden, hängt von einer Vielzahl unterschiedlicher Kriterien ab. Dabei muss zwischen Profit- und Not-for-profit-Unternehmen differenziert werden, da diese grundlegend andere Geschäftsziele verfolgen. Entsprechend der spezifischen Ausrichtung, aber auch der unterschiedlichen Geschäftsphilosophien, spielen die unterschiedlichen Anforderungen an die

Kompetenzen der Beschäftigten sowie ein möglicher vorhandener Qualifizierungsbedarf eine wesentliche Rolle bei der Entscheidung, ob und wie ein Unternehmen seine Beschäftigten qualifiziert. Das hat zur Folge, dass vorhandene Qualifizierungsansätze individuell auf die verschiedenen Bedürfnisse der unterschiedlichen Unternehmensarten ausgerichtet sind. Die Qualifizierungen sind aus diesem Grund vornehmlich bedarfsorientiert und betriebsspezifisch. Ein weiteres Kriterium für Unternehmen ist die Art der Qualifizierungen. Hier sind die Qualifizierungsansätze sehr stark von dem qualifizierenden Personal und dessen betrieblichen Aufgaben abhängig.

Aufgrund der zahlreichen Anforderungen an die Beschäftigten in den Profit-Unternehmen, die aus der Vielzahl an Unternehmensformen sowie der zahlreichen unterschiedlichen Warenspezialisierungen resultieren, müssten recht unterschiedliche und vielfältige Qualifizierungsansätze existieren. Gespräche mit Sektorexperten aber auch mit Bildungsträgern haben jedoch deutlich gezeigt, dass es im Secondhandsektor mit wenigen Ausnahmen in Belgien, Deutschland und Österreich, auf die in Kapitel 6.2.2 näher eingegangen wird, in den meisten Ländern so gut wie keine speziellen und vor allem betriebsexternen Schulungen für Profit-Unternehmen gibt.

Im Vergleich zu den Profit-Unternehmen, wobei die größeren Unternehmen wie die Franchisingunternehmen in Belgien eine Ausnahme bilden, gibt es hinsichtlich der Not-for-profit-Unternehmen weitere Aspekte, die bei der Entscheidung für eine bestimmte Qualifizierungsstrategie eine Rolle spielen. Dabei bestimmen oft die vorhandenen Hierarchien über die Art bzw. die Inhalte möglicher Qualifizierungen. Entsprechend der betrieblichen Aufgaben sowie der Position im Unternehmen werden unterschiedliche Anforderungen an die dort Beschäftigten gestellt. Daraus resultiert jeweils ein recht unterschiedlicher Qualifizierungsbedarf, den es durch geeignete Qualifizierungsansätze zu decken gilt. Für die unterste Ebene der Beschäftigten (die temporär Beschäftigten) gestalten sich die Qualifizierungsstrategien aufgrund der verschiedenen Lebensläufe und beruflichen Hintergründe oftmals sehr unterschiedlich. Zum einen ist die Entscheidung für eine bestimmte Qualifizierungsstrategie von dem Bildungsniveau, den vorhandenen Kompetenzen und dem sozialen Hintergrund der jeweiligen Beschäftigten abhängig und zum anderen von deren Verweildauer im Betrieb bzw. der Subventionierung ihrer Arbeitsplätze.

Zusammenfassend lässt sich feststellen, dass die Art der Qualifizierung sowohl strukturell und organisatorisch als auch inhaltlich von einer Vielzahl unterschiedlicher betriebsinterner Kriterien sowie auch von äußeren Einflüssen abhängig ist. Aus diesem Grund gibt es bis dato sowohl bei Profit-Unternehmen als auch bei Not-for-profit-Unternehmen keine einheitlichen Qualifizierungsstrategien.

6.2.2 Betriebsübergreifende, neue Qualifizierungsansätze

Im Rahmen der nationalen Analysen konnten in einigen Ländern (wie Deutschland, Österreich und Belgien) betriebsübergreifende Qualifizierungsstrategie bzw. -konzepte identifiziert werden, die nicht allein auf die Spezifika eines einzelnen Unternehmens und dessen Bedarfe ausgerichtet sind. Entsprechend identifizierte Ansätze wurden entweder im Rahmen von Projekten entwickelt und erprobt oder resultieren teilweise aus dem Bedarf mehrerer Unternehmen, die in einem Netzwerk zusammen agieren. Die Erfahrungen, die bei der Entwicklung und Erprobung entsprechender Qualifizierungskonzepte gemacht wurden, können u. a. Anregungen geben für eine Weiterentwicklung hin zu einer europaweit einheitlichen Qualifizierung im Secondhandsektor. Im Folgenden werden die identifizierten Ansätze genauer beschrieben:

In Deutschland wurde im Rahmen des von der Europäischen Kommission geförderten Programms „EQUAL" in der Entwicklungspartnerschaft „Second Chance" durch das Teilprojekt „Second Chance Brücke" ein Qualifizierungskonzept für den Gebrauchtwarenmarkt und hier insbesondere für Profit-Unternehmen entwickelt und erprobt. In enger Zusammenarbeit mit dem Verband Second-Hand vernetzt e. V. wurde in dem Bundesland Nordrhein-Westfalen der Versuch unternommen, eine modulare Qualifizierung „Verkaufshelfer/innenausbildung in der Second-Hand-Branche" zu entwickeln, durchzuführen und zu etablieren. Die dort entwickelte sektorspezifische Qualifizierung richtete sich vornehmlich an die Zielgruppe der Langzeitarbeitslosen und andere Arbeitsmarktbenachteiligte. Die entwickelte Schulung wurde modular aufgebaut und umfasst sieben Module mit einem Gesamtumfang von 96 Stunden. Im Rahmen der Qualifizierung wurde einerseits branchenspezifisches Fachwissen sowie andererseits Methoden zur beruflichen Alltagsreflexion vermittelt. Im Einzelnen gestalten sich die Inhalte der Module wie folgt:

- Im **Modul „Bewerbertraining"** (Umfang: 8 U-Std.[21]) soll die eigene Situation analysiert sowie ein Profil der persönlichen Fähigkeiten und Defizite erstellt werden. Bei Bedarf wird ein Beratungsangebot vorgestellt. Weiterhin werden in dem Modul die Anforderungen des Arbeitsbereichs Verkauf erläutert.
- Das **Modul „Persönlicher Auftritt"** (Umfang: 16 U-Std.) beschäftigt sich mit den inhaltlichen Schwerpunkten Rhetorik, Kleidung, Kommunikation und Umgang mit Konflikten.

21 Die Abkürzung „U-Std." steht für Unterrichtsstunden.

- Im **Modul „Praxis im Verkauf/Warenkunde I"** (Umfang: 20 U-Std.) wird ein Verkaufstraining durchgeführt sowie Warenkunde für Textilien und Bekleidung vermittelt.
- Das **Modul „Warenkunde II"** (Umfang: 8 U-Std.) setzt inhaltliche Schwerpunkte in den Bereichen Möbel, Holz und Hausrat, Bücher und Flohmarktartikel.
- Das **Modul „Telefontraining/Büroorganisation"** (Umfang: 8 U-Std.) behandelt richtiges Telefonieren und der Umgang mit Kunden aber auch Arbeitsabläufe im Einkauf und im Vertrieb.
- Im Mittelpunkt des **Moduls „EDV"** (Umfang: 28 U-Std.) stehen die Informations- und Kommunikationstechnologien stehen. An seinem Ende steht eine zertifizierte Prüfung für ECDL[22].
- Der Hauptaugenmerk des Moduls „Bewerbungstraining II" (Umfang: Acht U-Std.) liegt auf der Auswertung der Qualifizierung. Außerdem umfasst das Modul Themen wie Berufsfelder im Bereich Verkauf, weitergehende Qualifizierungsempfehlungen sowie den Ablauf von Bewerbungsgesprächen.

Eine erfolgreiche Teilnahme an allen Modulen wurde durch ein entsprechendes Zertifikat bestätigt. Die Qualifizierungsmaßnahme konnte nur innerhalb des Projektes absolviert werden. Es konnte keine Anerkennung im Rahmen des Berufsbildungsgesetzes erreicht werden. Daher kann die Qualifizierungsmaßnahme lediglich als Fortbildung mit Fokus auf den Sektor angesehen werden.

Neben der Entwicklung und erfolgreichen Erprobung der o. g. Qualifizierung wurde im Rahmen des gleichen EQUAL-Projektes in Deutschland ein erster Versuch unternommen, das Curriculum des Berufsbildes „Einzelhandelskauffrau/ -mann" inhaltlich an die Bedürfnisse der Gebrauchtwarenbranche anzupassen. Neben der Entwicklung von Ersatz- und Ergänzungsmodulen mit gezielt auf die Gebrauchtwarenbranche ausgerichteten Lehrinhalten für die Berufsschule sieht das Konzept auf betrieblicher Ebene Themen wie Warenkunde und -aufbereitung vor. Geplante Ergänzungen im Rahmenlehrplan waren vorsehen für die Bereiche:

22 Die Abkürzung „ECDL" steht für die englische Formulierung „European Computer Driving Licence, d. h. für den Europäischen Computerführerschein. Dieser Nachweise ist ein in 148 Ländern anerkanntes Zertifikat zum Nachweis von grundlegenden IT-Kenntnissen.

- Warenverkaufskunde in Form von Hilfestellungen zur Entwicklung von Sekundärtugenden und in Form eines Verkaufstrainings,
- Warenbeschaffung durch einen Unterricht im Beschaffungsmanagement,
- Lagerhaltung in Form der Vermittlung von Inhalten aus dem Bereich Lager und Logistik,
- Warenabsatz mittels eines Unterrichts im Bereich der strategischen Planung und des Marketing,
- Steuern und Versicherungen durch die Vermittlung von Inhalten aus dem Steuer- und Handelsrecht,
- Unternehmung im Einzelhandel in Form eines Unterrichts im Bereich Organisation und Führung sowie
- Datenverarbeitung mithilfe eines Unterrichts in der Büroorganisation und der EDV.

Die betrieblichen Lerninhalte sollten zunächst auf die Produktgruppen Hausrat und Möbel, Textil und Bekleidung sowie Spielwaren beschränkt werden. Der Schwerpunkt lag auf Themen wie Beratung und Verkauf, Warensortiment, Warenlagerung sowie Arbeitsschutz/-sicherheit, Umweltschutz und rationelle Energieverwendung. Aufgrund der zeitlichen Begrenzung des Projektes sowie des „langen Weges", der im Zuge einer Etablierung eines neuen Berufsbildes bzw. der Anpassung eines Berufsbildes in Deutschland, gegangen werden muss und der die Zustimmung der Sozialpartner voraussetzt, konnte die Anpassung des Berufsbildes „Einzelhandelskauffrau/-mann" nicht umgesetzt werden. Mit Ende des Projektes wurde sowohl eine weitere Anpassung des Berufsbildes an die Spezifika der Secondhandbranche, als auch dessen Etablierung verworfen, sodass bis dato kein eigenständiges Berufsbild im Sektor in Deutschland identifizierbar ist.

Ein weiterer Qualifizierungsansatz, der betriebsübergreifend in Deutschland angeboten wird, ist eine spezielle Unternehmensberatung für kleine Secondhandshops oder Unternehmen. Dabei bietet z. B. die Unternehmensberatung „Daniela Kaminski Marketingberatung/Kommunikation" neben eintägigen Verkaufsgesprächsworkshops für Secondhandunternehmer, Gründungsworkshops zum Thema „Secondhand" an. Im Rahmen dieser Veranstaltungen werden innerhalb von zwei Tagen Schwerpunkte wie Marketing, Beschaffung, Sortiment, Zielgruppendefinition, Alleinstellungsmerkmal, Kalkulation behandelt.

Wie diese drei Beispiele deutlich machen, gab und gibt es in Deutschland bereits erste Ansätze in Richtung einer branchenspezifischen Qualifizierung bzw. Ausbildung im Sektor. Von einer systematischen Qualifizierung im Sektor ist man jedoch noch weit entfernt. Weitere Qualifizierungen in Form von Fort- und Weiterbildungen mit inhaltlich spezifischen Schwerpunkten der Secondhandbranche sind nur sehr schwer zu finden.

In Österreich konnten Qualifizierungsangebote des Landesgremiums Wien identifiziert werden. Diese Institution bietet regelmäßig eine Qualifizierung und Fortbildung für Altwarenhändler an wie etwa Exkursionen zu ausländischen Flohmärkten. Auf diese Weise soll die Möglichkeit geschaffen werden, Erfahrungen zu sammeln und sich mit anderen Händlern auszutauschen. Weiterhin werden für diese Fachgruppentage spezifische sektorbezogene Themen angeboten.

Aufgrund der ausgeprägten Netzwerkstrukturen in Belgien sowie der dort weitverbreiteten Franchisingunternehmen, die sich aus mehreren Mitgliedsunternehmen zusammensetzen, haben sich dort unterschiedliche Qualifizierungsansätze entwickeln können. Zwar sind entsprechende Ansätze nicht für alle interessierten Unternehmen zugänglich, sondern nur für die Mitglieder der Netzwerke. Dabei lässt sich für Belgien feststellen, dass sich eine Vernetzung von Unternehmen positiv auf die Entwicklung möglicher Qualifizierungsansätze auswirkt. So finden innerhalb der Netzwerke eigens auf den Bedarf der Mitgliedsunternehmen und deren Beschäftigten ausgerichtete Qualifizierungen statt. Einige Netzwerke bauen dabei auch eigene Weiterbildungs- bzw. Qualifizierungsakademien für die Mitglieder auf.

Neben den unterschiedlichen Qualifizierungsansätzen bzw. -strategien in belgischen Secondhandnetzwerken bzw. Franchisingunternehmen konnte in Belgien eine rein betriebsübergreifende Qualifizierung im Sektor identifiziert werden. In Brüssel wird eine Qualifizierung mit dem Titel „Brocanteur"[23] für interessierte Gebrauchtwarenhändler angeboten. Organisiert wird diese Qualifizierung von der Organisation „Bruxelles formation", die für die Entwicklung von Lehrgängen für Arbeitslose und jüngere Leute mit einer niedrigen Qualifikation verantwortlich ist. Insgesamt umfasst das Programm drei Module:

23 Der französische Ausdruck „Brocanteur" steht für die deutschen Begriffe „Flohmarkthändler" bzw. „Trödler".

- Zunächst wird ein Grundlagenelement angeboten, das die Analyse unterschiedlicher Stilrichtungen und klassischer Sammlungen, Basiswissen für Restaurierung alter Waren, Materialkunde und grundlegende Elemente der Grafik umfasst.
- Dann kann ein Modul besucht werden, das technischer Kompetenzen vermittelt. Hier wird das zuvor behandelte Wissen vertieft und durch einige Elemente der Gesetzgebung sowie durch praktische Informationen darüber, wie ein Geschäft aufgebaut wird, ergänzt.
- Schließlich wird ein Unterrichtselement angeboten, in welchem praktische Aktivitäten durchgeführt werden.

Im Anschluss an den Lehrgang erhalten die Teilnehmer ein Diplom mit dem Titel „promotion sociale" für Flohmarkthändler. Die Qualifizierung ist auf ein Jahr angelegt.

6.3 Betriebliche Qualifizierungsansätze, -strategien und -konzepte

6.3.1 Art, Ort und Inhalte von Qualifizierungen

Die Heterogenität des Sektors hat zur Folge, dass die ansatzweise vorhandenen Qualifizierungsstrategien und -konzepte stets auf die verschiedenen Bedürfnisse der unterschiedlichen Unternehmensarten ausgerichtet sind und dass sie vornehmlich bedarfsorientiert und betriebsspezifisch durchgeführt werden. Wie diese Qualifizierungen im Einzelnen organisiert werden, hängt neben der betrieblichen Struktur und einem möglichen Qualifizierungsbedarf der Beschäftigten auch davon ab, wer die Qualifizierungen in die Wege leitet. Das qualifizierende Personal innerhalb des Betriebes hat dabei einen wesentlichen Einfluss auf die Art und Weise der Qualifizierung.

In inhabergeführten Profit-Unternehmen und hier insbesondere in Unternehmen mit einer geringen Beschäftigtenzahl (2-6 Mitarbeiter) konnten länderübergreifend keine betriebsinternen und speziellen Qualifizierungskonzepte identifiziert werden. Laut Aussagen von Sektorexperten sowie Bildungsträgern gibt es bis auf wenige Ausnahmen derzeit keine speziellen Qualifizierungen für den Sektor.

Wenn eine Qualifizierung des Personals doch erfolgt, so geschieht dieses vornehmlich durch externe Bildungsträger. Diese Angebote sind meistens losgelöst vom betrieblichen Kontext und nicht spezifisch für den Sektor entwickelt. Es handelt sich zumeist um angebotsorientierte und zeitlich eng begrenzte Qualifizierungen in Form z. B. von Wochen-, Wochenend- und Tagesseminaren, die das vorhandene Know-how der Beschäftigten ergänzen bzw. vertiefen sollen. Die inhaltliche Reichweite erstreckt sich von kaufmännischen Inhalten wie Warenwirtschaft, Rechnungswesen, Marketing, Verkaufsstrategien bis hin zu Themen wie Logistik und Transportwesen, Lagerhaltung, Disposition und Warenaufbereitung. Handwerkliche oder technisch-gewerbliche Qualifizierungen werden von Profit-Unternehmen nur vereinzelt wahrgenommen. Dazu gehören in Deutschland Veranstaltungen, in denen die erforderliche VDE-Prüfberechtigung zum Umgang mit Elektroaltgeräten erworben werden kann. Die im Rahmen der Qualifizierungen zu erwerbenden Zertifikate weisen generell keine Spezialisierung hinsichtlich des Secondhandsektors auf. Fachspezifische Kenntnisse basieren größtenteils auf dem Erfahrungswissen von anderen Mitarbeitern in den Unternehmen oder auf Wissen, welches über „Learning by doing" erlangt wird.

Diese Strategien des Lernens durch Anlernen und gezielte Begleitung im Arbeitsprozess, durch Einarbeitungsphasen mittels anderer Mitarbeiter und durch ein gezieltes „Training on the job" konnten in allen Unternehmensformen in Europa identifiziert werden. Teilweise gibt es in größeren Unternehmen bzw. in Unternehmen, die sich zu Netzwerken zusammen geschlossen haben, zusätzliche betriebseigene Qualifizierungskonzepte. Zwei interessante Beispiele für Qualifizierungskonzepte konnten in Belgien ausgemacht werden. Dabei hat das Franchising Netzwerk „Cash Converter" eine eigene Akademie aufgebaut und umfassende Qualifizierungsangebote mit dem Schwerpunkt „Franchising" entwickelt. Das Unternehmen „Troc International" hat ähnliche Angebote für seine Franchiseunternehmen.

Die Untersuchungen in allen Ländern zeigten, dass die Qualifizierung in größeren Unternehmen einerseits innerhalb des Betriebes, z. B. mittels Inhouseschulungen und anderseits durch externe Bildungsträger erfolgt. Die gewählte Art und Weise der Qualifizierung hängt sehr stark von den Inhalten ab. Betriebsspezifische Themen wie der Umgang mit Qualitätsmanagementsystemen, mit Kassensystemen sowie mit betriebsinternen Abläufen werden innerbetrieblich – je nach Anzahl der Mitarbeiter einzeln oder in Gruppen – vermittelt, während allgemeine Themen wie etwa Buchhaltung, Lagerhaltung etc. oftmals extern bei Bildungsträgern unterrichtet werden.

Im Vergleich zu den Not-for-profit-Unternehmen bzw. karitativen Organisationen sind in den Qualifizierungsansätzen kaum Unterschiede zu den größeren Profit-Unternehmen bzw. -Netzwerken zu sehen. Dass es hinsichtlich der Qualifizierungsart und -inhalte kaum Unterschiede gibt, hängt damit zusammen, dass das zu vermittelnde Know-how sehr stark von den Geschäftsfeldern bzw. dem angebotenen Warensortiment abhängt. Dieses findet man in beiden Unternehmensarten wieder.

In Not-for-profit-Unternehmen sind oftmals sehr klare Hierarchien zu finden wie die Management-, die Anleiter- bzw. Vorarbeiterebene sowie die Ebene der zeitlich befristeten Mitarbeiter. Daraus resultiert ein unterschiedlicher Qualifizierungsbedarf je nach Beschäftigungsebene. Für die Management-, Anleiter- und Vorarbeiterebene konnten Qualifizierungsansätze identifiziert werden, die allerdings nicht branchenspezifisch ausgerichtet sind. Dort stattfindende Qualifizierungen umfassen allgemeine Themen wie Personalführung, Organisationsentwicklung, Konfliktmanagement, Zeitmanagement, PC-Schulungen, rechtliche Richtlinien sowie spezielle Schulungen zu Warenwirtschaftssystemen und Kassensystemen. Dabei absolvieren das fest angestellte Personal oftmals Qualifizierungen, die sich mit rechtlich formalen Inhalten, betrieblichen Umstrukturierungen bzw. mit psychosozialen Themen beschäftigen. Die Teilnahme erfolgt zumeist auf freiwilliger Basis, auch wenn sie von Unternehmen empfohlen wird, und findet meist bei externen Bildungseinrichtungen statt. Dadurch das keine sektorspezifischen Qualifizierungen angeboten werden, erlangen die Personen ihr Wissen vorwiegend aus dem Arbeitsprozess.

Die Qualifizierungen in Not-for-profit-Unternehmen richten sich vorwiegend an die Zielgruppe der temporär Beschäftigten, d. h. die Zielgruppe der Benachteiligten. Das Hauptaugenmerk liegt auf der Vermittlung sozialer Kompetenzen und der Integration der Zielgruppe in den ersten Arbeitsmarkt[24]. Aufgrund eines hohen bürokratischen Aufwandes sowie ständiger Personalwechsel ist eine umfangreiche fachliche Einarbeitung während des Verweilzeitraums der Beschäftigten nur begrenzt möglich. Gleichzeitig ist die Arbeitsmotivation der temporär Beschäftigten aufgrund ihrer Arbeitssituation oftmals nicht sehr hoch. Die Beschäftigten werden vorwiegend durch „Training on the Job" oder „Coaching" im Arbeitsprozess qualifiziert. Dabei werden sie zu einer „qualifizierten Hilfskraft" ausgebildet. Gleichzeitig erhalten sie oft die Möglichkeit, den Schulabschluss nachzuholen.

24 Je nach Land verweilen die temporär Beschäftigten von einem halben bis zu einem Jahr in den Unternehmen.

Neben der Qualifizierung innerhalb des Unternehmens finden aber auch Schulungen bei externen Bildungseinrichtungen statt. In den Not-for-profit-Unternehmen werden die Mitarbeiter vor allem in den Bereichen Verkauf, Lager, Räumung, Reinigung und Administration geschult. Bei angeschlossenen Reparaturwerkstätten kommen einfache Reparaturen hinzu. Neben Fachkenntnissen werden insbesondere auch Sozialkompetenzen vermittelt. Im Vordergrund steht dabei die psychosoziale und ökonomische Stabilisierung der Beschäftigten, die Hebung ihres Selbstbewusstseins, der Abbau ihrer schulischen Defizite, die Stärkung ihrer Durchhaltevermögens und die Förderung ihrer Konfliktfähigkeit (vgl. Eiersebner et al. 2003, S.20).

6.3.2 Beweggründe für Qualifizierungen und ihre Organisation

Die Initiative zur Durchführung von Qualifizierungen erfolgt größtenteils auf Basis eines im Unternehmen identifizierten Bedarfs. In den Profit-Unternehmen geht dies zumeist auf Eigeninitiative der Beschäftigten zurück, in den Not-for-profit-Unternehmen zumeist auf Empfehlung der Führungs- bzw. Anleiterebene. Die Notwendigkeit zur Durchführung von Qualifizierungen kann dabei aus sehr unterschiedlichen Beweggründen wie etwa dem Interesse an der Verbesserung der Arbeitsqualität, dem Interesse an der Optimierung der Kundenorientierung oder dem allgemeinen Bestreben das Unternehmen weiter zu professionalisieren, erfolgen. Ein häufig genannter Grund in den Unternehmensuntersuchungen waren fachliche Defizite. Dabei war bei den innovativen Unternehmen des Sektors deutlich spürbar, dass nur durch eine spezifische Qualifizierung eine Qualitätssteigerung und damit eine Professionalisierung des Unternehmens möglich ist. Diese Entwicklung ist vor allem in größeren Unternehmen, vernetzten Unternehmen bzw. Franchising-Netzwerken sowie in Not-for-profit-Unternehmen zu beobachten. Der Anspruch auf Professionalität ist in diesen Unternehmen derzeit noch ausgeprägter als in den zahlreichen inhabergeführten Secondhandgeschäften.

In den zahlreichen Not-for-profit-Unternehmen bzw. karitativen Organisationen spielt die Qualifizierung eine bedeutende Rolle. Da in diesen Unternehmen die Reintegration der Beschäftigten in den ersten Arbeitsmarkt im Vordergrund steht und der Handel mit gebrauchten Waren eine gute Möglichkeit zum Durchlaufen eines Integrationsprozesses bietet, ist ihre Förderung mittels Qualifizierung entscheidend. Gefördert werden vor allem die Handlungsfähigkeit, die Selbstständigkeit, die Eigenverantwortung sowie die Fähigkeit zur Kommunikation und Kooperation. Die entsprechenden Angebote sind nicht speziell für den Sektor entwickelt worden. Themenfelder der zu vermittelten Basisqualifikationen sind u. a. Schlüsselqualifikationen (Teamfähigkeit, Kommunikationstraining usw.), Grundlagen Mathematik, Sprachförderung für Migranten, Bewerbungstraining und EDV-Grundlagen.

Neben den Basisqualifikationen werden außerdem zahlreiche kaufmännische sowie handwerklich bzw. gewerblich-technische Schwerpunkte angeboten. Dazu zählen Fachkunde Lager/Lagerlogistik, Fachkunde Einzelhandel, Rechnungswesen, Disposition, Sicherheitstraining, Hebe-, Trage- und Verpackungstechniken bei Gütertransporten, Warenaufbereitung, Restauration und Reparaturen, Gabelstablerführerschein, Prüfberechtigung für Elektrogeräte, Verkaufstechniken.

Die Organisation der Qualifizierung stellt sich in allen Not-for-profit-Unternehmen ähnlich dar. Größtenteils werden individuelle Qualifizierungspläne erstellt, die von den Beschäftigten durchlaufen werden. Diese sind entsprechend deren Stärken und Schwächen angepasst und tragen zu einer Verbesserung ihrer beruflichen Integration bei. Die praktischen Fertigkeiten werden überwiegend innerhalb des Betriebes durch Coaching und Lernen am Arbeitsplatz bzw. im Arbeitsprozess vermittelt. Theoretische Grundlagen wie PC-Kenntnisse, Verkaufstraining, Warenkunde usw. wiederum werden je nach Einrichtung in Form von Seminaren, Schulungen und Workshops innerhalb der Unternehmen oder extern durch Bildungseinrichtungen organisiert.

Qualifizierungen für fest angestellte Beschäftigte in Not-for-profit-Unternehmen wiederum werden vornehmlich bedarfs- und nachfrageorientiert organisiert. Ein Beispiel aus Belgien verdeutlicht die Qualifizierungsaktivitäten eines großen Netzwerkes für fest angestellte Beschäftigte in Not-for-profit-Unternehmen. Das KVK Netzwerk führt im Zusammenhang mit der Einführung eines Qualitätsmanagementsystems (QM-Systems) Qualifizierungen für seine Mitgliedsunternehmen durch. Im Rahmen des sogenannten EFQM-K2 Modells bekommen diese Unterstützung bei der Implementierung und der kontinuierlichen Verbesserung des QM-Systems. Zur Deckung des Qualifizierungsbedarfs werden den Mitgliedern alle zwei Jahre für einen bestimmten Zeitraum Coachings durch die Berater des KVK Netzwerkes angeboten. Die Coachings sind eine Kombination aus Gruppen-Workshops und individuellen Workshops. Die Gruppenworkshops sollen den Austausch von Wissen und Erfahrungen mit dem Ziel einer Motivationssteigerung fördern. Das individuelle Coaching verfolgt das Ziel, die Konzepte und Rahmenbedingungen des Netzwerkes in Form von konkreten Anwendungen umzusetzen wie

- einem Workshop für das Management, um die Rahmenbedingungen und Richtlinien bekannt zu machen,
- einem Workshop für die operativen Mitarbeiter,
- ein individuelles Personalcoaching im Arbeitsprozess,
- einem Prozess, der den Lernprozess im Zuge der Umsetzung kontinuierlich verbessert und weiterentwickelt.

Das Hauptziel dieser Coachings besteht vor allem in der Weitergabe von Know-how und der Entwicklung der erforderlichen Fähigkeiten, um anschließend eigenständig arbeiten zu können. Das Konzept mit einer Kombination aus Arbeitsgruppen und individuellem Coaching hat sich als sehr sinnvoll erwiesen. Allerdings erfordert es sowohl von dem Management, als auch von den operativen Mitarbeitern ein starkes Engagement.

6.4 Zusammenarbeit von Unternehmen und Bildungseinrichtungen

Generell lässt sich feststellen, dass es hinsichtlich der Profit-Unternehmen des Sektors in Europa und Bildungseinrichtungen wie z. B. Weiterbildnern kaum geschäftliche bzw. zweckgebundene Kooperationen gibt. Dies ist damit zu begründen, dass die Unternehmen bzw. deren Inhaber keinen Bildungsauftrag haben und oft keine Notwendigkeit zur systematischen Qualifizierung sehen. Nur wenn ein deutlicher Handlungs- bzw. Qualifizierungsbedarf innerhalb des Unternehmens identifiziert wird, werden Bildungseinrichtungen von den Mitarbeitern konsultiert. Dieses erfolgt gezielt und in Abhängigkeit von dem Qualifizierungsangebot der entsprechenden Anbieter. Ein weiterer Grund liegt an dem mangelnden bis gar nicht vorhandenen Angebot sektorspezifischen Qualifizierungen. Lediglich konnten in Ländern wie Deutschland und Österreich vereinzelt entsprechende Angebote identifiziert werden. Darüber hinaus finden allerdings Fachtagungen bzw. Workshops unterschiedlicher Verbände der Recyclingbranche wie etwa von der BAG Arbeit in Deutschland oder vom Landesgremium Wien in Österreich statt, an denen u.a. auch Secondhandunternehmer teilnehmen können. Im Hinblick auf nicht sektorspezifische, d. h. kaufmännische oder handwerkliche Inhalte wiederum gibt es zahlreiche Bildungseinrichtungen wie Kammern, Wirtschaftsakademien und Weiterbildner, die Qualifizierungen in Form von Seminaren, Schulungen und Workshops anbiete.

Im Gegensatz zu den Profit-Unternehmen im Sektor kann wiederum in einigen europäischen Ländern wie z. B. in Deutschland oder Finnland zwischen Not-for-profit-Unternehmen und Bildungsträgern eindeutig eine Zusammenarbeit identifiziert werden. Der Kontakt zu externen Bildungseinrichtungen gestaltet sich in den einzelnen Unternehmen unterschiedlich. Während einige Unternehmen je nach Angebot auf mehrere Bildungseinrichtungen zurückgreifen, gehen andere Unternehmen wiederum eine Kooperation mit nur einer Bildungseinrichtung ein. Die Gestaltung der Verbindung zwischen den Unternehmen und den Bildungseinrichtungen hängt jeweils von Angebot und Nachfrage der Qualifizierungsangebote ab. Diese Offerten sind jedoch keine sektorspezifischen Angebote.

Ein gutes Beispiel für die Zusammenarbeit von Bildungseinrichtungen und Not-for-profit-Unternehmen konnte in Finnland identifiziert werden. Hier bietet die finnische „Bovallius"-Stiftung eine spezifische berufliche Ausbildung an. Dabei arbeitet die Berufsschule und das Sozialunternehmen „Bovallius Palvelut Ltd." eng zusammen. Die Studenten werden während ihrer Arbeitsphasen in dem Unternehmen ausgebildet und nach ihrem Abschluss von dem Unternehmen übernommen.

Die teilweise enge Zusammenarbeit zwischen Not-for-profit-Unternehmen und Bildungseinrichtungen ist in der Regel nicht auf deren Branchenausrichtung „Secondhandhandel" zurückzuführen, sondern liegt in den insgesamt breit gefächerten Geschäftsaktivitäten sowie in der Zielsetzung der Not-for-profit-Unternehmen begründet, die vor allem durch die soziale Zielsetzung eine enge Zusammenarbeit mit den Bildungseinrichtungen erfordert.

7 Konsequenzen für eine sektorspezifische Qualifizierung in Europa

7.1 Notwendigkeit einer sektorspezifischen Kompetenzentwicklung

Die empirischen Ergebnisse der Sektoranalysen und Fallstudien in allen Ländern verdeutlichen, dass der Secondhandsektor bisher über so gut wie keine sektorspezifische Qualifizierung verfügt. Es konnten nur wenige Beispiele für Qualifizierungen innerhalb des Sektors identifiziert werden. Diese sind z. B. in Belgien zumeist individuell auf den Bedarf einzelner Unternehmenskooperationen bzw. Netzwerke zugeschnitten und nicht allgemein für andere Unternehmen des Sektors zugänglich. Lediglich in Deutschland und Österreich konnten einzelne Aktivitäten identifiziert werden, wobei diese teilweise durch einen Projektbezug begrenzt waren. Dadurch, dass die vorwiegende Anzahl der Qualifikationsangebote aus anderen Sektoren stammt, sind die Inhalte nicht auf die Besonderheiten der Arbeitsprozesse und -aufgaben im Sektor abgestimmt. Dabei konnte in den Fallstudien eine verstärkte Nachfrage nach spezifischen, sektorbezogenen Qualifizierungen identifiziert werden. Durch die fehlenden Angebote werden viele Unternehmen auf den Weg zu einer weiteren Professionalisierung zurückgeworfen.

Erste Ansatzpunkte für die Entwicklung von sektorspezifischen Qualifizierungskonzepten bieten die identifizierten Arbeitsaufgaben in den vier untersuchten Geschäftsfeldern (Textilien, Bücher/Tonträger, Möbel sowie elektrische und elektronische Geräte), die jeweils spezielle Anforderungen an die Beschäftigten stellen. Zwar sind zahlreiche Überschneidungen zu Arbeitsaufgaben aus anderen Branchen erkennbar, jedoch existieren ganz spezifische Aufgaben, die nur in diesem Sektor relevant sind. Diesen besonderen Anforderungen sollte mit einem Qualifizierungskonzept mit dem Ziel einer sektorspezifischen Kompetenzentwicklung der Mitarbeiter Rechnung getragen werden. Einen Überblick über sektorspezifische Besonderheiten hinsichtlich der Arbeitsprozesse und -aufgaben, die die Notwendigkeit von sektorspezifischen Qualifizierungen nach sich zieht, soll die im Folgenden dargestellte Zusammenfassung geben.

Die Besonderheiten gegenüber dem Neuwarenhandel ergeben sich vor allem aus den Waren als solches, die aufgrund dessen, dass sie gebraucht sind, einer anderen Beschaffung, einer anderen Behandlung und einer anderen Verkaufsstrategien unterliegen. Dabei unterscheidet sich die Warenbeschaffung von dem Neuwarenhandel, da sie stets von den Ankaufsangeboten auf dem Markt abhängig, d. h. von Privatpersonen oder gewerblichen Anbietern, z. B. von Geschäftsauflösern, und damit auch von deren Qualität und Quantität abhängig sind. Dabei stellt die Bewertung der Qualität von wiederverkaufbaren, guten Gebrauchtwaren im Rahmen des Ankaufs der Waren eine Besonderheit dar, die in keinen anderen Sektor in der Form zu finden ist. Hier ist eine exakte Bewertung des Warenwertes in Folge einer anschließenden Preisgestaltung unabdingbar. Dieses erfordert vor allem fachliche Kenntnisse über die Waren und die Neuwertpreise. Besonders bei Profit-Unternehmen tragen der Wareneinkauf und die richtige Bewertung der Waren zu einem großen Teil entscheidend zu dem Erfolg des Unternehmens bei. Bisher sind die hierfür erforderlichen Kompetenzen sehr erfahrungsbasiert und implizit. So ist beispielsweise die Aufgabe, den Markt für CD/DVD zu erfassen, an jahrelange Kenntnis und das eigene Interesse der Beschäftigten gebunden.

Während in Profit-Unternehmen bei der Warenbeschaffung mit der Bewertung der Waren der wirtschaftliche Aspekt einhergeht, liegt die Verantwortung in Not-for-profit-Unternehmen, die ihre Waren kostenlos über Spenden beziehen, auf der Sortierung der Waren nach ihrer Qualität. Dabei sind Kenntnisse zum Reparaturaufwand für die Geschäftsfelder Elektrogeräte, Möbel und Textilienerforderlich, die dem geschätzten Wiederverkaufswert gegenübergestellt werden müssen, sowie Kenntnisse über eine mögliche Weiterverarbeitung der Waren wie z. B. über ihre Entsorgung, über ihre Instandsetzung und über die dazu notwendigen Ersatzteile. Die Tätigkeit in der Warenannahme und Weiterleitung erfordert von den Mitarbeitern demnach Kenntnisse über die Qualität der Waren und über den Reparaturaufwand sowie über eventuelle Reparaturkosten und über den Marktwert, d. h. über die Nachfrage und über den zu erzielenden Wiederverkaufspreis. Entsprechend sind ausgeprägte Prozesskenntnisse über die betriebsinternen Strukturen, Standards und Arbeitsprozesse sowie eine gute Koordination und Kommunikation mit den nachfolgenden Arbeitsbereichen unerlässlich.

Eine weitere sektorspezifische Besonderheit ist die Instandsetzung bzw. Restauration von Gebrauchtwaren, die vornehmlich in Not-for-profit-Unternehmen stattfindet. Die Arbeitsaufgabe der Instandsetzung von Elektroaltgeräten, die Reparatur von Textilien und die Restauration von Möbeln stellen teilweise sehr hohe fachliche Anforderungen an die Mitarbeiter. Hier muss der Reparaturaufwand eingeschätzt und dem Wiederverkaufswert gegenübergestellt werden.

Diese Bewertung erfolgt generell unter Berücksichtigung möglicher betriebsinterner Kosten und dem Marktwert der Waren. Weiterhin werden insbesondere im Bereich Möbel und Elektroaltgeräte hohe Anforderungen an die Produktkenntnisse der Mitarbeiter gestellt, da sie mit Fabrikaten jeglicher Art umgehen müssen. Während sich die Unternehmen im Neuwarenhandel häufig auf bestimmte Waren spezialisieren, benötigen die Mitarbeiter im Gebrauchtwarenhandel eine große Bandbreite an Fachwissen, da sie abhängig von dem eingehenden Warenangebot mit einer Vielzahl an Produkten und Fabrikaten umgehen bzw. diese instand setzen müssen. Dabei müssen z. B. bei Elektrogeräten einerseits neuere, digitale Geräte instand gesetzt werden, und andererseits müssen die Mitarbeiter ebenso in der Lage sein, Geräte aus den 1920er Jahren einzuschätzen und gegebenenfalls wieder funktionsfähig zu machen. Im Geschäftsfeld Textilien müssen die Mitarbeiter ein breites Produkt- und Fachwissen mitbringen, da häufig die Etiketten und Labels an den gebrauchten Textilien nicht mehr vorhanden sind. Im Geschäftsfeld Möbel ist ein breites Wissen zu verschiedenen Epochen und Möbelstilen notwendig, um eine gute Bewertung der Waren und eine spätere Restauration vornehmen zu können.

Neben der Vielzahl an sektorspezifischen Kompetenzen, die sich aus der Besonderheit gebrauchter Waren ergeben, konnten aber auch zahlreiche weitere erforderliche Kompetenzen z. B. im Bereich der Verwaltung bzw. Organisation oder dem reinen Verkauf identifiziert werden. Zwar unterscheiden sich diese geforderten Kompetenzen nur gering von denen des Neuwarenhandels. Der wesentliche Unterschied zum Neuwarenhandel liegt hier nicht in den einzelnen Tätigkeiten, die geleistet werden, sondern in der Besonderheit der Waren selbst und dem Umgang mit diesen (z. B. bei Präsentation der Waren). Ein weiterer wichtiger Aspekt ist der spezielle Kundenkreis.

Insgesamt wird deutlich, dass der Secondhandsektor an die dort Beschäftigten eine Vielzahl an speziellen Anforderungen stellt und ihnen damit spezifische Kompetenzen abverlangt. Resultierend aus dem zu erwartenden Wachstum des europäischen Marktes und dem Bestreben der Unternehmen, sich stärker zu professionalisieren, ergibt sich die Notwendigkeit der Entwicklung sektorspezifischer Qualifizierungen. Eine hochwertige, anerkannte Qualifizierung der Beschäftigten ist der Schlüssel zur Bewältigung der zukünftigen Herausforderungen für die Unternehmen und den Sektor. Darüber hinaus führt sie zu einer Steigerung des Ansehens des Sektors in der Öffentlichkeit, der teilweise noch mit einem Negativimage zu kämpfen hat.

Die Entwicklung einer sektorspezifischen Qualifizierung trägt weiterhin dazu bei, die Beschäftigungsmöglichkeiten innerhalb des Sektors auszubauen und zu systematisieren, sodass die im Sektor noch vorhandenen und ungenutzten Potenziale besser ausgeschöpft werden können. Durch eine Professionalisierung des Sektors mittels Qualifizierung werden neue und vor allem attraktive Arbeitsplätze geschaffen. Bisher nicht im Sektor beschäftigte Personengruppen können durch das Absolvieren einer sektorspezifischen Qualifizierung Beschäftigungsfähigkeit für den Sektor aufbauen und nachweisen. Damit wird ein Beschäftigungsfeld erschlossen, das in dieser Weise bis dato nicht systematisch zugänglich ist.

8 Entwurf eines Qualifizierungsansatzes

8.1 Kernarbeitsaufgaben und Inhalte zur Erstellung eines Qualifizierungsprofils

Die identifizierten Arbeitsprozesse und -aufgaben sind die Basis für eine zukünftige Entwicklung einer Qualifizierungsstruktur sowie der erforderlichen Qualifizierungsinhalte. Die Ausrichtung an den Arbeitsprozessen sichert den vielfältigen Praxisbezug eines Qualifizierungskonzeptes bzw. -ansatzes und die Möglichkeit seiner Implementierung in verschiedene Bildungssysteme. Das ist vor dem Hintergrund möglich, dass die Kernarbeitsprozesse in allen Ländern mit nur leichten unterschiedlichen Ausprägungen identifiziert werden konnten. Außerdem sichern die Arbeitsprozesse als Strukturierungsgrundlage in hohem Maße die Qualität des Qualifizierungsansatzes.

Neben den Arbeitsprozessen und -aufgaben, die im Rahmen einer Qualifizierung berücksichtigt werden müssen, stellen die erforderlichen Anforderungen an die Beschäftigten die wesentliche Grundlage einer Qualifizierung dar. Um eine qualitativ hochwertige Arbeit im Sektor leisten zu können, müssen die dort Beschäftigten über zahlreiche aufgabenbezogene Kompetenzen verfügen. Diese gilt es, im Rahmen einer Qualifizierung zu vermitteln.

Die in der Tabelle 8.1 aufgeführten Kernarbeitsaufgaben mit den identifizierten Inhalten von Arbeit und Lernen stellen die Basis für ein mögliches sektorspezifisches Qualifizierungsprofil dar. Die einzelnen Arbeitsaufgaben wurden vor dem Hintergrund einer späteren Entwicklung einer arbeitsprozessorientierten Qualifizierung geclustert und spiegeln die Besonderheiten der Arbeitsprozesse wider. Die Herausforderungen an die Beschäftigten in den Secondhandbetrieben entstehen zum einen aus den betriebsbezogenen Gegenständen wie unterschiedliche Materialien, Transportfahrzeuge, Lager- und Sammelbehälter usw. sowie den verwendeten Werkzeugen zur Demontage, Reparatur oder Reinigung der Waren und zum anderen aus der betrieblichen Arbeitsorganisation sowie den konkreten betrieblichen Arbeitsaufgaben. Diese Herausforderungen sind geprägt durch verschiedene gesetzliche oder innerbetriebliche Vorschriften sowie gesellschaftliche Erwartungen und Erwartungen vonseiten der Kunden. Für eine spätere curriculare Ausgestaltung einer sektorspezifischen Qualifizierung basierend auf den Kernaufgaben ist zu beachten, dass sich die Anforderungen an die Arbeit und die notwendigen Werkzeuge, Methoden und Organisation der Arbeit in den vier Geschäftsfeldern einerseits teilweise ähneln, andererseits auch sehr unterschiedlich sind.

Die Basis der Beschreibungen bilden die drei Dimensionen des „Arbeitens und Lernens" nach Spöttl (2000, S. 212), nämlich:

- der Gegenstand der Facharbeit der aus Technik, Funktionen, Phänomenen oder Kunden (sic!) bestehen kann,
- die Werkzeuge, Methoden und Organisation der Facharbeit, d. h. die Arbeitsorganisation und Werkzeuge erhalten einen hohen Stellenwert, sowie
- die Anforderungen an die Facharbeit und Technik durch die Gesetze, die Betriebe, die Kunden und die Gesellschaft.

Die Verknüpfung der Dimensionen bietet die Chance, Lernprozesse optimal zu unterstützen, denn Arbeiten und Lernen gehen fließend ineinander über. Arbeitsprozessbezogene Inhalte haben immer konkrete Bezüge zu realen Arbeitsprozessen und weisen deshalb untereinander vielfältige Verknüpfungen auf. Entsprechend resultieren Arbeitsaufgaben für die Qualifizierung aus den betrieblichen Handlungsfeldern wie Arbeitsorganisation, Management, Gesetzesvorschriften, Transport u. a. (vgl. Blings/Spöttl 2003).

Kernarbeitsaufgabe: Management/Verwaltung aller Geschäftsprozesse		
Inhalte von Arbeiten und Lernen		
Gegenstand der Arbeit	**Werkzeuge, Methoden und Organisation der Arbeit**	**Anforderungen**
Personalplanung durchführen, Planung von Arbeitsplänen, -aufgaben, -zeiten	Werkzeuge • Personalpläne Methoden • Erstellen von Arbeitsplänen • Festlegen der Arbeitsaufgaben • Festlegen der Arbeitszeiten • Analyse des Qualifikationsbedarfs Organisation • Mitarbeiter auswählen • Gespräche mit Mitarbeitern zwecks Arbeitszeitplanung • Klärung der Arbeitsaufgaben	an die Arbeit • reibungsloser Arbeitsablauf im Geschäft zwischen den unterschiedlichen Arbeitsfeldern Warenannahme und Verkauf • reibungsloser Arbeitsablauf zwischen Einkauf, Lager und Verkauf
Durchführung allgemeiner Verwaltungsaufgaben	Werkzeuge • gängige PC-Systeme für Buchhaltung, Steuererklärung usw. Methoden • Erstellen sämtlicher kaufmännischer Unterlagen Organisation • Erfassung der Geldaus- und -eingänge • Durchführung der Gehaltsabrechnungen Durchführung der Buchhaltung • Erstellen von Arbeitsberichten	an die Arbeit • schnelles und korrektes Abwickeln anfallender kaufmännischer Verwaltungsaufgaben
Präsentation des Unternehmens nach außen	Werkzeuge • Anzeigen in verschiedenen Medien (Zeitung, Flyer, Newsletter) Methoden • Verbreitung des Unternehmensgedanken (Image) über verschiedene Medien Organisation • Unternehmensimage aufbauen und verbreiten	an die Arbeit • Gewinnung neuer Kunden und Verbreitung des Unternehmensimages

<table>
<tr><th colspan="3">Kernarbeitsaufgabe: Akquisition von Waren/Kunden</th></tr>
<tr><th colspan="3">Inhalte von Arbeiten und Lernen</th></tr>
<tr><th>Gegenstand der Arbeit</th><th>Werkzeuge, Methoden und Organisation der Arbeit</th><th>Anforderungen</th></tr>
<tr><td>Marketingmaßnahmen für den Ankauf neuer Ware bzw. die Gewinnung neuer Kunden</td><td><u>Werkzeuge</u>
• Anzeigen (Internet, Zeitschriften)
• Radio- und/oder Kinowerbung
<u>Methode</u>
• Werbung zur Warengewinnung mit Hilfe unterschiedlicher Medien
• Werbung zur Gewinnung neuer Kunden
<u>Organisation</u>
• Medium auswählen (Internet, Zeitung, Kino etc.)
• Anzeigen gestalten</td><td><u>an die Arbeit</u>
• Gewinnung neuer Lieferanten und Privatpersonen, die das Geschäft mit Ware versorgen
• Gewinnung neuer Kunden</td></tr>
<tr><td>Einwerbung von Aufträgen (Waren)</td><td><u>Werkzeuge</u>
• Fachzeitschriften
• Anzeigen
• Internet
<u>Methode</u>
• unterschiedliche Medien auf Warenverkaufsangebote (Marktpreise) prüfen
• Beobachtung des Marktes (Marktanalyse)
• Angebote mit dem vorhandenen Warensortiment abgleichen, ob ein Bedarf an zusätzlichen Waren besteht
• Lieferantenkontakte aufnehmen und pflegen
<u>Organisation</u>
• Identifikation von Angeboten in Fachmedien
• Lieferanten kontaktieren</td><td><u>an die Arbeit</u>
• Sicherstellung des allgemeinen Warenangebotes bzw. -sortimentes
• Sicherstellung eines markt- und bedarfsorientierten Warenangebotes
• Gewinnung neuer Lieferanten</td></tr>
<tr><td>Akquise von Spenden und Netzwerkpflege (Lieferanten und Kunden)</td><td><u>Werkzeuge</u>
• Kulturangebote und Veranstaltungen
• Flyer, Prospekte, Anzeigen
• Internet
• Vergabe von Designpreisen
<u>Methode</u>
• unterschiedliche Medien bzw. Maßnahmen
• Werbeaktionen (Tag der offenen Tür, Modeschauen)
• Öffentlichkeitsarbeit
<u>Organisation</u>
• Zielorte, -gruppe und Maßnahmen auswählen und Umsetzung initiieren
• Verbreitung von Werbematerial (Flyer, Poster, Anzeigen)</td><td><u>an die Arbeit</u>
• Gewinnung von Spenden zur Sicherung des Angebotes
• Gewinnung neuer Kunden zur Sicherung des Verkaufs
• Pflege der bestehenden Netzwerke
• Pflege des Images</td></tr>
</table>

Kernarbeitsaufgabe: Organisation des Wareneingangs		
	Inhalte von Arbeiten und Lernen	
Gegenstand der Arbeit	**Werkzeuge, Methoden und Organisation der Arbeit**	**Anforderungen**
Annehmen der Lieferantenangebote, Erfassung der Lieferantendaten Lieferantenbesuche, Auftragsabwicklung	Werkzeuge • gängige PC-Programme • PKW Methode • Abgleich des Angebotes mit vorhandenem Sortiment • Auftrag bearbeiten • Terminvereinbarung Organisation • telefonische Überprüfung des Angebotes • Planung der Lieferantenbesuche • Sichtung der Ware • Auftragsabwicklung	an die Arbeit • Sicherstellen, dass der Lieferant die Ware zum Ankauf bereitstellt • Sicherstellen, dass die angebotene Ware ins Sortiment passt • Organisation verkaufsfähiger Waren
Annahme Spendenanfragen und Abstimmung mit anderen Arbeitsbereichen (Transport, Werkstätten etc.)	Werkzeuge • Vorwiegend Telekommunikation • Auftragsschein Methode • Abstimmung mit Ressourcen der anderen Arbeitsbereiche • Zuweisung von Spendenanfragen, Auftrag an Transportbereich • Bearbeiten des Auftragsscheins Organisation • Identifikation von Zielort und Warenmenge	an die Arbeit • Einteilung und Zuweisung von Aufträgen • Abstimmung der Ressourcen
Planung und Erfassung der Waren beim Kunden	Werkzeug • Auftragspapiere • Beförderungspapiere Methode • Disposition des Transportes • Sichtprüfung • ggf. notwendige Arbeitsschritte vor Ort festlegen (Demontage) • Kommunikation mit nachfolgenden Bereichen Organisation • Identifikation von Zielort und Warenmenge • Abstimmung mit der Disposition und Auftragsweitergabe (Transport, Aufbereitung etc.) • Routenplanung	an die Arbeit • Einschätzung des Warenzustandes beim Kunden • Ordnungsgemäße Bearbeitung der Auftragspapiere

Kernarbeitsaufgabe: Warenankauf bzw. Warenannahme (I)		
	Inhalte von Arbeiten und Lernen	
Gegenstand der Arbeit	**Werkzeuge, Methoden und Organisation der Arbeit**	**Anforderungen**
Qualitätskontrolle: Überprüfung der Ware (aktueller Zustand, Funktionalität, möglicher Reparaturaufwand)	Werkzeuge • innerbetrieblicher Begleitschein Methode • Sichtprüfung/Funktionstest • Prüfung der Vollständigkeit • Prüfung der Warenbesitzverhältnisse Organisation • Die Ware wird vor Ort beim Lieferanten gesichtet, geprüft und bewertet. • Die Ware wird im Geschäft gesichtet, geprüft und bewertet.	an die Arbeit • Erkennen von nicht vollständigen Waren (Warenkunde) • Erkennen von defekten bzw. Instand setzbaren Waren • Erkennen von nicht verkaufsfähigen Waren
Preiskalkulation beim Warenankauf	Werkzeuge • Warenwirtschaftssystem (WWS) • Internet Methode • Bereits in der Vergangenheit festgelegte Preise können dem WWS entnommen werden. • Preisvergleiche mit Angeboten aus dem Internet (Marktkenntnisse) • Festlegen der Ankaufpreise nach Ermessen/Erfahrung mit Fokus auf der Warenqualität Organisation • Preisvergleiche im Internet • Absprachen mit Kollegen • Angebote dem Lieferanten/Warenanbieter unterbreiten	an die Arbeit • Erkennen des Warenwertes • Erkennen der Gewinnspanne • Kenntnisse über dem Gebrauchtwarenhandel in den vier Geschäftsfeldern usw.

Kernarbeitsaufgabe: Warenankauf bzw. Warenannahme (II)		
	Inhalte von Arbeiten und Lernen	
Gegenstand der Arbeit	**Werkzeuge, Methoden und Organisation der Arbeit**	**Anforderungen**
Bewertung und Sortierung der Ware nach Ausgangszustand	Werkzeuge • Warenwirtschaftssystem • Gitterboxen • Container • Auftragsschein • Betriebshandbuch Methode • Überprüfung des Ausgangszustandes (Sichtprüfung) • Identifizierung von Lücken im Ladensortiment • Identifizierung von Waren, die aufbereitet oder repariert werden müssen (Kalkulieren des Reparaturaufwandes) • Sortierung nach internen Standards (Produktgruppen) Organisation • Absprachen mit den Kollegen im Verkauf • Absprachen zwischen der Warenannahme und dem für das Lager verantwortlichen Einkäufer • Absprachen des Einkäufers mit den Geschäften • Waren unterschiedlichen Verwertungsmöglichkeiten zu ordnen (z.B. Instandsetzung, Ersatzteilgewinnung, Demontage)	an die Arbeit • Erfahrungen bezüglich der Sortierung nach Produktgruppen und innerbetrieblichen Standards • Überprüfung des Ausgangszustandes auf Funktionalität, Wiederverkaufswert und Reparaturaufwand • Werthaltigkeit erkennen • Kenntnis über das Lagersortiment
Zu-/Bereitstellung der Waren an/für andere Arbeitsbereiche	Werkzeuge • Gitterboxen • Container • Transportmittel Methode • Logistikkonzept für Bereitstellung und Zwischenlagerung Organisation • Lagerplan/-kapazitäten kennen und berücksichtigen • Abstimmung mit Abteilungen	an die Arbeit • korrekte Zuteilung der Waren sicherstellen • korrekte Wahl des Transportmittels • sichere Handhabung der Transportwerkzeuge • Einhaltung der Lagervorschriften • korrekte Behälterwahl und Beschriftung

<table>
<tr><td colspan="3">Kernarbeitsaufgabe: Lagerung der Waren</td></tr>
<tr><td colspan="3">Inhalte von Arbeiten und Lernen</td></tr>
<tr><td>Gegenstand der Arbeit</td><td>Werkzeuge, Methoden und Organisation der Arbeit</td><td>Anforderungen</td></tr>
<tr><td>Sortieren der Waren basierend auf dem Lagersystem</td><td><u>Werkzeuge</u>
• Regale, Paletten, Gitterboxen, Körbe, Kisten
<u>Methode</u>
• Aufnahme des Lagerbestandes im Warenwirtschaftssystem
• Logistikkonzept für Bereitstellung und Lagerung
• Lagerung der Ware nach Kategorien wie z.B. Jahreszeiten bzw. Bereitstellung mit Fokus auf nachfolgende Arbeitsschritte
<u>Organisation</u>
• Arbeits- und Organisationsplan erstellen
• Lagerplan erstellen</td><td><u>an die Arbeit</u>
• schnelle Bereitstellung der Waren
• platzsparendes Lagern
• Beachtung der Materialeigenschaften
• Dokumentation des Bestandes</td></tr>
<tr><td>Transport von Waren im Lager</td><td><u>Werkzeug</u>
• Gabel- und Handstapler
• Lagerbehälter (Regale, Paletten, Gitterboxen, Körbe, Kisten)
• Auftragsschein
<u>Methode</u>
• Kommunikation mit nachfolgenden Arbeitsbereichen
• Auswahl der Transportmittel je nach Art der Lagerbehälter und Weiterverarbeitungsschritte
<u>Organisation</u>
• Organisation der Zwischenlagerung</td><td><u>an die Arbeit</u>
• ordnungsgemäße Bearbeitung der Auftragspapiere
• sichere Handhabung der Lade- und Transportmittel und -werkzeuge</td></tr>
<tr><td>Lagerung von Ersatzteilen und Instand gesetzten Geräten und Bereitstellung der Waren (Demontage, Aufbereitung, Reparatur, Versand)</td><td><u>Werkzeuge</u>
• Regal, Gabelstapler, Gitterboxen, Paletten, Container
<u>Methode</u>
• Logistikkonzept für Bereitstellung, Lagerung und Versand
<u>Organisation</u>
• Lagerplan erstellen und berücksichtigen
• Arbeitsplan erstellen und berücksichtigen</td><td><u>an die Arbeit</u>
• sichere Handhabung der Transportwerkzeuge
• platzsparendes Lagern
• Abrufbarkeit von Waren sicherstellen
• Dokumentation des Bestandes</td></tr>
</table>

Kernarbeitsaufgabe: Verkauf der Waren		
	Inhalte von Arbeiten und Lernen	
Gegenstand der Arbeit	**Werkzeuge, Methoden und Organisation der Arbeit**	**Anforderungen**
Preiskalkulation und Etikettieren der Waren	Werkzeuge • Computer/Tageslisten • Warenwirtschaftssystem • Etiketten/Preisschilder Methode • Etikettierung und Erfassung im Warenwirtschaftssystem • Preiskalkulation oder Einordnung im Warensystem (z.B. internes Punktesystem) Organisation • Konzept zur Erfassung der Waren und der Kunden umsetzen	an die Arbeit • Kundenorientierung • realistische Preisgestaltung (nach Qualität und Nachfrage) • Markt- und Warenkenntnisse von der Gesellschaft • Zuverlässige Versorgung mit Textilien
Sortierung nach Kategorien und Dekoration der Waren	Werkzeuge • Warenwirtschaftssystem • Dekorationsmaterialien • Verkaufsräume Methode • Einsortierung der Waren im Warensortiment • Dekorieren des Geschäftes Organisation • Verkaufs- und Dekorationskonzept umsetzen • Marketingkonzept umsetzen	an die Arbeit • Dekoration der Secondhandwaren wie Neuwaren • Gestaltungskenntnisse • Warenkenntnisse zur Einordnung der Waren im Sortiment
Verkauf und Kundenberatung	Werkzeuge • Kassensysteme Methode • Verkaufsgespräch (Kommunikationsfähigkeit) • Kundenberatung (Kenntnisse über Garantien, Produkte) • Nutzung des Kassensystems Organisation • Umsetzung von verschiedenen Verkaufsstrategien (Angebote, Aktionen, Dekoration)	an die Arbeit • Kaufmännisches Handeln beim Verkauf • Anwendung von Verkaufsstrategien • Konfliktfähigkeit bei schwierigen Kunden • Kassensystem bedienen von der Gesellschaft • günstiger Kauf gebrauchter Waren bei hoher Qualität
Erstellen von Angeboten im Internet	Werkzeuge • Computer und Kamera • Elektronische Kommunikationsmittel (Internet, Telefonnetz) Methode • Angeboterstellung im Internet (mit Foto und Beschreibung) • Marktanalyse zur Kalkulation • Kundenservice bei einigen Geräten Organisation • optimale Organisation zur schnellen Weitergabe von Informationen	an die Arbeit • innerbetriebliches und außerbetriebliches Netz zur Angebotserstellung kennen und nutzen können

Kernarbeitsaufgabe: Transport der Waren		
	Inhalte von Arbeiten und Lernen	
Gegenstand der Arbeit	**Werkzeuge, Methoden und Organisation der Arbeit**	**Anforderungen**
Abholung (Wohnungsauflösungen/ Entrümpelungen), ggf. Demontage, Transport zum Anlieferungslager, Verladen der Waren	Werkzeug • LKW/ Transportfahrzeug • Navigationssystem • Auftragspapiere • Gurtzeug • Transport- und Verladevorschriften • Gabel- und Handstapler • Beförderungspapiere Methode • Disposition der Transportabwicklung • Sichtprüfung • Ggf. Demontage vor Ort (Möbel oder Elektrogeräte) • Verladung der Waren und Sicherung für den Transport (Ladungssicherung) • Kommunikation mit nachfolgenden Arbeitsbereichen Organisation • Identifikation von Zielort und Warenmenge • Abstimmung mit der Disposition • Routenplanung	an die Arbeit • Führen eines zugelassenen und verkehrssicheren Fahrzeuges • sichere Handhabung der Transport- und Ladewerkzeuge • Einhalten der Vorschriften zur Arbeitssicherheit oder der Umweltgesetzgebung (Transport gefährlicher Güter) • materialschonendes, platzsparendes Verladen • materialschonende Verladung und Transport • Ordnungsgemäße Bearbeitung der Auftragspapiere
Entladen der Ware unter Berücksichtigung der innerbetrieblichen Organisation und Auftragsweitergabe mittels Auftragschein	Werkzeug • Gabel- und Handstapler • Gurtzeug • Auftragsschein Methode • Kommunikation mit nachfolgenden Arbeitsbereichen • Entladung Organisation • Organisation der Zwischenlagerung	an die Arbeit • ordnungsgemäße Bearbeitung der Auftragspapiere • Handhabung der Lade- und Transportwerkzeuge • Materialschonendes Entladen • Entladen am korrekten Zwischenlagerort
Auslieferung verkaufter Ware an den Kunden	Werkzeug • LKW/ Transportfahrzeug • Navigationssystem • Auftragspapiere • Gurtzeug • Transport- und Verladevorschriften • Gabel- und Handstapler Methode • Ver- und Entladung der Ware und Sicherung für den Transport • Kommunikation mit Disposition Organisation • Abstimmung mit der Disposition • Vorbereitung des Transportes • Routenplanung	an die Arbeit • Führen eines zugelassen-en, verkehrssicheren Fahr-zeuges unter Einhaltung betrieblicher Vorgaben • sichere Handhabung der Transport- und Ladewerkzeuge • Einhalten der Vorschriften • materialschonendes, platzsparendes Verladen • materialschonender Transport und Entladung • ordnungsgemäße Bearbeitung der Auftragspapiere

Kernarbeitsaufgabe: Demontieren und Entsorgen von Elektroaltgeräten/Möbel		
Inhalte von Arbeiten und Lernen		
Gegenstand der Arbeit	**Werkzeuge, Methoden und Organisation der Arbeit**	**Anforderungen**
Zerlegen der Ware und entfernen von schadstoffhaltigen Bauteilen	<u>Werkzeug</u> • Arbeitstisch, Arbeitsband • Luftdruckschrauber, Standardwerkzeuge (z.B. Hammer, Schraubenzieher, Zange) • Behälter für schadstoffhaltige Bauteile • Gitterboxen/Container <u>Methode</u> • Sichtprüfung • Schadstoffentfrachtung • Dokumentation/Laufzettel <u>Organisation</u> • Zugriff auf Bauteile (verwertbare Teile z.B. Motoren, Platinen) • Optimierte Zerlegekonzepte nutzen bzw. erstellen	<u>an die Arbeit</u> • korrektes Zerlegen der Waren • Zerstörungsfreies Entfernen schadstoffhaltiger Bauteile • gesetzliche Vorgaben kennen • Feststellen der wirtschaftlich optimalen Zerlegetiefe • Ausbau von verwertbaren Teilen • sichere Nutzung der Werkzeuge zur Unfallvermeidung
Sortierung demontierter Baugruppen und fraktionieren in Werkstoffe zur weiteren Verwertung (wertstoffreich, wertstoffarm), Trennen von Sekundärrohstoffe	<u>Werkzeuge</u> • Arbeitstisch, Arbeitsband • Luftdruckschrauber, Standardwerkzeuge (z.B. Hammer, Schraubenzieher, Zange) • Gitterboxen/ Container <u>Methode</u> • Sichtprüfung • Dokumentation/Laufzettel <u>Organisation</u> • Abstimmung mit Kollegen • Arbeitsplatz übersichtlich gestalten • Materialfluss aufrechterhalten	<u>an die Arbeit</u> • Erkennen der verschiedenen Fraktionen • Dokumentation der Warenherkunftsdaten • Bewerten der Fraktionen • Differenzieren von Werk- und Reststoffen <u>von der Gesellschaft</u> • hoher, sortenreiner Materialrückfluss • keine Gesundheitsschädigende Aufgabenausführung
Entsorgung von nicht weiter verwendbarer Ware	<u>Werkzeug</u> • Luftdruckschrauber, Standardwerkzeuge (z.B. Hammer, Schraubenzieher, Zange) • Gitterboxen/Container <u>Methode</u> • Zerlegung und Sortierung nach Materialgegebenheiten unter Beachtung der Entsorgungsvorschriften • Dokumentation/Laufzettel <u>Organisation</u> • einfache Zerlegung und Entsorgung • Nutzung des Betriebshandbuches	<u>an die Arbeit</u> • Zerlegen der Ware • Gesetzliche Vorgaben • sichere Nutzung der Werkzeuge (Unfallvermeidung) • Erkennen verschiedenen Materials <u>von der Gesellschaft</u> • hoher, sortenreiner Materialrückfluss • keine Gesundheitsschädigende Aufgabenausführung

Kernarbeitsaufgabe: Reinigen und Reparatur von elektrischen Geräten		
Inhalte von Arbeiten und Lernen		
Gegenstand der Arbeit	**Werkzeuge, Methoden und Organisation der Arbeit**	**Anforderungen**
optische Überprüfung des Gerätes mit anschließend teilweiser Zerlegung	Werkzeuge • Standardwerkzeuge Methode • Sichtprüfung Organisation • Konzept zur optischen Prüfung	an die Arbeit • Überprüfung des Gehäuses nach Rissen, Wasserdurchlässigkeit oder falscher Verkabelung
Funktionsprüfung (z.B. Motoren)	Werkzeuge • Prüf- und Diagnosegeräte • Dokumente des Herstellers (z.B. Bedienungsanleitung) Methode • spezielle Prüfkonzepte (u.a. Spannungsprüfung, VDE-Prüfung) und Messungen (z.B. Motorenleistung) • Mängelerfassung • Durchführung von Wartungsarbeiten • Kalkulation des Reparaturaufwandes (Reparaturkosten) Organisation • Arbeitsplatzgestaltung und -ausstattung • Konzept zur Funktionsprüfung	an die Arbeit • schnelle und zielgerichtete Prüfungen • Korrekte Bewertung der Prüfergebnisse • qualitative und ökonomische Bewertung der Waren bzw. möglicher Ersatzteile (Aufwand einer Reparatur und möglicher Gewinn nach Verkauf) • Infosysteme am Arbeitsplatz kennen und nutzen können von der Gesellschaft • Einsatz zuverlässiger Prüfmethoden • realistische Preise gestalten
Reparatur und Reinigung	Werkzeuge • Standardwerkzeuge • Servicedokumente • Reparaturdokumente • Technische Informationen • Spezialwerkzeuge • Internet Methode • Reparaturkonzepte für Geräte und Bauteile • Wechsel von Verschleißteilen (z.B. Austausch von Lagern) • teilweise Neubeschaffung von Bauteilen (Ankauf von Ersatzteilen) • Funktionsfähigkeit sicherstellen und Endkontrolle (Abschlussprüfung) Organisation • Arbeitsplatzgestaltung und -ausstattung • Abstimmung und Austausch zwischen den Mitarbeitern • Nutzung von Arbeitsblättern	an die Arbeit • Funktionsfähigkeit soll unter ökonomischen Bedingungen wiederhergestellt werden (Abwägung zwischen dem Grad der Reparatur und dem Ankauf von Ersatzteilen) • Marktkenntnisse zur Neubeschaffung von Ersatzteilen von Gesellschaft • erfolgreich arbeitender Betrieb zur Sicherstellung der Qualität der gebrauchten Geräte

Kernarbeitsaufgabe: Reinigen und Reparatur von Möbeln		
	Inhalte von Arbeiten und Lernen	
Gegenstand der Arbeit	**Werkzeuge, Methoden und Organisation der Arbeit**	**Anforderungen**
Funktionsüberprüfung und grobe Reinigung	<u>Werkzeuge</u> • Standardwerkzeuge (Schaubendreher, Hammer, usw.) • Servicedokumente • Reinigungsmittel (Poliermittel) <u>Methode</u> • Sichtprüfung • Funktionsstörungserfassung • Durchführung von einfachen Reparaturen, ggf. Auswechseln von Einzelteilen (Griffe, Scharniere usw.) • Funktionsfähigkeit sicherstellen und Endkontrolle (Abschlussprüfung) <u>Organisation</u> • Arbeitsplatzgestaltung und -ausstattung • Abstimmung und Austausch zwischen Mitarbeitern • Nutzung des Betriebshandbuches	<u>an die Arbeit</u> • schnelle und zielgerichtete Reinigung • schnelle und zielgerichtete Prüfung der einzelnen Komponenten eines Möbelstückes • Durchführung einfacher Reparaturarbeiten <u>von der Gesellschaft</u> • Einsatz zuverlässige Prüfmethoden • Kalkulation realistischer Preis
Reparatur, Demontage und unter Verwendung von Altmöbelkomponenten Bau neuer Kleinmöbel (z.B. Regale, Sitzmöbel) bzw. Anfertigung von Auftragsarbeiten	<u>Werkzeuge</u> • Werkzeuge einer klassischen Tischlerei • Regal, Gabelstapler, Gitterboxen <u>Methode</u> • Zerlegung der Altmöbel gemäß den Neuanfertigungen • Entsorgung nicht verwendbarer Komponenten • Umbau und Verbindung mit neuen Komponenten • Herstellung „neuer" Möbel wie z.B. Regale oder Sitzmöbel <u>Organisation</u> • Designer entwickelt eigenes Sortiment • Aufträge von Kunden werden bearbeitet	<u>an die Arbeit</u> • Sichere Handhabung der Werkzeuge • Umsetzung des Designs • Umsetzung der Kundenaufträge • Dokumentation der Arbeiten

Kernarbeitsaufgabe: Reinigen und Reparatur von Textilien		
	Inhalte von Arbeiten und Lernen	
Gegenstand der Arbeit	**Werkzeuge, Methoden und Organisation der Arbeit**	**Anforderungen**
Bewertung der Qualität der Textilien, Säuberung der Textilien in der Wäscherei	Werkzeuge • Waschmaschinen/Trockner • Waschmittel/Reinigungsmittel Methode • optische Sichtprüfung der Qualität (Produkt-, Material- und Modekenntnisse) • Reinigung der Textilien Organisation • Überprüfung, ob Reparatur notwendig ist	an die Arbeit • Sauberkeit und Frische der Textilien herstellen • Entscheidung über nachfolgende Bearbeitungsschritte
Reparatur (Näherei) und erneute Funktionsprüfung	Werkzeuge • Nähmaschine • Ersatzteile (Reißverschlüsse/Knöpfe) • Schere, Garn, Stecknadeln, usw. • Bügeleisen/Bügelbrett Methode • Mängelerfassung und Durchführung von Näh-, Reparatur- und Ausbesserungsarbeitenarbeiten • Abschätzung des Reparaturaufwandes Organisation • Ablauf der Reparaturen und Ausbesserungsarbeiten festlegen und organisieren • Abstimmung/Planung zwischen den Arbeitsschritten	an die Arbeit • schnelle und zielgerichtete Umsetzung der Reparaturen • Aufwand der Reparatur abschätzen, ggf. Entsorgung der Textilien
Vorsortierung der Kleidungsstücke nach unterschiedlichen Kriterien wie Kinder-, Damen- oder Herrenbekleidung, Schuhe, Sommer- oder Winterbekleidung usw.	Werkzeuge • Handsortierung Methode • Sichtprüfung • Abschlussprüfung der Qualität der Textilien Organisation • Konzept zur Sortierung nach unterschiedlichen Kriterien (Saison, Kinder, Damen, Herren, Schuhe, Größen, Kleider etc.)	an die Arbeit • schnelle und zielgerichtete Sortierung nach ausgewählten Kriterien

Tab. 8.1: Kernarbeitsarbeitsaufgaben und sektorspezifische Inhalte von Arbeit und Lernen für den Secondhandsektor in Europa

8.2 Ausblick auf mögliche Qualifizierungskonzepte

Wie die Darstellung der geschäftsfeldspezifischen und geschäftsfeldübergreifenden Arbeitsprozesse (Kapitel 5) sowie die detaillierte Darstellung der sektorspezifischen Kernarbeitsaufgaben (Kapitel 6.1) verdeutlichen, umfasst der Sektor in Europa eine Vielzahl an Arbeitsprozessen und damit auch Arbeitsaufgaben. Hat sich die strukturelle Heterogenität des Sektors und der geringe Professionalisierungsgrad in der Vergangenheit bis dato als hinderlich für die Entwicklung einer europaweit einheitlichen Qualifizierung erwiesen, kann man heute von einer Notwendigkeit einer sektorspezifischen Qualifizierung sprechen. Die Vielzahl der unterschiedlichen Geschäftsfelder sowie die zahlreichen Arbeitsprozesse und -aufgaben, die in allen Ländern gleichermaßen identifiziert werden konnten, ermöglichen unterschiedliche Gestaltungsmöglichkeiten sowie Ansatzpunkte hinsichtlich der strukturellen, organisatorischen und inhaltlichen Gestaltung und Entwicklung einer möglichen sektorspezifischen und europaweit einheitlichen Qualifizierung.

Die Entwicklung einer sektorspezifischen Qualifizierung kann dabei von der Entwicklung einer Weiterbildung bis hin zu einer Erstausbildung reichen. Allerdings sollte sie vor dem Hintergrund der verschiedenen Geschäftsfelder Geschäftsfeld übergreifend angelegt werden. Dabei sollen geschäftsfeldspezifische Unterschiede jedoch nicht vernachlässigt werden, sondern als wichtiger Bestandteil einer qualitativ hochwertigen Qualifizierung bei Planungen zu möglichen Qualifizierungskonzepten einbezogen werden. Während die geschäftsfeldübergreifenden Aufgaben die Basis für eine mögliche Qualifizierung sind, stellen die geschäftsfeldspezifischen Aufgaben eine fachliche Vertiefung innerhalb einer Qualifizierung dar. Es sei an dieser Stelle darauf verwiesen, dass es auch bei den geschäftsfeldübergreifenden Aufgaben durchaus im Detail geschäftsfeldspezifische Besonderheiten gibt, die allerdings inhaltlich in die Gestaltung der Qualifizierung, ohne eine starke Spezialisierung zu bewirken, mit einbezogen werden können. Demnach sollten alle in Kapitel 6.1 aufgeführten Kernarbeitsaufgaben und die daran gestellten Anforderungen in einer möglichen Qualifizierung oder Ausbildung berücksichtigt und integriert werden. Für hoch spezialisierte Arbeitsaufgaben wie die Demontage und Entsorgung von Elektroaltgeräten/Möbeln oder das Reinigen und Reparieren von Waren unterschiedlicher Geschäftsfelder (Elektrogeräte, Möbel, Textilien) sollten erste Grundlagen gelegt werden. Diese Aufgaben können allerdings auch vertieft als zusätzliche Spezialisierung in eine Qualifizierung eingebunden werden bzw. diese ergänzen.

Ein möglicher Ansatz für eine zukünftige Qualifizierung könnte in der Strukturierung der Kernaufgaben im Sinne einer entwicklungslogischen Kompetenzentwicklung sein[25]. Bei diesem Ansatz wird die Entwicklung vom Anfänger zum Experten über vier bis fünf Stufen beschrieben: Neuling, fortgeschrittener Anfänger, kompetenter Akteur, Professionelle und Experte. Für eine mögliche Qualifizierung z. B. zur „Secondhandfachkraft" würden die Autoren eine dreistufige Abstufung nach dem jeweiligen Schwierigkeitsgrad der Arbeitsaufgaben in den Stufen Anfänger, Fortgeschrittener und Experte vorschlagen. Entsprechend dem Schwierigkeitsgrad der einzelnen Qualifizierungsstufen werden diesen Stufen, wie Tabelle 8.2 zeigt, die unterschiedlichen, identifizierten beruflichen Aufgaben zugeordnet.

Lernbereich	**Kompetenz-entwicklungsstufe**	**Berufliche Aufgaben**
1	**Anfänger**	1. Transport von Waren 2. Lagerung von Waren 3. Demontieren und Entsorgen von Elektroaltgeräten/Möbeln 4. Reinigung und Reparatur Textilien/ Möbeln/ Elektroaltgeräten
2	**Fortgeschrittener**	5. Organisation des Wareneingangs 6. Warenankauf/-annahme 7. Verwaltung Geschäftsprozesse 8. Verkauf 9. Einwerben von Waren und Kunden
3	**Experte**	10. Instandhaltung Elektrogeräte 11. Restauration/Neubau von Möbeln

Tab. 8.2: Entwicklungslogische Strukturierung der Kernaufgaben für eine mögliche Qualifizierung zur „Secondhandfachkraft"

25 Dieser entwicklungslogische Ansatz wurde in mehren Projekten für die berufliche Ausgestaltung der Curricula genutzt. Dies z. B. bei der Entwicklung der europäischen Berufsprofile „Kfz-Mechatroniker" (Rauner/Spöttl 2005) und „Eco-Recycler" (Blings/Spöttl 2003).

Eine entsprechende Qualifizierung könnte in den drei Lernstufen erfolgen und sollte entsprechend den Zielgruppen – zu denen sowohl bereits im Sektor beschäftigte Personengruppen zählen als auch Personen, die als Sektorneulinge gelten – Defizite ausgleichen bzw. diese auf ein zukünftiges Einsatzgebiet vorbereiten. Die Strukturierung der Kernaufgaben ermöglicht die Umsetzung einer gestaffelten Qualifizierung, die der unterschiedlichen schulischen und beruflichen Vorbildung der zu Qualifizierenden angepasst ist. Somit kann eine modulare, arbeitsprozessnahe Qualifizierung umgesetzt werden, in der einzelne und den unterschiedlichen Qualifizierungsstufen entsprechende Abschlüsse zertifiziert werden. Diese Form der Qualifizierung wird auch von Sektorexperten vor dem Hintergrund, dass ein Großteil der im Sektor Beschäftigten gering bzw. gar keine Qualifizierte bzw. Benachteiligte sind, empfohlen. Gerade dieser Zielgruppe mangelt es häufig an der Motivation bzw. dem notwendigen Durchhaltevermögen, um eine langjährige Aus- und Weiterbildung zu absolvieren. Da davon ausgegangen werden kann, dass diese maximal die unterste Stufe des in der Tabelle 8.2 dargestellten Systems aufgrund unterschiedlicher Defizite wie z. B. soziale oder schulische Defizite, erreichen können, wird ihnen zumindest auf niedrigem Niveau die Möglichkeit eingeräumt, eine anerkannte und zertifizierte Qualifizierung zu erwerben.

Diese Form der Qualifizierung kann einerseits die in Tabelle 8.1 aufgeführte Arbeitsaufgaben insgesamt umfassen, und anderseits aber auch Möglichkeiten zur punktuellen Qualifizierung für Personen schaffen, die nur bezogen auf einzelne der dargestellten Schwerpunkte oder bezogen auf die Kernarbeitsaufgaben 1 bis 11 Defizite haben (vgl. Abbildung 8.1). Eine entsprechende Qualifizierung könnte in der Form gestaltet werden, dass sie in den einzelnen Kernaufgaben nach erfolgreichem Abschluss jeweils einzeln zertifiziert wird. Eine weitere Form ihrer Gestaltung könnte in einer Blockqualifizierung bestehen, die sich z. B. aus den Arbeitsaufgaben 1 bis 4 für den Level Anfänger zusammensetzt und die absolviert und zertifiziert werden muss, um eine entsprechende Teilqualifizierung zu erreichen. Um eine komplette Qualifizierung zu erreichen, müssen die Qualifizierungen zu allen Kernaufgaben (1 bis 11) absolviert werden. Weiterhin können Qualifizierungen einzelner Pakete zu bestimmten Geschäftsfeldern die Möglichkeit einer spezialisierten Fachqualifizierung ermöglichen.

Dies würde für die Geschäftsfelder „Textilien und CD/Bücher" (vgl. Abbildung 8.1) bedeuten, dass der Schwerpunkt in der Qualifizierung zu den Kernaufgaben 1 und 2 sowie 4 bis 9 liegt, da diese Aufgaben in den zwei Geschäftsfeldern eine besonders hohe Relevanz haben. Für das Geschäftsfeld „Elektrogeräte" liegt der Schwerpunkt in der Qualifizierung zu den Kernaufgaben 1 bis 3 und 5 bis 10. Hier sind besonders Qualifizierungen in den Kernaufgaben „Demontieren und Entsorgen" (Kernaufgabe 3) sowie „Instandhaltung Elektrogeräte" (Kernaufgabe 10) fachspezifische Qualifizierungen mit einem hohen Spezialisierungsgrad für den Bereich der Elektrogeräte zu erwähnen. Entsprechend gibt es auch für das Geschäftsfeld Möbel spezielle Schwerpunkte hinsichtlich der Qualifizierung in speziellen Kernaufgaben (Kernaufgaben 1 bis 3; 5 bis 9 und 11). Die Qualifizierung hinsichtlich der Kernaufgabe 11 mit der Restauration bzw. mit dem Neubau von Möbeln verlangt z. B. spezielles Wissen über die Behandlung und Bearbeitung von Holz.

Abb. 8.1: Überblick über mögliche Qualifizierungswege

Durch die Unterteilung der Qualifizierung nach Kernaufgaben könnte eine Qualifizierung relativ Zeit ungebunden auf verschiedenen Ebenen und dem einzelnen Bedarf der zu Qualifizierenden entsprechend ermöglicht werden. Die modulare Qualifizierungsform, welche gebunden an die sektorspezifischen Arbeitsaufgaben ist und welcher bestimmte Qualitätsstandards zugrunde gelegt werden, eröffnet die Möglichkeit, eine europaweite einheitliche Qualifizierung zu entwickeln, sodass eine in einem Land begonnene Ausbildung problemlos in einem anderen Land fortgesetzt werden kann sowie die Anerkennung einzelner Qualifizierungsmodule. Daher ist es wahrscheinlich, dass diese Qualifizierungsform die Professionalisierung des Sektors weiter vorantreiben wird.

Bei einer weiteren Professionalisierung des Sektors in Europa muss allerdings auch die Möglichkeit einer beruflichen Erstausbildung verstärkt diskutiert werden. Die empirischen Ergebnisse der berufswissenschaftlichen Untersuchungen konnten ein recht komplexes Bild an beruflichen Arbeitsaufgaben und Anforderungen der Beschäftigten zeichnen. Die in diesem Kapitel dargestellten 11 Kernarbeitsaufgaben könnten den Kern eines europäischen Berufsbildes liefern mit jeweils Spezialisierungen in den Geschäftsfeldern Möbel, Elektrogeräte und Textilien und CD/Bücher.

9 Eckpunkte für eine Professionalisierung des Sektors

Um die Professionalisierung der im europäischen Secondhandsektor operierenden Unternehmen voranzutreiben und den Sektor nachhaltig als eigenständigen Sektor in Europa zu etablieren, bedarf es nicht allein der Entwicklung einer sektorspezifischen und europaweit einheitlichen Qualifizierung. Damit diese Qualifizierung die gewünschte Qualitätsverbesserung innerhalb der Unternehmen nach sich zieht, ist es erforderlich, dafür entsprechend einheitliche Qualitätsstandards zu entwickeln. Entsprechende Anstrengungen folgen auch vor dem Hintergrund unterschiedlicher gesetzlicher Rahmenbedingungen in den einzelnen Ländern sowie der länderspezifischen Strukturen innerhalb des Sektors. Somit soll eine einheitliche Basis zur inhaltlichen Ausgestaltung eines sektorspezifischen Qualifizierungskonzeptes, das den jeweiligen Rahmenbedingungen der Länder angepasst werden muss, geschaffen werden. Um die notwendigen Maßnahmen zur Qualifizierung der Beschäftigten innerhalb der Unternehmen in die Wege zu leiten, ist im Vorfeld zu einer Qualifizierung die Identifikation des Qualifikationsbedarfs der zu Qualifizierenden erforderlich. Daher wurden praktikable Instrumente zur Ermittlung des Qualifikationsbedarfs für Unternehmen des Sektors entwickelt. Weiterhin tragen zur Förderung der Professionalisierung und zur Umsetzung eines sektorspezifischen Qualifizierungskonzeptes der Aufbau und die Etablierung von nationalen sowie europäischen Netzwerken innerhalb des Sektors bei. Diese Netzwerke ermöglichen den Unternehmen, ihre Ziele und Interessen nach außen besser zu vertreten.

9.1 Die Notwendigkeit von Qualitätsstandards für sektorspezifische Qualifizierungen

Aufgrund der zunehmenden Globalisierung auch im Secondhandhandel sowie dem zu erwartenden zunehmenden Wachstum des Sektors wächst der Professionalisierungsdruck auf die Secondhandunternehmen. Die zukünftigen Entwicklungen sowie der sich daraus ergebene gestiegene Qualitätsanspruch in Bezug auf die Waren bzw. Produkte führen bei den Unternehmen zu einem erhöhten Qualifizierungsbedarf. Dabei erkennen die im Sektor aufgestellten Unternehmen zunehmend, dass gut ausgebildete Mitarbeiter der Schlüssel für die Bewältigung der zu erwartenden Anforderungen sind.

Zukünftige Qualifizierungen bzw. eine Erstausbildung im europäischen Sektor müssen den Anspruch haben, die im Sektor Beschäftigten auf den Professionalisierungsdruck und die damit verbundenen Herausforderungen effektiv vorzubereiten und bestimmten Qualitätsstandards zu entsprechen. Dabei müssen die unternehmerischen Ziele mit den individuellen und gesellschaftlichen Zielen verbunden werden. Mit den vorhandenen und im Rahmen der Analyse des europäischen Secondhandsektors identifizierten Qualifizierungen, bei denen es sich vornehmlich um punktuelle, sektorunspezifische Qualifizierungsmaßnahmen handelt, kann eine systematische Qualifizierung, die diesen Ansprüchen gerecht wird, nicht gewährleistet werden. Um sowohl auf regionaler und nationaler Ebene als auch auf europäischer Ebene im grenzüberschreitenden Handel konkurrenzfähig sein zu können, ist es erforderlich eine sektorspezifische Qualifizierung zu entwickeln. Diese Ausbildung sollte sich zur Gewährleistung einer bestimmten Qualität auf europaweit einheitliche sektorbezogene Qualitätsstandards stützen.

Die Notwendigkeit der Einführung entsprechender Qualitätsstandards für eine Qualifizierung im Sektor beruht aber nicht nur auf dem Aspekt der Qualitätssteigerung, sondern auch der länderübergreifenden Vergleichbarkeit in Europa. Mittels der Qualitätsstandards erhält eine Qualifizierung einen europaweit einheitlichen Rahmen, sodass eine Vergleichbarkeit der im Rahmen der Qualifizierung erbrachten Leistungen möglich ist. Weiterhin spielt die Vergleichbarkeit hinsichtlich des grenzüberschreitenden Handels eine entscheidende Rolle. Nur durch eine an Qualitätsstandards orientierte und europaweit einheitliche Qualifizierung, die wiederum der Garant für eine bestimmte Qualität innerhalb der Unternehmen und die bezogen auf die Organisation, Arbeitsprozesse und somit auf die Produkte und Dienstleistungen ist, können die Unternehmen und ihre Angebote vergleichbar und transparenter gemacht werden. Weiterhin kann durch die Einführung von Qualitätsstandards die Möglichkeit der Anerkennung von Kompetenzen der im Sektor Beschäftigten – vor allem für die dort häufig beschäftigte Gruppe der Benachteiligten – erreicht werden. Durch eine europaweit anerkannte und auf Qualitätsstandards aufgebaute Qualifizierung werden die Beschäftigungsaussichten für die Arbeitnehmer des europäischen Secondhandsektors verbessert und deren Ansehen auf dem Arbeitsmarkt gesteigert.

Außerdem verdeutlichen die im Rahmen der Analyse des europäischen Sektors und der betrieblichen Fallstudien gewonnenen Ergebnisse einerseits die Heterogenität des Sektors, anderseits konnten zahlreiche länder- und geschäftsfeldübergreifende Gemeinsamkeiten vor allem im Hinblick auf sektorspezifische

Arbeitsprozesse und -aufgaben identifiziert werden. Um die zur Erfüllung und Umsetzung der einzelnen Arbeitsprozesse und -aufgaben erforderlichen Kompetenzen und Fertigkeiten europaweit vergleichbar zu machen und einen bestimmten einheitlichen Standard zu erreichen, ist ebenfalls die Einführung von Qualitätsstandards notwendig. Somit kann sicher gestellt werden, dass trotz unterschiedlicher nationaler Bildungssysteme den zukünftig zu Qualifizierenden das gleiche Wissen vermittelt wird. Durch die Vermittlung eines einheitlichen Wissens kann dann wiederum gewährleistet werden, dass die Qualität in den Unternehmen sowie die Professionalisierung länderübergreifend weiter vorangetrieben wird.

Im Rahmen der europäischen Erhebungen wurden daher erste Ideen für Qualitätsstandards entwickelt. Diese sollen unterschiedliche Kriterien umfassen, die der späteren Entwicklung einer sektorspezifischen Qualifizierung zugrunde gelegt werden. Die Standards fungieren als Grundlage bzw. als Rahmenbedingungen für ein mögliches Qualifizierungskonzept und müssen später zu arbeitsprozessbezogenen Standards präzisiert werden. Die Qualitätsstandards werden in drei Kategorien geclustert: Input, Prozess und Output. Die Kategorie „Inputqualität" umfasst alle Qualitätsstandards, welche die Rahmenbedingungen oder die Voraussetzungen der Qualifizierung beschreiben. Die Prozessqualität beschreibt den eigentlichen Lehr- bzw. Lernprozess und den Qualifizierungsprozess. (Durchführung). Unter Outputqualität wird das unmittelbar am Ende der Qualifizierung Erreichte wie etwas Lernergebnisse oder Zertifikate verstanden (vgl. Ebbinghaus 2006, 33; Ott/Scheib 2002; Spöttl/Windelband 2009).

Im Folgenden soll ein kurzer Überblick über mögliche Kriterien einer sektorspezifischen Qualifizierung gegeben werden:

1. Für die **Kategorie „Input"** könnten folgende Merkmale gelten:
   - maximale Anzahl der Teilnehmer pro Qualifizierungsmaßnahme und Voraussetzungen für die Teilnahme der zu Qualifizierenden,
   - Berücksichtigung von Erfahrungen und Vorkenntnissen,
   - Art der Lehr- und Lernorte,
   - festgelegter einheitlicher Zeitrahmen,
   - Anpassung des Qualifizierungskonzeptes an nationale Rahmenbedingungen,
   - festgelegte Grundstruktur des Qualifizierungskonzeptes,
   - Unterstützung durch Vernetzung und Kooperationen,

- Curriculum bzw. Rahmenlehrplan,
- regelmäßiger Austausch zwischen der Qualifizierungseinrichtung und den Lehrern bzw. Trainern,
- Lehr- und Lernmaterialien und deren Umgang und
- Einrichtung einer Internetplattform und Möglichkeiten zum Selbstlernen.

2. Für die **Kategorie „Prozess"** kämen folgende Kriterien in Frage:
   - regelmäßige Qualitätskontrollen,
   - Leistungstests und Qualitätskontrolle des erlernten Wissens,
   - zu vermittelnde Inhalte I – Geschäftsfeld übergreifender Überblick,
   - zu vermittelnde Inhalte II – Überblick über Geschäftsabläufe und Arbeitsprozess in allen vier Geschäftsfeldern und
   - zu vermittelnde Inhalte III – sektor- und fachspezifisches Wissen.
3. Die **Kategorie „Output"** könnte folgende Merkmale umfassen:
   - Art, Form und Umfang der Abschlussprüfung,
   - Form der Qualifizierungszertifikate,
   - mögliche Teilqualifikationen und
   - Vollqualifikation.

Die hier aufgelisteten Kriterien gilt es, im Detail genau zu beschreiben. Außerdem ist festzulegen, welche Instrumente zu ihrer Umsetzung genutzt werden sollen. Eine detaillierte Darstellung einer basierend auf den Ergebnissen der Analyse entwickelten Empfehlung für mögliche Qualitätsstandards kann über das Institut Technik und Bildung der Universität Bremen unter www.itb.uni-bremen.de und der Eingabe des Projekttitels „QualiProSecondHand" abgerufen werden.

9.2 Notwendigkeit von Instrumenten zur Ermittlung des Qualifizierungsbedarfs

Die im Rahmen der berufswissenschaftlichen Analyse durchgeführten betrieblichen Fallstudien haben verdeutlicht, dass es innerhalb des Sektors nicht nur sektorspezifische Arbeitsprozesse und -aufgaben gibt, sondern dass diese mit besonderen, oftmals fachspezifischen Anforderungen an die Mitarbeiter verbunden sind. Weiterhin hat sich deutlich gezeigt, dass es innerhalb des Sektors und zwar unabhängig von dem jeweiligen Geschäftsfeld (d. h. Textilien, Bücher und Tonträger, Möbel sowie elektrische und elektronische Geräte) einen Qualifikationsbedarf sowohl bei den Mitarbeitern selbst als auch vonseiten der Unternehmen, gibt. Aufgrund der unterschiedlichen Bildungsniveaus sowie der beruflichen Vorkenntnisse und Erfahrungen der einzelnen Mitarbeiter gestalten sich deren Defizite hinsichtlich des zur Ausübung ihrer Tätigkeit notwendigen Fachwissens recht unterschiedlich. Um gezielt zum Ausgleich der individuellen Defizite durch Qualifizierungen beitragen zu können, ist es erforderlich, diese im Vorfeld zu einer möglichen Qualifizierung zu ermitteln. Das sollte vonseiten der Unternehmen erfolgen, da diese zum einen somit einen Überblick über das vorhandene Wissen ihrer Mitarbeiter erhalten und zum anderen eine entsprechende Qualifizierung einleiten bzw. veranlassen können.

Um neue Qualifikationsmöglichen entwickeln zu können, bedarf es vor allem der Ermittlung des vorhandenen Qualifikationsbedarfs in den unterschiedlichen relevanten Arbeitsprozessen und den dazugehörigen Arbeitsaufgaben bzw. den entsprechenden Kompetenzen. Dazu wurde ein Analyseinstrument zur Ermittlung des vorhandenen Qualifikationsbedarfs ermittelt. Es richtet sich an die im Secondhandsektor operierenden Unternehmen und deren Mitarbeiter und befähigt diese, den vorhandenen Qualifikationsbedarf eigenständig zu ermitteln. Anhand der Ergebnisse kann dann entschieden werden, ob hinsichtlich einzelner Arbeitsprozesse die vorhandenen Kompetenzen ausreichen, um die erforderlichen Arbeitsaufgaben erfolgreich durchzuführen oder ob eine Qualifizierung in diesem Bereich erforderlich ist. Dabei wurde das Instrument so gestaltet, dass es für die Unternehmen und deren Beschäftigte leicht zu handhaben ist. Durch die Einführung eines solchen Analyseinstrumentes wird u. a. die professionelle Arbeit der Unternehmen unterstützt, indem gezielt und bedarfsorientiert Maßnahmen zur Qualifizierung eingeleitet werden können.

Da nicht in allen Unternehmen sämtliche ermittelten Arbeitsprozesse und -aufgaben und somit Kompetenzen zum Tragen kommen, wurde das Instrument so konzipiert, dass unterschiedliche Bereiche separat voneinander erhoben werden können. Hinterfragt werden sollen in den einzelnen Fragebögen zu den entsprechenden Kernarbeitsprozessen die wichtigsten Arbeitsaufgaben und Kompetenzen, die erforderlich sind, um den entsprechenden Arbeitsprozess erfolgreich umsetzen zu können. Da insgesamt 9 Fragebögen innerhalb der Unternehmen und dort von ihren Mitarbeitern bearbeitet werden sollen, wurde vor dem Hintergrund einer einfachen Handhabung und Auswertung der Ergebnisse darauf verzichtet, qualitative Fragebögen zu entwickeln. Es wurde das Instrument der quantitativen Befragung mit einer Ratingskala gewählt. Die Auswertung ermöglicht die Erstellung von Qualifikationsbedarfsprofilen. Da in einigen Unternehmen und insbesondere in kleinen Unternehmen nicht alle Arbeitsprozesse vorhanden sind, wurde je Kernarbeitsprozess ein separater Fragebogen erstellt, sodass es den Anwendern (Nutznießern) überlassen bleibt, welche Fragebögen sie einsetzen. Somit kann die Befragung bedarfsorientiert und auch punktuell pro Kernarbeitsaufgabe durchgeführt werden. Außerdem wird auf diese Weise ein unnötiger Auswerteaufwand vermieden.

Ein Beispielfragebogen ist in der Abbildung 9.1 aufgeführt. In der Kopfzeile jedes Fragebogens ist die entsprechende Kernarbeitsaufgabe, zu dem der Qualifizierungsbedarf ermittelt werden soll benannt wie z. B. „Management/Verwaltung aller Geschäftsprozesse". Darunter sind in der Rubrik „Indikator/Kriterien" die wichtigsten zur Umsetzung der Kernarbeitsaufgabe relevanten Teilarbeitsaufgaben bzw. Kompetenzen, die es zu bewerten gilt, aufgelistet. Bezogen darauf wurde jeweils die einzelne Aufgabe bzw. Kompetenz benannt wie z. B. „Personalplanung" sowie jeweils zum besseren Verständnis bzw. zur Spezifikation der einzelnen Bewertungskriterien eine kurze Erläuterung wie z. B. „Ich bin in der Lage, den Personalbedarf zu planen und zu entscheiden, wer sich für den Job eignet". Die Bewertung der unterschiedlichen Kriterien erfolgt in der jeweiligen Zeile der einzelnen Kriterien durch eine Bewertung von 0 bis 4 (0=nicht relevant, 1= trifft nicht zu, 2 = trifft zum Teil zu usw.). Die Bewertungen 1 bis 4 beziehen sich jeweils darauf, ob der entsprechend Befragte das Kriterium nicht (1), zum Teil (2), überwiegend (3) oder voll (4) erfüllt.

Management / Verwaltung aller Geschäftsprozesse					
Indikator / Kriterien	0 = nicht relevant 1 = trifft nicht zu 2 = trifft zum Teil zu 3 = trifft überwiegend zu 4 = trifft voll zu				
	0	**1**	**2**	**3**	**4**
Personalplanung Ich bin der Lage, den Personalbedarf zu planen und zu entscheiden, wer sich für den Job eignet.					
Allgemeine Verwaltungsaufgaben Ich bin der Lage, allgemeine Verwaltungsaufgaben wie Buchhaltung, Gehaltsabrechungen, Steuererklärungen usw. durchzuführen.					
Planung von Arbeitsplänen Ich kann Arbeitspläne erstellen und Arbeitszeiten für Mitarbeiter planen.					
Planung von Arbeitsaufgaben Ich kann Arbeitsaufgaben planen und die Mitarbeiter entsprechend einteilen.					
Organisation von Ausbildung Ich bin in der Lage, den Qualifikationsbedarf zu identifizieren und analog dazu Trainingsmaßnahmen zu organisieren.					
Job Controlling Ich kann Probleme und Defizite der Mitarbeiter und bezüglich ihrer Arbeit identifizieren.					
Präsentation des Unternehmens Ich bin in der Lage, das Unternehmen nach außen zu präsentieren (z. B. gegenüber der Handelskammer, anderen Unternehmen, der Kundschaft, den Behörden).					
Überblick über die Second-Hand-Branche Ich habe einen guten Überblick über den nationalen Second-Hand-Markt.					
PC-Nutzung Ich kann die allgemeinen Computerprogramme (z. B. MS Office) anwenden.					
Gebrauch eines Warenwirtschaftssystems Ich kann das Warenwirtschaftssystem richtig benutzen und die Mitarbeiter darin einweisen.					

Abb. 9.1: Fragebogen „Management / Verwaltung aller Geschäftsprozesse"

Die grafische Auswertung der einzelnen Fragebögen erfolgt nach einer Datenübertragung von den Fragebögen in entsprechend angelegte Excelregisterblätter automatisch. Die einzelnen Grafiken stellen jeweils das Qualifizierungsprofil bzw. den Qualifizierungsbedarf der befragten Mitarbeiter zu den unterschiedlichen Kernarbeitsprozessen dar und geben einen schnellen Überblick über die Notwendigkeit einer Qualifizierung. Dabei steht jede einzelne Spitze im Diagramm für einen Indikator bzw. Kriterium. Kriterien, bei denen kein Ausschlag zu erkennen ist, sind generell innerhalb der Kernarbeitsaufgaben und bezogen auf das jeweilige Unternehmen irrrelevant. Sie brauchen daher bei der Bewertung nicht weiter beachtet zu werden. Kriterien, bei denen nur ein geringer

Ausschlag zu verzeichnen ist, verweisen hingegen darauf, dass ein Qualifizierungsbedarf hinsichtlich dieses Kriteriums (Arbeitsaufgabe bzw. Kompetenz) besteht. Je niedriger dieser Ausschlag dabei ausfällt, desto höher ist dieser Bedarf. Alle Kriterien ergeben in der grafischen Darstellung die Form eines Spinnennetzes, mit dessen Hilfe auf einen Blick festgestellt werden kann, wo explizit der Qualifizierungsbedarf der Mitarbeiter liegt.

Je geringer ein Profils entwickelt ist, desto größer ist der jeweilige Qualifizierungsbedarf. Als Richtwert kann man folgende Staffelung heranziehen: Ist das Profil – wie in Abbildung 9.2 dargestellt – weniger oder maximal bis zu 50 Prozent ausgebildet, wird eine Qualifizierung in allen Teilarbeitsaufgaben der Kernarbeitsaufgabe empfohlen. Erreichte es einen Ausprägungsgrad von 50 bis zu 75 Prozent, wäre möglicherweise eine punktuelle Qualifizierung zu einzelnen Arbeitsaufgaben und Kompetenzen am sinnvollsten (Abbildung 9.3). Ist die Ausprägung des Profils größer als 75 Prozent, wie in Abbildung 9.4, ist generell keine Qualifizierung erforderlich, es sei denn, einzelne Kompetenzen sind im Vergleich zu anderen sehr gering ausgeprägt. Hier wird dann eine ebenfalls eine punktuelle Qualifizierung empfohlen.

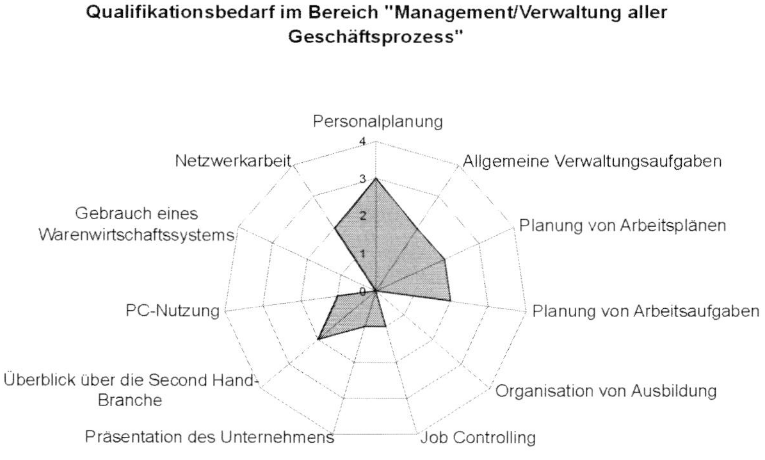

Abb. 9.2: Niedrige Profilausprägung – hoher Qualifizierungsbedarf

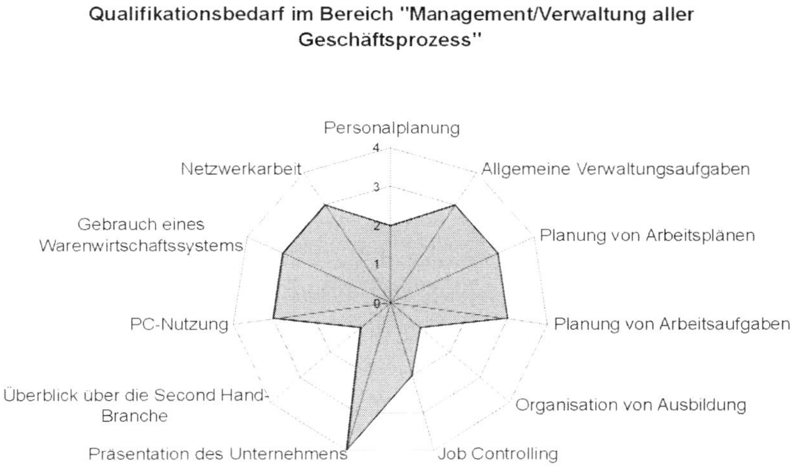

Abb. 9.3: Mittlere Profilausprägung –Qualifizierungsbedarf in einzelnen Teilarbeitsaufgaben

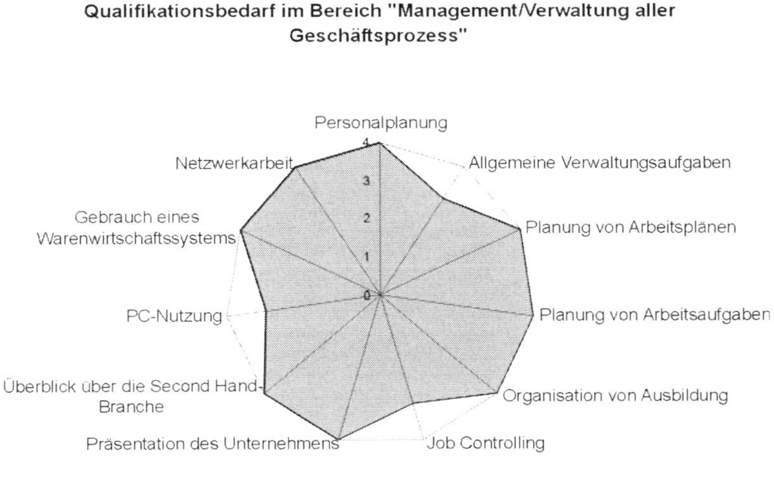

Abb. 9.2: Hohe Profilausprägung – geringer Qualifizierungsbedarf

Die individuelle Ausprägung der einzelnen Kriterien gibt insgesamt anschaulich Aufschluss darüber, hinsichtlich welcher Arbeitsaufgaben bzw. Kompetenzen und vor allem in welchen Arbeitsprozessen ein Handlungsbedarf bezogen auf die Qualifizierung besteht und wie stark dieser ausgeprägt ist. Dadurch können rechtzeitiger Defizite und Lücken zur Ausübung der Arbeitsaufgaben abgebaut werden.

9.3 Notwendigkeit eines Netzwerkaufbaus zur Umsetzung sektorspezifischer Ziele

Innerhalb des Sektors existieren in den jeweiligen europäischen Mitgliedstaaten keine Dachverbände und somit auch keine Netzwerkstrukturen, die den gesamten Sektor vereinen. Der Großteil des Secondhandsektors, ist mit Ausnahme Belgiens und teilweise Deutschlands sowohl auf nationaler als auch auf europäischer Ebene nicht in Verbänden bzw. großen Vereinigungen organisiert. Lediglich hinsichtlich bestimmter Bereiche des Sektors konnten vereinzelt Verbände und Vernetzungen oder andere Kooperationen identifiziert werden, die allerdings jeweils nur einen Bruchteil der Unternehmen eines jeweiligen Landes umfassen. Die Ursache für die geringen Vernetzungen innerhalb des Sektors liegt an den mangelnden Ressourcen, die für die Netzwerkarbeit erforderlich sind. Häufig fehlen den entsprechenden Vernetzungsstrukturen hierfür das Kapital, das Personal oder die Organisation. Außerdem sind in einigen Ländern die politischen Zuständigkeiten für den Sektor und seine Belange nicht eindeutig. Teils fällt der Secondhandsektor in den Verantwortungsbereich der Umweltministerien, teils aber auch in den Bereich der Wirtschaftsministerien sowie bezogen auf die Not-for-profit-Unternehmen, die größtenteils als Arbeitsbeschaffungsgesellschaften tätig sind, in die Zuständigkeit der Arbeitsministerien.

Während im Profitbereich aufgrund der dargestellten Problematiken nur sehr vereinzelt Secondhandnetzwerke bzw. Verbände auf nationaler bzw. regionaler Ebene identifiziert werden konnten, wie z. B. in Deutschland der Verband Second-Hand vernetzt e. V. oder in Belgien die Franchisingnetzwerke, findet im Not-for-profit bzw. karitativen Bereich eine stärkere Vernetzung der Unternehmen statt, was darauf zurückzuführen ist, dass die Unternehmen teilweise von vornherein großen Organisationen angehören.

Wie die Ergebnisse der Expertengespräche in den einzelnen Ländern zeigen, bedeutet der geringe Organisationsgrad von Netzwerken bzw. Verbänden bzw.

ihr teilweises Fehlen allerdings nicht, dass innerhalb des Sektors kein Bedarf daran besteht. Die Tendenz hinsichtlich des Aufbaus und der Etablierung von nationalen Netzwerken geht vor allem in Richtung der Gründung von sektoralen Verbänden. Der Bedarf in den einzelnen Ländern, einen sektoralen Verband zu gründen ist vornehmlich darauf zurückzuführen, dass in den meisten Ländern die Unternehmen auf sich allein gestellt sind und sich daher schwer tun, ihr Image in der Öffentlichkeit zu verbessern sowie ihre Interessen und Ziele gegenüber der Politik und den Behörden wirksam zu vertreten. Daher gibt es laut Expertenaussagen bei den Unternehmen immer mehr Bestrebungen, auf nationaler Ebene einheitliche Strukturen zu schaffen, um die Produktqualität zu sichern, gemeinschaftliche Vermarktungswege aufzubauen und eine Repräsentanz des Sektors nach außen zu ermöglichen sowie politische Lobbyarbeit zu betreiben. Der Wunsch, auf nationaler Ebene Verbände für den Sektor aufzubauen, schließt allerdings nicht den Bedarf an anderen Netzwerkformen wie Franchisingnetzwerke sowie an zweckgebundene Zusammenarbeit zwischen einzelnen Unternehmen z. B. in Form von Vertriebskooperationen oder Warenbeschaffungskooperationen aus.

Folgende Vorteile wurden für eine Netzwerkbildung wurden von den Sektorexperten gesehen:

1. Verbesserung der Effizienz in den Unternehmen durch die Versorgung mit sektor- und fachspezifischen Informationen (z. B. über Mailinglisten, Infoblätter, Newsletter),

2. Förderung des Erfahrungsaustausches, Unterstützung bei der Bildung von speziellen Kooperationen z. B. im Bereich des Vertriebs oder des Marketings,

3. Präsentation der Unternehmen in der Öffentlichkeit z. B. durch ein gemeinsames Logo, durch eine gemeinsame Website oder durch gemeinsame Werbeaktivitäten,

4. Zugang und Unterstützung bei Qualifizierungsmaßnahmen und Schaffung von Weiterbildungsangeboten,

5. Entwicklung gemeinsamer Qualitätsstandards z. B. in Form von Gütesiegeln oder Qualitätsmanagementsystemen und

6. Unterstützung und Beratung hinsichtlich rechtlicher und organisatorischer Fragen.

Ein entsprechender Verband sollte jedoch nicht nur informelle Aufgaben übernehmen, sondern auch praktische Aktivitäten umsetzen wie die Planung von sektorspezifischen Workshops und Fachtagungen, die Durchführung von Werbeveranstaltungen z. B. von Messen, die Ermittlung von Warenbeschaffungsquellen und die Durchführung von Marktanalysen. Unabhängig von der Definition einzelner Verbandsaufgaben sollte die Gründung nationaler Verbände generell vor dem Hintergrund geschehen, dass die Mitgliedsunternehmen von einem solchen Verband profitieren.

Dabei müssen klare Strukturen sowohl für den Aufbau sowie für die langfristige und nachhaltige Etablierung eines Verbandes geschaffen werden. Im Hinblick darauf kann der von einem österreichischen Experten unterbreitete Vorschlag, eine zentrale Verwaltung mit unterschiedlichen Organen zu schaffen, herangezogen werden. So ist die Schaffung einer zentralen Verwaltung, welche die unterschiedlichen, oben genannten Aufgaben innerhalb des Verbandes umsetzt, unerlässlich. Dass ein entsprechendes zentrales Organ für die erfolgreiche Verbandsarbeit notwendig ist, zeigen auch die Erfahrungen der Länder, in denen bereits größere Netzwerke bestehen wie etwa in Belgien und Deutschland. Es wäre sinnvoll, wenn ein sich entsprechender Verband aus einem Vorstand, dem eine kleine Anzahl an Mitgliedern angehört, sowie einem Vorsitzenden, der den Verband repräsentiert, zusammensetzt. Außerdem sollte es für die operative Umsetzung der Aufgaben eine Art ausführenden Geschäftsführer geben. Die Mitgliedsunternehmen wiederum tragen den Verband und stellen durch ihre Mitgliedsbeiträge sicher, dass die Verbandsarbeit aufrechterhalten wird und sie dessen Angebote wahrnehmen können. Für eine Aufnahme in dem Verband müssen die Unternehmen bestimmte Voraussetzungen erfüllen. Entsprechende Kriterien sind bei einer Verbandsgründung, unabhängig auf ob auf nationaler oder auf europäischer Ebene, zu Beginn der Initiierung des Verbandes festzulegen. Abschließend sollte ein Beirat die Aktivitäten des Verbandes begleiten.

Da sich ein Ertrag eines solchen Verbandes ohnehin erst längere Zeit nach seiner Gründung einstellen würde und da mögliche spätere Mitgliedunternehmen ohne sofortigen ersichtlichen Nutzen nicht bereit sind, Beiträge für den Aufbau eines solchen Netzwerkes zu leisten, wäre eine staatliche Förderung zum Aufbau und zur Etablierung eines Verbandes äußerst hilfreich. Diese sollte und könnte unter dem Gesichtspunkt erfolgen, dass sich die einzelnen Staaten zukünftig ohnehin stärker der Umweltproblematik z. B. im Bereich der Abfallvermeidung durch Wiederverwendung zuwenden werden müssen. Das notwendige Know-how zum Aufbau eines Verbandes innerhalb der Länder wiederum könnte mittels Know-how-Transfer aus Ländern, in denen verbandsähnliche Strukturen vorhanden sind, erfolgen. Dabei wäre aber auch die Europäische Kommission unterstützend gefordert, indem sie einerseits finanzielle Mittel zur Verfügung stellt und andererseits die Zusammenarbeit zwischen erfahrenen und nicht erfahrenen Akteuren innerhalb Europas fördert. Die Unterstützung durch die Europäische Kommission sollte vor dem Hintergrund der Gründung eines europäischen Netzwerkes für den Sektor erfolgen. Ziel dieser Organisation sollte es dabei sein, die Interessen des Secondhandsektors in den einzelnen Ländern gegenüber der EU zu vertreten und auf die Gesetzgebung Einfluss nehmen zu können. Dafür sollte die Gründung eines europäischen Dachverbands angestrebt werden, der die nationalen Netzwerke bzw. Verbände vereint. Dieses Vorgehen ist vor dem Hintergrund des zunehmenden grenzüberschreitenden Handels, in den auch der Sektor langfristig stärker eingebunden sein wird, zu begrüßen. So könnte ein entsprechender europäischer Dachverband als Schnittstelle zwischen der Europäischen Kommission und den nationalen Verbänden des Sektors dienen. Dadurch könnte zum einen die Transparenz und zum anderen ein gegenseitiger Austausch gestärkt werden, sodass der Sektor bei der Auflage von Förderprogrammen und der Verteilung von Fördergeldern mehr Berücksichtigung findet, was seine zukünftige Professionalisierung weiter unterstützen würde.

10 Schlussfolgerungen

10.1 Secondhandsektor ein wachsender Sektor mit enormer wirtschaftlicher Bedeutung in Europa?

Der Gebrauchtwarenmarkt zählt seit vielen Jahren zu den wachsenden Märkten in Europa. Neue EU-Richtlinien, aber auch ein verändertes Kaufverhalten der Gesellschaft haben dazu geführt, dass sich der Gebrauchtwarenmarkt zu einem eigenständigen Sektor entwickeln konnte. Dabei wurden vor allem die Vorbehalte der Kunden in Bezug auf gebrauchte Waren immer mehr abgebaut. Außerdem weist die Professionalisierung der Unternehmen am Markt eine steigende Tendenz auf. Immer mehr Unternehmen wechseln aus wirtschaftlichen Gründen ihren Standort aus den Randgebieten der Städte in die Innenstädte. Diese Handlungsweise erklärt sich aus dem Bestreben der Unternehmen, einen größeren Kundenstamm anzusprechen sowie von den Kunden besser wahrgenommen zu werden und von ihnen besser erreicht werden zu können. Darüber hinaus sind zwei wesentliche Entwicklungstendenzen festzustellen. Einerseits nimmt die Zahl der Unternehmen im Secondhandsektor zu, die bis hin zum Kaufhaus auf größeren Verkaufsflächen ein sehr vielfältiges Warensortiment anbieten. Andererseits finden sich immer mehr auf bestimmte Waren spezialisierte Secondhandfachgeschäfte, die z. B. Designermoden oder im Elektrogerätebereich sogenannte „weiße Ware" anbieten. Dass die Anzahl an Secondhandunternehmen steigt, hängt mit unterschiedlichen Aspekten und Entwicklungen, die den Sektor tangieren, zusammen. So rücken Umweltthemen wie Nachhaltigkeit und Vermeidung von Umweltverschmutzung zunehmend in das Bewusstsein der Öffentlichkeit. Immer mehr Menschen erachten es als sinnvoll; auf gebrauchte Waren zurückzugreifen, um Umweltressourcen zu schonen. Neben dem Umweltaspekt gewinnen aber auch soziale Aspekte gerade im Secondhandsektor an Bedeutung. Der Sektor wird zunehmend von den Arbeitsverwaltungen als ein geeignetes Beschäftigungsfeld angesehen, um Langzeitarbeitslose bzw. Menschen mit Benachteiligungen wieder an die Berufswelt heranzuführen und in das Arbeitsleben zu integrieren. Neben der Schaffung von Arbeitsplätzen spielt der Sektor außerdem im Bereich der Entwicklungshilfe eine große Rolle. Ein Großteil nicht verkaufbarer Gebrauchtwaren wird in Entwicklungsländer exportiert, um dort als Spenden unter der Bevölkerung verteilt zu werden. Weiterhin kommt der Verkauferlös entsprechender Waren Projekten in Entwicklungsländern zugute.

Ebenso wie die Umweltaspekte werden die sozialen Aspekte zunehmend von der Öffentlichkeit wahrgenommen und begrüßt, was dazu führt, dass sich die Einstellung zu Gebrauchtwaren in der Gesellschaft positiv verändert hat. Diese Einstellung kann mit dem Satz beschrieben werden, dass man mit dem Kauf von Gebrauchtwaren nicht nur eine schöne oder nützliche Sache erwürbe, sondern auch obendrein noch Gutes für die Umwelt und andere Menschen tue. Außerdem sind in der Gesellschaft Modetrends festzustellen, die sich positiv auf den Secondhandsektor und dessen Entwicklung auswirken. Während Gebrauchtwaren früher ein sogenanntes „Schmuddelimage" hatten, gelten sie heute in weiten Teilen der Gesellschaft als „hip und modern". Europaweit ist zu beobachten, dass die Anzahl derer, die den Retrolook für sich entdecken; steigt. Es gilt vor allem unter jüngeren Leuten als schick, sich z. B. im Stil vergangener Modeepochen zu kleiden bzw. einzurichten. Begünstigt durch Modetrends kann davon ausgegangen werden, dass zukünftig weitere und vor allem spezialisierte Geschäfte, insbesondere in den Großstädten wo sich die Trends als Erstes bemerkbar machen, entstehen werden.

Die große Bedeutung des Secondhandsektors in Europa ist allerdings nicht nur an der zunehmenden Professionalisierung sowie an der steigenden Anzahl an Secondhandunternehmen messbar, sondern auch an der Ausdehnung des Sektors auf immer mehr Geschäftsfelder. So gibt es nahezu für alle Arten von Waren, die auf dem Neuwarenmarkt angeboten werden, mittlerweile einen Gebrauchtwarenhandel. Dieser gestaltet sich jedoch in Abhängigkeit von der Nachfrage der unterschiedlichen Waren recht verschieden. Während stark nachgefragte Waren in Geschäften bzw. auf speziellen Gebrauchtwarenmärkten angeboten werden, findet man eher selten nachgefragte Waren als Einzelangebote in Anzeigen bzw. auf Internetportalen. Neben der Vielfältigkeit angebotener gebrauchter Waren spielen in dem Sektor aber auch Dienstleistungsangebote eine immer stärkere Rolle. War der Secondhandsektor anfänglich ausschließlich durch den Handel mit gebrauchten Waren geprägt, kommt er heute nicht ohne diverse Dienstleistungsangebote aus. Immer mehr Unternehmen erweitern daher ihre Dienstleistungsangebote, um neben dem Neuwarenhandel bestehen zu können. Schon heute spielen eine gute Kundenberatung sowie ein erweitertes Angebot an Dienstleistungen, z. B. der Auf- und Abbau von Möbeln sowie der Transport und die Auslieferung von Waren, eine bedeutende Rolle. Es kann davon ausgegangen werden, dass Aspekte wie Nachfrage- und Kundenorientierung, Qualitätsgewährleistung, Beratung usw. zukünftig immer mehr zunehmen werden.

Betrachtet man die Entwicklungen innerhalb Europas sowie das veränderte Bewusstsein in der Bevölkerung, so ist davon auszugehen, dass die Bedeutung des Secondhandsektors langfristig steigen und dass sich dieser Bereich zu einem bedeutenden Wirtschaftszweig mit einem großen Beschäftigungspotenzial entwickeln wird.

10.2 Trotz Heterogenität des Sektors sind ähnliche betriebliche Strukturen in Europa feststellbar

Die zahlreichen unterschiedlichen Geschäftsarten und Geschäftsfelder des Sektors, die verschiedenen betrieblichen Strukturen sowie die Beschäftigten mit ihren unterschiedlichen beruflichen Werdegängen tragen dazu bei, dass der Sektor recht vielschichtig ist. Bei genauer Betrachtung jedoch können in den einzelnen Ländern in Europa Gemeinsamkeiten innerhalb des Sektors festgestellt werden. Diese konnten vor allem hinsichtlich der Struktur der Beschäftigten, der Geschäftsfelder, der Kunden sowie der Unterteilung der am Sektor agierenden Unternehmen in Profit- und Not-for-profit-Unternehmen identifiziert werden. Weiterhin konnten auf der betrieblichen Ebene zahlreiche Gemeinsamkeiten identifiziert werden. Dabei sind die betrieblichen Strukturen innerhalb einer Geschäftsart wie die inhabergeführten Geschäfte, Franchisingunternehmen oder Kaufhäuser sowie auch die Arbeitsaufgaben und -prozesse innerhalb der unterschiedlichen Geschäftsfelder relativ ähnlich. Nicht nur bezogen auf den derzeitigen Status quo des Sektors im Allgemeinen und der betrieblichen Strukturen im Besonderen sondern auch hinsichtlich der zukünftiger, parallel verlaufender Entwicklungen innerhalb des Sektors sind länderübergreifend Gemeinsamkeiten auszumachen. So entstehen immer größere Unternehmen bzw. immer mehr Unternehmen, die auf bestimmte Waren spezialisiert sind. Sie verlagern ihre Standorte immer mehr in die Innenstädte und erweitern ihr Angebot um verschiedene Dienstleistungsangebote. Ihr Kundenstamm vergrößert sich zunehmend aufgrund des sich wandelnden Umweltbewusstseins in der Bevölkerung, während zugleich die Qualitätsansprüche ihrer Kunden steigen.

Betrachtet man auf der einen Seite die Heterogenität des Sektors und auf der anderen Seite die Gemeinsamkeiten, so können im Hinblick auf die Qualifizierung innerhalb des Sektors entsprechend Schlussfolgerungen gezogen werden. Die Heterogenität hat zur Folge, dass die derzeit ansatzweise vorhandenen Qualifizierungsstrategien und -konzepte stets auf die verschiedenen Bedürfnisse der unterschiedlichen Unternehmensarten ausgerichtet und vornehmlich bedarfsorientiert und betriebsspezifisch durchgeführt werden. Wie diese im Einzelnen organisiert werden, hängt neben der betrieblichen Struktur von einem möglichen Qualifizierungsbedarf der Beschäftigten ab. Dass die existierenden Qualifizierungsstrategien und -konzepte innerhalb des Sektors sehr stark an einzelne Unternehmen gebunden sind und sich daher stark in ihrer Struktur, ihren Inhalten und ihrer Lehr- und Lernmethode unterscheiden, hängt vor allem damit zusammen, dass es bis dato kaum bzw. keine betriebsübergreifenden Qualifizierungsangebote gibt. Lediglich im Zuge von Projekten wurden in der Vergangenheit z. B. in Deutschland ansatzweise Schulungen mit sektorspezifischen Inhalten entwickelt und betriebsübergreifend angeboten. Weiterhin konnten innerhalb größerer Netzwerke sowie bei den Franchisingunternehmen Qualifizierungsstrategien identifiziert werden, die betriebsübergreifend zum Einsatz kommen. Zwar werden diese von mehreren Unternehmen genutzt, allerdings dabei handelt es sich nur um Unternehmen, die Mitglied in den entsprechenden Netzwerken bzw. Unternehmensverbünden sind. Externen Unternehmen kommen diese Strategien nicht zugute.

10.3 Onlinehandel – ein Segen oder Fluch für die Secondhandwirtschaft?

„Edles geht, aber auch Gebrauchtes. Geradezu explodiert sind die Umsätze beim weltgrößten Onlineauktionshaus eBay. Im Weihnachtsgeschäft handelten die Deutschen Waren im Wert von einer Milliarde Dollar über die Internetplattform. Damit steigerte eBay seinen Umsatz im vierten Quartal 2002 gegenüber dem Vorjahr um 177 Prozent." (Focus, 27.01.03, S.45f).

Durch das Internet mit seinen zahlreichen Onlineportalen hat sich ein neuer Absatzmarkt vor allem auch für den Handel mit gebrauchten Waren etablieren können. Das hat dazu geführt, dass die Unternehmen ganz neue Verkaufsstrategien entwickelt haben. Beschränkte sich deren Aktionsfeld früher lediglich auf das regionale Umfeld des Unternehmensstandortes, bietet das Internet ihm jetzt die Chance, die Waren überregional anzubieten. Somit erreichen die Unternehmen weltweit Kunden, die nach speziellen gebrauchten Waren suchen. Außerdem bieten Internetportale, wie z. B. die derzeit führende Internetplattform eBay, die Möglichkeit, die Waren gezielt bestimmten Kategorien wie z. B. Bekleidung, Elektrogeräte, Sportartikel zu zuordnen und somit jeweils gezielt einen bestimmten Kundenstamm anzusprechen. Während viele Unternehmen das

Internet als zusätzlichen Absatzmarkt zum klassischen Verkauf der Waren im Geschäft nutzen und darin eine Chance sehen, schwer verkäufliche Ware besser absetzen zu können, gibt es immer mehr Händler, die ausschließlich Waren im Internet anbieten. Diese Händler sehen im Onlinehandel den Vorteil, dass etwaige Mietkosten für ein Geschäft sowie Personalkosten entfallen. Sie brauchen lediglich für die angebotenen Waren entsprechend einen Lagerraum, um diese bis zum Verkauf zwischenzulagern. Die große Bedeutung, die dem Onlinehandel mittlerweile beigemessen wird, wird daran deutlich, dass laut Expertenaussagen in den kommenden Jahren mit einem steigenden Verkaufsanteil im Internet zu rechnen ist. Viele Unternehmen nutzen den Onlinehandel aber nicht nur zum Absatz ihrer Waren, sondern auch um bestimmte Waren anzukaufen, die sie dann wiederum gewinnbringend weiterveräußern.

Mit dem Internethandel verbinden die Unternehmen aber nicht nur Vorteile. Es erfordert von den Unternehmern ein Umdenken sowie ein bestimmtes Know-how, um die Waren dort repräsentativ anzubieten. Der Internethandel hat aber nicht nur neue bzw. veränderte Arbeitsprozesse wie z. B. zunehmende Marketing- und Versandaufgaben, sondern auch größere Konkurrenz für die Unternehmen hervorgebracht. Zum einen sind bezogen darauf zahlreiche weltweit agierende Secondhandhändler und zum anderen Privatpersonen, die hin und wieder gebrauchte Waren anbieten, die sie selbst nicht mehr benötigen, zu nennen. Die Zunahme des privaten Handels mit gebrauchten Waren kann sich vor allem langfristig negativ auf den Ankauf bzw. Erwerb gebrauchter Waren auswirken. Diese Entwicklung dürfte vor allem die Unternehmen im Not-for-profit-Bereich, die ihre Waren vornehmlich aus Spenden beziehen, betreffen. Dadurch, dass es auch Privatpersonen im Internet leicht gemacht wird, Waren anzubieten und immer mehr Menschen erkennen, dass damit schnell Geld zu verdienen ist, wird das Spendenvolumen wahrscheinlich langfristig abnehmen. Das würde die Unternehmen vor gravierende Probleme stellen.

Problematisch erweist sich im Internethandel auch die Qualität der Waren. Während diese Eigenschaft im Geschäft von den Kunden selbst geprüft werden kann, muss er dem Verkäufer im Internet vertrauen. Die persönliche Beratung des Kunden muss durch gute Beschreibungen und Darstellungen der angebotenen Waren ersetzt werden. Der Qualitätsaspekt spielt aber auch vor dem Hintergrund, dass es bei gebrauchten Waren vornehmlich keine Gewährleistungspflicht gibt, eine bedeutende Rolle. Defekte Waren sind, über das Internet erworben, zumeist nicht umtauschbar. Auch kann der Kunde sie nicht zurückgeben, wie es teilweise in Geschäften möglich ist. Der Internethandel birgt also ein gewisses Risiko beim Kauf gebrauchter Waren. Einen weiteren kritischen Aspekt beim Internethandel stellen die Zahlungsmodalitäten dar. Immer wieder kommt es vor, dass Händler nicht den ausgewiesenen Verkaufspreis erhalten.

Händler, die sehr viel bzw. ausschließlich im Internet mit gebrauchten Waren handeln, müssen daher über ein gutes Controllingsystem zur Kontrolle des Warenausgangs und der Zahlungseingänge verfügen.

Langfristig ist davon auszugehen, dass der Internethandel stets ein ergänzender Absatzmarkt für gebrauchte Waren sein wird. Er wird den klassischen Handel in Geschäften mangels fehlender Beratung, fehlender Dienstleistungsangebote sowie der fehlenden Kontrollmöglichkeit der Qualität oder z. B. bei Elektrogeräten der Funktionalität jedoch nicht ersetzen können. Insofern kann der Internethandel mehr als Chance, denn als Gefahr angesehen werden.

10.4 Qualitätssteigerung führt zu einer Professionalisierung des Sektors

Die Qualität im Secondhandsektor spielt sowohl für die Unternehmen selbst als auch für Außenstehende z. B. für Kunden eine immer größere Rolle. Dabei kann sich die Qualität in den verkauften Waren, im Service, in den betrieblichen Abläufen, in der Präsentation eines Unternehmens nach außen sowie in den innerbetrieblichen Strukturen und Arbeitsprozessen widerspiegeln. Die Voraussetzung für die genannten Aspekte besteht darin, dass sie gut ausgebildetes, qualifiziertes Personal in den unterschiedlichen Geschäftsebenen bzw. -feldern erfordern, um dem Qualitätsanspruch in jeder Hinsicht gerecht zu werden. Durch die Entwicklung und Implementierung einer sektorspezifischen und vor allem europaweit einheitlichen Qualifizierung können die Kompetenzen der im Sektor Beschäftigten verbessert werden, was sich wiederum positiv auf die Umsetzung der Arbeitsprozesse auswirkt. Diese Prozesse können teilweise vereinheitlicht werden, sodass man von gewissen Standards sprechen kann. Durch eine sektorspezifische Qualifizierung und die damit einhergehende Standardisierung der Arbeitsprozesse können schließlich bessere Resultate z. B. in der Unternehmenspräsentation, im Warenangebot, in der Warenbeschaffung usw. erzielt werden.

Dass die Qualifizierung der Beschäftigten der Schlüssel zu einer besseren Qualität und Professionalisierung ist, wird vor allem mit Blick auf die derzeit vorhandenen betrieblichen Qualifizierungsansätze deutlich. Dieses spiegelt sich vor allem in den größeren Unternehmen bzw. Secondhandnetzwerken wie z. B. in Belgien, Deutschland oder Finnland wider. Durch die gezielte und bedarfsorientierte Qualifizierung des Personals innerhalb dieser Unternehmen bzw. Netzwerke laufen die Arbeitsprozesse strukturierter und organisierter ab. Das von den

Mitarbeitern erworbene Know-how kommt einerseits dem Unternehmen andererseits den Kunden zugute. Auf betrieblicher Seite wirkt sich die Qualifizierung dahin gehend aus, dass die Mitarbeiter entsprechend ihres Arbeitsfeldes die dort anfallenden Tätigkeiten selbstständig und mit Augenmerk auf dem Aspekt der Wirtschaftlichkeit und der Gesamtabläufe im Betrieb umsetzen können. Die dadurch reibungsloser ablaufenden Arbeitsabläufe innerhalb des Unternehmens tragen zu einer Qualitätsverbesserung hinsichtlich der Arbeit im Unternehmen bei. Dieses wiederum zieht zufriedenere Mitarbeiter nach sich. Schließlich bekommen die Kunden diese Zufriedenheit der Mitarbeiter positiv zu spüren, indem sie es mit freundlichen und fachlich kompetenten Ansprechpartnern in den Unternehmen zu tun haben. Die Qualifizierung der Mitarbeiter wirkt sich aber auch unmittelbar auf die Qualität der angebotenen Waren sowie die Dienstleistungsangebote aus. Das erworbene Know-how trägt z. B. dazu bei, dass die Warenprüfung beim Ankauf fachlich korrekt abläuft, der Wert der Waren besser eingeschätzt sowie die Preise besser kalkuliert werden können und die Waren fachgerecht gesäubert, repariert und repräsentativ angeboten werden. Das Fachwissen zu den Produkten, zu ihrer Qualität und zu ihrem Warenwert kommt den Kunden im Zuge der beratenden Tätigkeit der im Secondhandhandel im Verkauf Beschäftigten zugute. Auch die Qualifizierung von Mitarbeitern, die nicht unmittelbar im Verkauf tätig sind, sondern z. B. in der Warenbeschaffung, im Transport, in der Lagerhaltung oder der Reparatur wirkt sich positiv auf die Qualität der Waren bzw. der Dienstleistungen aus. Jeder Mitarbeiter hat in seinem Arbeitsbereich spezielle Aufgaben, die unmittelbar mit der Ware oder den Kunden zu tun haben. Eine gezielte Qualifizierung bezogen auf die in diesem Arbeitsfeld erforderlichen Kompetenzen trägt daher dazu bei, dass die Arbeit fachlich korrekt abläuft.

Schlussfolgernd lässt sich festhalten, dass eine Qualitätssteigerung unabhängig auf welcher Ebene und in welchem Bereich eines Unternehmens zumeist auf Veränderungen in dem Unternehmen zurückzuführen ist, wozu u. a. auch die Qualifizierung der Mitarbeiter zählt. Damit erhöht sich auch der Professionalisierungsgrad eines Unternehmens. Arbeitet ein Unternehmen nach festen Strukturen, sind die Arbeitsprozesse klar definiert sowie die Arbeitsaufgaben klar formuliert und die Mitarbeiter befähigt, diese fachlich korrekt auszuführen, kann man davon sprechen, dass ein Unternehmen professionell agiert. Einen Maßstab für den Grad der Professionalisierung kann dabei die Qualität liefern, die sich nach innen in den Betriebsstrukturen und durch die Zufriedenheit und das Know-how der Mitarbeiter und nach außen durch das Waren- und Dienstleistungsangebot sowie die Präsentation des Unternehmens ausdrückt. Dies ist auch eine grundlegende Voraussetzung, um gegenüber den Neuwarenmarkt bestehen zu können.

10.5 An- und Ungelernte nicht im Fokus der beruflichen Bildung?

In immer mehr unterschiedlichen Branchen spielt die Beschäftigungsgruppe der Benachteiligten und Geringqualifizierten – trotz eines allgemeinen Trends zur Höherqualifizierung – eine immer größere Rolle. Diese Entwicklung basiert einerseits auf den sich verändernden sozialen gesellschaftlichen Strukturen, denn Bildung ist zwar formal für alle sozialen Schichten frei zugänglich, aber bei Weitem nicht von allen finanzierbar. Andererseits ist sie auf den sich veränderten Arbeitsmarkt als solchen zurückzuführen. Während in der produzierenden Industrie, z. B. in Metallindustrie, und in der Montage in der Vergangenheit zahlreiche Tätigkeiten von An- und Ungelernten durchgeführt wurden und diese Tätigkeiten jedoch aufgrund steigender Anforderungen auch bei einfachen Arbeitsprozessen zukünftig abnehmen werden, öffnen sich gerade für die Zielgruppe der Benachteiligten in anderen Branchen wie dem Secondhandsektor zunehmend neue Beschäftigungsfelder. Generell ist aufgrund der Globalisierung und der steigenden Qualitätsansprüche und dem damit einhergehenden Konkurrenzdruck für Unternehmen aller Branchen sowie aufgrund der neuen Technologien und sich verändernder Arbeitsprozesse zukünftig damit zu rechnen, dass die Arbeitsanforderungen auch bei einfachen Tätigkeiten steigen werden. Dies bestätigten die Ergebnisse der berufswissenschaftlichen Untersuchungen im Secondhandsektor. Der Blick auf die Weiterbildungsstatistik zeigt, dass an- und ungelernte Arbeiter trotz der Tendenz zu höheren Anforderungen bisher an der formalen Weiterbildung unterrepräsentiert sind. Besonders selten werden An- und Ungelernte innerhalb von kleinen und mittleren Unternehmen fortgebildet. In kleineren Unternehmen besteht in der Regel ein Mangel an Zeit und Geld für die Weiterbildung. Die Ungelernten sind davon wiederum besonders betroffen. So kann als ein zusätzlicher Benachteiligungsfaktor die Betriebsgröße angeführt werden. An- und Ungelernte können somit auch als „Modernisierungsverlierer" charakterisiert werden, da diese Zielgruppe sowohl unter einer subjektiven Bildungsperspektive als auch bedingt durch die Anforderungen des Arbeitsmarktes auf Weiterbildung angewiesen wäre, aber am wenigsten daran teilnimmt.

Neben der Fort- und Weiterbildung und einer damit einhergehenden formalen Anerkennung von fachlichem Know-how und Kompetenzen, die vor allem Un- und Angelernten zu Gute kommt, sehen sich vor allem Schulabsolventen mit einem niedrigen oder gar keinem Schulabschlusses der Problematik der Benachteiligung auf dem Ausbildungsmarkt konfrontiert. Bis heute gibt es noch zu wenig Ausbildungsberufe, in die diese Gruppe der Benachteiligten nach Abschluss der Schulzeit einmünden kann. Der Großteil wird in unterschiedlichen beruflichen Maßnahmen sozusagen „zwischen geparkt", bis sich Möglichkeiten zur Ausbildung ergeben bzw. durch gezielte Trainings vorhandene Defizite ausgeglichen wurden. Davon wiederum versprechen sich die für diese Zielgruppe Verantwortlichen bessere Chancen für die benachteiligten Jugendlichen auf dem Ausbildungsmarkt. Um gerade dieser Zielgruppe den Einstieg in das Berufsleben zu erleichtern, wäre es angebracht mehr zweijährige und einfachere Berufsausbildungen zu entwickeln, auf die später weiter beruflich aufgebaut werden kann. Beispiele dafür finden sich im Bereich des Kfz-Gewerbes mit dem 2-jährigen Ausbildungsberuf „Servicemechaniker", auf den weiterführend zum Mechatroniker aufgebaut werden kann oder dem Ausbildungsberuf „Verkäufer", auf den man zum „Einzelhandelskaufmann" aufbauen kann. Da der Secondhandsektor sehr stark vom Handel und den dort anfallenden Tätigkeiten geprägt ist, bietet sich gerade für den Bereich Verkauf die Entwicklung einer fachspezifischen Ausbildung z.B. Verkäufer / Fachrichtung Gebrauchtwaren an und der Weiterführung der Ausbildung zum Einzelhandelskaufmann / Fachrichtung Gebrauchtwaren an. Somit würde ein weiteres berufliches Feld für am Ausbildungsmarkt benachteiligte Schulabgänger geschaffen.

Das Berufsprinzip – lebenslanges Lernen – sollte in allen Stufen auch bei den An- und Ungelernten umgesetzt und gestaltet werden. Für diese Zielgruppe muss über Teilabschlüsse als Form der Qualifizierung nachgedacht werden, die irgendwann zu einem Berufsabschluss zusammengeführt werden können.

10.6 Arbeitsprozessorientierte Qualifizierung als Weg zur Professionalisierung

Im europäischen Secondhandsektor existieren nur wenige betriebsübergreifende Qualifizierungsansätze sowie betriebsinterne Qualifizierungsstrategien. Bisher stehen den Beschäftigten insgesamt mit wenigen Ausnahmen wie z. B. in Deutschland oder Belgien kaum Qualifizierungswege offen, die spezifisch auf die Arbeit im Secondhandsektor vorbereiten. Dies trifft besonders auf die betrachteten Hierarchieebenen des Managements, der Anleiter- bzw. Vorarbeiterebene und der operativen Mitarbeiterebene zu. Die Beschäftigten finden keine bzw. kaum Unterstützung bei der eigenen Kompetenzentwicklung, die über das Anlernen im Unternehmen hinausgeht. Die bereits aufgebauten, vorhandenen

Kompetenzen können zudem nicht ausgewiesen und erfasst werden. Dies ist besonders bei der im Sektor vielfach beschäftigten Gruppe der Arbeitsmarktbenachteiligten in Not-for-profit-Unternehmen ein erschwerender Faktor, der sich negativ auf deren Integration in den Arbeitsmarkt auswirkt. Eine anerkannte Qualifizierung für Personengruppen, die bisher nicht eine Zielgruppe der Weiterbildung waren, fördert zudem deren berufliche Möglichkeiten und unterstützt deren persönliche Identifikation mit dem Sektor.

Diese fehlende sektorspezifische Qualifizierung wird als fehlender Baustein auf den Weg zur Professionalisierung angesehen. Der spezifische Qualifizierungsbedarf innerhalb der Unternehmen ist von vielfältigen Faktoren wie der beruflichen Qualifizierung der Mitarbeiter, den betrieblichen Strukturen, dem Geschäftsfeld und vor allem von den spezifischen Arbeitsaufgaben abhängig. Die Notwendigkeit einer sektorspezifischen Qualifizierung wurde in allen beteiligten europäischen Ländern identifiziert, auch wenn sich einzelne Arbeitsaufgaben in den untersuchten Geschäftsfeldern teilweise unterscheiden. Die Analyse der Arbeitsprozesse und -aufgaben in den vier betrachteten Geschäftsfeldern (Textilien, Bücher und Tonträger, Möbel sowie elektrische und elektronische Geräte) des europäischen Sektors zeigt teilweise hohe Anforderungen und notwendige Kompetenzen der Beschäftigten auf. Sowohl im Hinblick auf die eruierten geschäftsfeldübergreifenden als auch auf die geschäftsfeldspezifischen Arbeitsprozesse und -aufgaben gibt es zahlreiche Anknüpfungspunkte für die Entwicklung sektorspezifischer Qualifizierungen. Dies gilt für alle im Secondhandsektor tätigen Beschäftigungsgruppen.

Grundlage für sektorspezifische Qualifizierungsansätze können die identifizierten Arbeitsaufgaben in den Secondhandunternehmen bilden. Wie die Erfahrungen anderer Leonardo-Projekte (Kfz-Mechatroniker: Rauner/Spöttl 2005, Recy-Occupation: Blings/Spöttl 2003). zeigen, ist es möglich, auf Basis berufswissenschaftlicher Analysen in neuen Beschäftigungsfeldern europäische Berufsbilder zu entwickeln, die auch in den nationalen Bildungssystemen implementiert werden können und die dem speziellen Bedarf eines Sektor entsprechen[26].

26 Ein Anknüpfen an den Arbeitsprozessen bedeutet für ein Qualifikationsprofil, dass nicht nur theoretische Kenntnisse und praktische Fähigkeiten vermittelt werden, sondern auch ein Erfahrungswissen aufgebaut, wird welches Verstehen und Handeln in den spezifischen Situationen der beruflichen Arbeitsaufgaben ermöglicht. Die Arbeitsprozesse spiegeln sich wieder in den identifizierten Kernarbeitsaufgaben. Damit wird eine fachsystematische, rein additive, eindimensionale Strukturierung aufgegeben zugunsten eines holistischen Ansatzes, der das Arbeitsprozesswissen als didaktische Kategorie nutzt (Rauner/Spöttl 2002).

10.7 Macht eine berufliche Erstausbildung für den Sektor Sinn?

Eine sektorspezifische Qualifizierung basierend auf den identifizierten Kernarbeitsaufgaben bietet den in Europa im Secondhandsektor Beschäftigen insbesondere der Zielgruppe der Benachteiligten die Möglichkeit sich in einem Beschäftigungsfeld zu qualifizieren, das bis dato keine bzw. kaum die Möglichkeit bietet, eine anerkannte Qualifizierung zu erwerben. Damit wird dem aktuellen Qualifizierungsbedarf der Branche Rechnung getragen. Durch eine Umsetzung einer sektorspezifischen Erstausbildung, die auf einem europaweit einheitlichen Berufsbild basiert, wird das Ziel der Europäischen Kommission realisiert, europäische Kernberufe zu etablieren. Damit kann auf der einen Seite der Sektor selbst gestärkt und auf der anderen Seite die Forderung nach einer europäischen Berufsbildung erfüllt werden. Die Qualifizierung in einem wachsenden Marktsegment bietet den dort Beschäftigten berufliche Perspektiven und trägt zum Abbau der Arbeitslosigkeit bei. Weiterhin bietet die Entwicklung einer europaweit einheitlichen und auf Qualitätsstandards basierten Erstausbildung die Möglichkeit, Kompetenzen der Qualifizierten zu vergleichen. Durch eine länderübergreifende Anerkennung der Ausbildung werden die berufliche Mobilität der Beschäftigten sowie die Transparenz innerhalb des Sektors gefördert. Weiterhin trägt die Einführung einer beruflichen sektorspezifischen Erstausbildung dazu bei, dass der Sektor an Anerkennung gewinnt. Seine Bedeutung in der Wirtschaft kann dadurch in besonderer Weise hervorgehoben werden.

Dass die Entwicklung eines sektorspezifischen Berufsbildes langfristig aufgrund der zu erwartenden Entwicklungen innerhalb des Secondhandsektors und basierend auf den Forderungen von Sektorexperten sowie den dort Beschäftigten als sinnvoll erachtet wird, steht außer Frage. Es stellt sich jedoch die Frage, wo der Schwerpunkt einer solchen Ausbildung liegen sollte. Es gilt abzuwägen, ob eine bereits bestehende Ausbildung wie z. B. die Ausbildung zum Verkäufer oder Einzelhandelskaufmann mit vielen, sich auf auch auf den Secondhandsektor beziehenden Inhalten, durch eine Ergänzung sektorspezifischer Inhalte zu ergänzen und somit um eine weitere Fachrichtung aufzubauen oder ein komplett neues Berufsbild zu kreieren. Ersteres wäre vermutlich der einfachere und schnellere Weg. Abgesehen davon gibt es in allen europäischen Ländern den Beruf des „Verkäufers". Demzufolge würde es sinnvoll sein, z. B. das Berufsbild „Verkäufer – Fachrichtung Gebrauchtwaren" zu entwickeln. Allerdings birgt eine Anpassung bzw. Spezialisierung des bestehenden Berufsbildes „Verkäufer" die Gefahr, dass nicht alle sektorspezifischen Arbeitsprozesse und –aufgaben berücksichtigt werden, da Schwerpunkt dieser Ausbildung auf dem kaufmännischen Bereich liegen würde. Die Entwicklung eines gänzlich neuen Berufsbildes wie „Facharbeiter Gebrauchtwaren" bietet wesentlich mehr Spielraum bei der Berücksichtigung aller sektorspezifischen Inhalte und Arbeitsprozesse.

Weiterhin gilt es zu klären, inwieweit eine Erstausbildung im Bereich Gebrauchtwaren den derzeit im Secondhandsektor Beschäftigten zugutekommt. Von der Möglichkeit eine Erstausbildung zu absolvieren, profitieren vor allem Brancheneinsteiger und junge Leute, die am Anfang ihrer beruflichen Laufbahn stehen. Die bereits seit Jahren im Secondhandsektor Beschäftigten sowie Personen, die den Sektor als Möglichkeit sich eine eigene geschäftliche Existenz aufzubauen sehen, bieten sich eher Qualifizierungen in Form von Fort- und Weiterbildungen mit sektorspezifischer Ausrichtung an. Um den Zielgruppen der Neueinsteigern bzw. der Berufsanfänger sowie der bereits in dem Sektor länger Beschäftigten eine adäquate Qualifizierung zu ermöglichen, sollten langfristig unterschiedliche Qualifizierungsmöglichkeiten geschaffen werden. Im Hinblick auf die Entwicklung einer beruflichen Erstausbildung für den Secondhandsektor bietet sich zunächst die Entwicklung einer sektorspezifischen Fort- und Weiterbildung an. Ist diese erfolgreich, könnte basierend auf deren Inhalten, entsprechend eine Erstausbildung entwickelt werden. Somit könnten die Erfahrungen in Bezug auf die Lehr- und Lerninhalte sowie die didaktische Umsetzung dieser in der Entwicklung einer Erstausbildung berücksichtigt werden.

10.8 Ausblick – Was muss der Secondhandfacharbeiter in Zukunft können?

Bisher haben Facharbeiter des Secondhandsektors vorwiegend klassische Abschlüsse als Einzelhandelskaufleute, Bürokaufleute, Industriekaufleute etc., ohne dass diese Qualifizierung einen spezifischen Bezug zum Secondhandmarkt oder zur Gebrauchtwarenbranche aufweist. Die empirischen Ergebnisse der berufswissenschaftlichen Studie zeigen deutlich, dass Beschäftigte des Secondhandsektors jedoch auch eine Vielzahl sektorspezifischer Anforderungen erfüllen müssen und dabei überwiegend Allrounder sind: Zu ihrem Tätigkeitsbereich gehören die Lagerlogistik, das Transportwesen, die Reparatur, der Verkauf und die Montage in den Bereichen Möbel, Textilien, Elektroartikel und Bücher/CD. Diese Flexibilität wird neben dem Fachwissen hinsichtlich der Reparatur/Wartung/Montage von Waren oder der Beratung des Kunden gerade heute auf dem Arbeitsmarkt immer wichtiger, da die Dienstleistungsangebote bei den Unternehmen ständig wachsen.

Für die Zukunft werden vor allem Beschäftigte benötigt, die ein hohes sektorspezifisches Know-how in den folgenden Bereichen mitbringen:

- **Preisfindung**: Die Mitarbeiter müssen Marktbeobachtung einen Preis festlegen können.
- **Neumarktbeobachtung**: Die Beschäftigten müssen die aktuellen Vergleichspreise für die eigenen Produkte kennen.
- **Trendbeobachtung** und **Markenimage**: Sie müssen eine Antwort auf die Frage geben können, welche Altgeräte heute und in Zukunft gefragt sind.
- **Produkt- und Materialkenntnisse**: Die Mitarbeiter müssen Wissen über die Herstellung, Verwendung, Montage, Wartung- und Reparatur von Waren usw. verfügen.
- **Warenpräsentation**: Die Beschäftigten müssen die Waren präsentieren und dekorieren können, da die Präsentation und Dekoration der angebotenen Produkte immer wichtiger wird.
- **Beratung des Kunden**: Sie müssen in der Lage sein, die Kunden fachlich und zu Dienstleistungsangeboten zu beraten und ihnen Informationen über Produkte zu geben.
- **Geschäft und Kundenstruktur**: Die Mitarbeiter müssen für das Unternehmen bei dessen Kunden ein Image aufbauen können. Dieses muss vor dem Hintergrund erfolgen, dass ein gutes Image von großer Bedeutung für den Sektor ist.

Der Schlüssel zu einer verbesserten Qualität und Professionalisierung des Sektors kann nur durch eine sektorspezifische Qualifizierung der Beschäftigten erreicht werden. Die Ergebnisse der vorgestellten Studie können dazu einen ersten Beitrag leisten.

Literatur

Arold, H.; Koring, C.: Neue berufliche Wege und Qualifikationen zur Professionalisierung des Second Hand Sektors. ITB-Arbeitspapier 61/2008. Institut Technik und Bildung (ITB). Universität Bremen. Bremen 2008.

Becker, M.: Diagnosearbeit im Kfz-Handwerk als Mensch-Maschine-Problem - Konsequenzen des Einsatzes rechnergestützter Diagnosesysteme für die Facharbeit. W. Bertelsmann Verlag. Bielefeld 2003.

Becker, M.; Spöttl, G.: Berufswissenschaftliche Forschung. Ein Arbeitsbuch für Studium und Praxis. Peter Lang Verlag. Frankfurt a. M.2008.

Blings, J.; Spöttl, G.: Eco-Recycler – ein europäisches Kernberufsprofil für die Kreislauf- und Abfallwirtschaft, a European core occupational profile for the closed loop and waste economy. Impuls-Reihe, Herausgeber Nationale Agentur für Bildung in Europa beim BiBB. Flensburg 2003.

Davies, A.; Lloyd-Jones A.: An Investigation of eMarketing within the Second Hand Book Trade. Hrsg.: Cardiff University. BLED 2006 Proceedings. Paper 33. Cardiff 2006.

Eiersebner, E. et al.: Job aktiv – Arbeit für Benachteiligte. Land Salzburg. Abteilung für Soziales, Salzburg 2003.

Ebbinghaus, M.: Stellenwert der Qualitätssicherung in der betrieblichen Berufsausbildung – Ergebnisse einer Betriebsbefragung. In: Bundesinstitut für Berufliche Bildung (Hrsg.): Qualitätssicherung beruflicher Aus- und Weiterbildung. Wissenschaftliche Diskussionspapiere. Heft Nr. 78. Bonn 2006, S. 31-52.

Faltz, L.: Prognose der zukünftigen Entwicklung der Second Hand Möbelbranche, Verlag Dr. Kovac, Hamburg 2007.

Grauper, P.; Sauer-Beus, M.; Söndgen, P.; Rieck, H. W.; Willemsen, J.: Sozialkunde und Wirtschaftslehre für Berufsschulen. 1. Auflage. Europa-Verlag. Haan-Gruiten 2000.

Jones, A.L.; Davies, A.: An Investigation of e-Marketing within the Second Hand Book Trade. Cardiff University. Cardiff 2006.

Metzler, J.; Steyer, H.: Wirtschaft und wir. 8. Auflage. Kieser Verlag. Neusäß 1997.

Nissanoff, D.: Future Shop: How the new auction culture will revolutionize the way we buy, sell and get the things we really want. Penguin Group (USA). 2006.

Rauner, F.: Zur methodischen Einordnung berufswissenschaftlicher Arbeitsstudien. In: Pahl, J.-P.; Rauner, F. (Hrsg.): Betrifft: Berufsfeldwissenschaften: Beiträge zur Forschung und Lehre in den gewerblich-technischen Fachrichtungen. Bremen 1998, S. 13-30.

Rauner, F.; Spöttl, G.: Der „Kfz-Mechatroniker" – eine arbeitsprozessorientierte Strukturierung der Lehr-Inhalte. ITB-Arbeitspapier Nr. 13. Bremen 1995 (erweitert 1997).

Rauner, Felix; Spöttl, Georg: Der Kfz-Mechatroniker – Vom Neuling zum Experten. W. Bertelsmann Verlag. Bielefeld 2002.

Saikkonen, Paavo: Tietoja sosiaalisista yrityksistä 2004-2006. Työministeriö. Helsinki 2007.

Ott, B.; Scheib, T.: Qualitäts- und Projektmanagement in der beruflichen Bildung. Einführung und Leitfaden für die Aus- und Fortbildung. Cornelsen Verlag. Berlin 2002.

Schwabl T., Haitzmann G.: Zusammenfassung der Primärdaten 1. Teilbefragung „Verlängerung der Nutzungsdauer". Studie im Auftrag des KERP. Wien 2002.

Spitzbart, M.; Schneider, F.; Obersteiner, G.: Schaffung der Voraussetzungen zur Bildung eines Wiederverwendungskreislaufes für Elektro(nik)altgeräte. (Hrsg.): Bundesministerium für Verkehr, Innovation und Technologie. Berichte aus Energie- und Umweltforschung. Wien 2007.

Spöttl, G.: Berufsausbildung für eine moderne Beruflichkeit im europäischen Kontext – Ein Beitrag zur Stabilisierung des Berufsbildungssystems. In: Becker, M.; Schwenger, U.; Spöttl, G.; Vollmer, T. (Hrsg.): Metallberufe zwischen Tradition und Zukunft. Donat Verlag. Bremen 2004, S. 28-38.

Spöttl, G.: Berufswissenschaftlich ausgerichtete Qualifikationsforschung – ihr Beitrag zur Curriculumforschung. In: Fischer, M.; Heidegger, G.; Petersen, W.; Spöttl, G. (Hrsg.): Gestalten statt Anpassen in Arbeit, Technik und Bildung: Festschrift zum sechzigsten Geburtstag von Felix Rauner. W. Bertelsmann Verlag. Bielefeld 2001, S. 258-277.

Spöttl, G.: Der Arbeitsprozess als Untersuchungsgegenstand berufswissenschaftlicher Qualifikationsforschung und die besondere Rolle von Experten(-Facharbeiter-) workshops. In: Pahl, J.-P.; Rauner, F.; Spöttl, G. (Hrsg.): Berufliches Arbeitsprozesswissen – Ein Forschungsgegenstand der Berufsfeldwissenschaften. Nomos Verlag. Baden-Baden 2000, S. 205-222.

Spöttl, G.: Sektoranalysen. In: Rauner, F. (Hrsg.): Handbuch Berufsbildungsforschung, Bertelsmann Verlag. Bielefeld 2005, S. 112-117.

Spöttl; G.; Windelband, L.: Arbeitsprozessbezogene berufliche Standards zur Qualitätsentwicklung in der beruflichen Bildung. In: lernen & lehren. Heft 94, Jg. 24. 2009, S. 84-87.

Statistisches Bundesamt: Strukturdaten des Einzelhandels im Jahr 2003. In: Roßmann P.; Wein E (Hrsg.). Wiesbaden 2006.

Webseiten

Ekoterminal (2007): http://www.ekoterminal.fi (Zugriff am 10.4.2007).

Pirkanmaa Enviroment Centre (2007): http://www.ymparisto.fi/ default.asp? contentid=192719&lan=EN (Zugriff am 17.1.200/).

Rotes Kreuz Finnland (2007): http://www.redcross.fi/punainenristi/kontti/ (Zugriff 10.4.2007).

SEKY (2007): http://www.sekyser.fi/ (Zugriff am 2.4.2007).

Sosiaalisten yritysten rekisteri (2007): http://www.mol.fi/mol/fi/01_tyovoimapalvelut/09_yrittajyys/sosiaalinen_yritys/01_rekisterointi/yritykset/index.jsp, (Zugriff am 28.3.2007).

Sosiaalinen yritys (2007): http://www.sosiaalinenyritys.fi/service.cntum?pageld=118233, (Zugriff am 14.3.2007).

Työministeriö (2007): http://www.mol.fi/mol/fi/06_tyministerio/05_tiedotteet/2007-04-12-02/index.jsp, (Zugriff am 16.4.2007).

Työministeriö (2003): http://www.mol.fi/ webammatti.cgi? ammattialanumero =311&kieli=00, (Zugriff am 15.3.2007).

UFF (2007): http://www.uff.fi/inEnglish/index.html (Zugriff am 22.3.2007).

Abbildungsverzeichnis

Tabellenverzeichnis